住房和城乡建设部"十四五"规划教材

高等学校土木工程专业融媒体新业态系列教材

隧道工程

宋战平　牛泽林　主编

中国建筑工业出版社

图书在版编目（CIP）数据

隧道工程 / 宋战平，牛泽林主编. -- 北京：中国建筑工业出版社，2025.6. --（住房和城乡建设部"十四五"规划教材）（高等学校土木工程专业融媒体新业态系列教材）. -- ISBN 978-7-112-30887-3

Ⅰ. U45

中国国家版本馆 CIP 数据核字第 20256CK631 号

本书共分 8 章，系统介绍了绪论、隧道工程地质勘测与围岩分级、隧道规划与线路设计、隧道主体结构与附属设施、隧道工程结构设计与计算、隧道工程喷锚支护设计、隧道工程施工技术、隧道工程施工组织设计与施工管理等基础知识和基本理论，强调围岩支护结构在隧道工程分析中的重要作用，突出经验类比、理论分析、现场量测和超前地质预报等相结合的动态设计思想。

本书可作为高等院校土木工程、隧道与地下工程专业的教学用书，还可作为从事隧道工程设计、施工和科研人员的参考用书。

为了更好地支持相应课程的教学，我们向采用本书作为教材的教师提供课件，有需要者可与出版社联系。邮箱：jckj@cabp.com.cn，电话：（010）58337285，建工书院：http://edu.cabplink.com。

责任编辑：卜　煜　吉万旺　仕　帅
责任校对：芦欣甜

住房和城乡建设部"十四五"规划教材
高等学校土木工程专业融媒体新业态系列教材
隧道工程
宋战平　牛泽林　主编

*

中国建筑工业出版社出版、发行（北京海淀三里河路 9 号）
各地新华书店、建筑书店经销
北京科地亚盟排版公司制版
北京云浩印刷有限责任公司印刷

*

开本：787 毫米×1092 毫米　1/16　印张：13¼　字数：329 千字
2025 年 7 月第一版　　2025 年 7 月第一次印刷
定价：**46.00** 元（赠教师课件）
ISBN 978-7-112-30887-3
（44549）

出 版 说 明

党和国家高度重视教材建设。2016年，中办国办印发了《关于加强和改进新形势下大中小学教材建设的意见》，提出要健全国家教材制度。2019年12月，教育部牵头制定了《普通高等学校教材管理办法》和《职业院校教材管理办法》，旨在全面加强党的领导，切实提高教材建设的科学化水平，打造精品教材。住房和城乡建设部历来重视土建类学科专业教材建设，从"九五"开始组织部级规划教材立项工作，经过近30年的不断建设，规划教材提升了住房和城乡建设行业教材质量和认可度，出版了一系列精品教材，有效促进了行业部门引导专业教育，推动了行业高质量发展。

为进一步加强高等教育、职业教育住房和城乡建设领域学科专业教材建设工作，提高住房和城乡建设行业人才培养质量，2020年12月，住房和城乡建设部办公厅印发《关于申报高等教育职业教育住房和城乡建设领域学科专业"十四五"规划教材的通知》（建办人函〔2020〕656号），开展了住房和城乡建设部"十四五"规划教材选题的申报工作。经过专家评审和部人事司审核，512项选题列入住房和城乡建设领域学科专业"十四五"规划教材（简称规划教材）。2021年9月，住房和城乡建设部印发了《高等教育职业教育住房和城乡建设领域学科专业"十四五"规划教材选题的通知》（建人函〔2021〕36号）。为做好"十四五"规划教材的编写、审核、出版等工作，《通知》要求：（1）规划教材的编著者应依据《住房和城乡建设领域学科专业"十四五"规划教材申请书》（简称《申请书》）中的立项目标、申报依据、工作安排及进度，按时编写出高质量的教材；（2）规划教材编著者所在单位应履行《申请书》中的学校保证计划实施的主要条件，支持编著者按计划完成书稿编写工作；（3）高等学校土建类专业课程教材与教学资源专家委员会、全国住房和城乡建设职业教育教学指导委员会、住房和城乡建设部中等职业教育专业指导委员会应做好规划教材的指导、协调和审稿等工作，保证编写质量；（4）规划教材出版单位应积极配合，做好编辑、出版、发行等工作；（5）规划教材封面和书脊应标注"住房和城乡建设部'十四五'规划教材"字样和统一标识；（6）规划教材应在"十四五"期间完成出版，逾期不能完成的，不再作为《住房和城乡建设领域学科专业"十四五"规划教材》。

住房和城乡建设领域学科专业"十四五"规划教材的特点：一是重点以修订教育部、住房和城乡建设部"十二五""十三五"规划教材为主；二是严格按照专业标准规范要求编写，体现新发展理念；三是系列教材具有明显特点，满足不同层次和类型的学校专业教学要求；四是配备了数字资源，适应现代化教学的要求。规划教材的出版凝聚了作者、主审及编辑的心血，得到了有关院校、出版单位的大力支持，教材建设管理过程有严格保障。希望广大院校及各专业师生在选用、使用过程中，对规划教材的编写、出版质量进行反馈，以促进规划教材建设质量不断提高。

住房和城乡建设部"十四五"规划教材办公室

2021年11月

前　　言

　　为适应高等学校新工科背景和土木工程专业工程教育认证要求，结合新修订的隧道设计相关规范与标准，同时吸收作者多年的教学和科研实践经验，本教材在 2011 年霍润科主编的《隧道与地下工程》的基础上，对每章内容进行了修改和补充。其中对第 1 章绪论部分进行了完善和更新；第 2 章隧道工程地质勘测与围岩分级部分更新了铁路隧道围岩分级内容，补充了铁路隧道的围岩亚分级内容；第 3 章隧道规划与线路设计补充了高铁隧道断面净空限界和相关资料；第 4 章隧道主体结构与附属设施部分补充了高铁隧道洞门类型与适用范围以及相关资料；第 5 章隧道工程结构设计与计算部分完善补充了钢筋混凝土衬砌结构截面强度验算方法；第 7 章隧道工程施工技术部分补充了新意法和三台阶七步法等新工法的相关内容。

　　本教材系统介绍了隧道工程地质勘测与围岩分级、隧道规划与线路设计、隧道主体结构与附属设施、隧道工程结构设计与计算、隧道工程喷锚支护设计、隧道工程施工技术、隧道工程施工组织设计与施工管理等基础知识和基本理论，强调围岩支护结构在隧道工程分析中的重要作用，突出经验类比、理论分析、现场量测和超前地质预报等相结合的动态设计思想。

　　本教材涵盖了隧道工程的全部内容和知识结构体系，吸收了近年来最新的设计理论和应用成果，力求浅显易懂，简单明了，除能满足普通高等院校教学要求外，还可作为从事隧道及地下工程设计、施工和科研人员的参考书。

　　本书由西安建筑科技大学宋战平、牛泽林主编，其中第 1 章由霍润科、宋战平编写；第 2、3、4、5、8 章由牛泽林编写；第 6、7 章由宋战平、华树广、张玉伟编写。刘增荣教授对书稿进行了认真审阅并提出了宝贵的意见和建议，在此深表感谢。

　　本书在编写过程中，参考了国内外许多学者的著作和成果，在此表示诚挚的谢意。由于编写水平有限，书中难免存在不足和错误之处，敬请读者批评指正。

目　　录

第1章 绪 论

1.1 隧道工程概念与特点

1.1.1 隧道工程概念

地球表面以下是一层很厚的岩石圈，岩层表面风化形成不同厚度的土层。在岩层和土层中天然形成或人工开挖形成的空间称为地下空间。天然地下空间按成因有喀斯特溶洞、熔岩洞、风蚀洞等；人工地下空间包括两类：一类是开发地下矿藏形成的（矿）坑道，另一类是因工程建设需要开挖的地下空间。因此，地下空间的开发利用为人类开拓了新的生存空间，是一种宝贵的自然资源。

建造在岩层或土层中的各种建筑物或构筑物，即在地下形成的建筑空间，称为地下建筑。地下建筑物一般是指建造在地下的矿井、巷道、输油或输气管道，输水隧洞，地下商业街、地下军事工程。所有建造在地层表面以下的建筑物或构筑物统称为地下工程。这里需要说明的是，对于地下工程，不同的行业由于其领域侧重点的不同而形成不同的称谓，如公路和铁道部门称为隧道工程，矿山行业称为巷道，水利水电部门称为隧洞，军事部门称为坑道，在市政工程部门又称为通道等。

隧道是以保持地下空间作为运输孔道的地下工程。隧道由于要通过车辆，断面相对较大。隧道工程在缩短线路长度、穿越不良地质地段、提高道路的可靠性和安全性方面优势明显，在运营阶段工程病害维修费用较少，且具有隐蔽性较强等特点。近60多年来，我国隧道与地下工程得到了快速的发展。

1.1.2 隧道工程特点

1. 承受荷载条件复杂

从围岩级别的多样性来看，直接作用于隧道的围岩压力呈现复杂多样的特点，有时隧道要穿过级别不同的围岩。此外，围岩不仅是作用于隧道结构的外部荷载，也是约束隧道结构变形和位移、参与地下结构作用的岩土体，与隧道结构共同组成一种受力的结构体系。由于不同的施工方法形成地下结构的受力状态不同，因此，传统的地面工程设计计算理论不能简单地应用于地下结构的设计计算，隧道工程的设计必将随围岩级别的不同而涉及更多的因素。

2. 施工环境特殊

不管是暗挖还是明挖，隧道工程施工作业的空间都是有限的，且由于地下水的存在，不仅会对施工人员的心理，也会对施工机具的效率产生不利影响。目前，随着科学技术的不断发展，隧道工程的施工机具得到了显著的改善，各种大型高性能隧道工程施工设备层出不穷，如隧道全断面掘进机（TBM）的出现，使隧道施工具有连续化、工厂化的特点，隧道掘进效率大幅度提高。

3. 空间相对封闭，需要专门的照明、通风、除湿防潮措施进行维护

隧道工程多为相对狭长而封闭的空间，洞内几乎见不到阳光，无论白天黑夜都需要人工照明，且通风条件也受到限制，不能像地面建筑一样靠门窗自然通风，若是有人聚居的地下空间，必须有专门的通风设施。地下水会使隧道工程施工、使用与维护产生巨大的隐患，隧道工程都应考虑必需的、可靠的防排水措施。此外，洞口温差造成的水汽结露，也会使隧道内部及表面易出现凝结水，因此，还要设置必需的除湿防潮设施。

4. 受外界条件影响小

除洞口外，地下建筑内部环境温度稳定，受外界影响小，而且具有良好的蓄热性能和密闭性，适宜于建设对环境温度有特殊要求的工程，如地下冷库等。与地面工厂相比，隧道工程具有良好的抗振性能，适宜于特殊精密仪器厂房建设。同时，隧道有一定的埋置深度，对防核爆冲击波、毒气沾染等袭击有一定的防护能力，是人防国防工程的最佳选择。

5. 可有效利用土地资源

目前，大型地下停车场、快捷方便的地铁网络、大型地下交通枢纽、城市地下商业街以及城市地下综合管线等隧道工程的大量涌现，是衡量一个城市发达程度的重要指标，地下空间资源的合理开发与利用是城市可持续发展的重要途径之一。交通隧道与桥梁是山区高等级公路、高速公路、铁路建设的常见工程项目，在全部投资中占有相当大的比重，之所以选择隧道与桥梁的方式，主要是因为它不仅可以节约基本建设投资，还能缩短交通线路，创造更安全、便捷的交通条件，惠及运输业的发展。

尽管上述特点各有利弊，且一般情况下隧道工程建设的前期一次性投入比地面工程大，但当今世界隧道工程建设无论在规模上，还是在技术水平上都一直在不断发展。这对促进隧道工程设计计算理论的发展完善以及现场施工经验的交流与完善具有深远的影响。

1.2　隧道工程分类

隧道工程有多种分类方法，常见的有以下几种。

1. 按使用功能分类

1）矿山巷道：包括各类矿物采掘后的洞室和输送矿石的巷道工程，这类工程通常只要求在采矿过程中能维持洞室的稳定、安全，待采矿完成后，或者废弃或者转作其他用途。

2）地下交通工程：包括各种公路和铁路隧道、城市地铁、地下过街通道等。

3）地下工业工程：包括各种轻、重工业地下厂房、地下核电站、地下火电站等。

4）地下水工洞室：包括各种输水隧道、水电站地下厂房、地下抽水蓄能电站、地下水库等。

5）地下民用工程：包括地下商场、图书馆、体育场馆、展览馆、影剧院、医院、旅馆、住宅及其综合建筑体系、城市地下街道等。

6）地下仓储工程：包括粮食、油料、水果、蔬菜等的储存库，鱼、肉食品的冷藏库，车库，核废料存库等。

7）地下市政工程：包括地下自来水厂、地下污水处理厂、给排水管道及煤气、供电、

通信管线的综合工程等。

8）地下军事工程：包括各种野战工事、指挥所、通信枢纽、人员和武器掩蔽所、军火和物资库等。

2. 按所处地质环境（介质）分类

石质隧道和土质隧道。

3. 按施工方法分类

浅埋明挖隧道、盖挖隧道、矿山法隧道、盾构及 TBM 法隧道、顶管隧道、沉管隧道等。

4. 按埋置深度分类

浅埋隧道和深埋隧道。

5. 按国际隧道协会（ITA）定义的隧道横断面积大小分类

极小断面隧道（$2\sim3m^2$）、小断面隧道（$3\sim10m^2$）、中等断面隧道（$10\sim50m^2$）、大断面隧道（$50\sim100m^2$）和特大断面隧道（大于$100m^2$）。

6. 根据隧道的长度分类

短隧道（铁路隧道规定：$L\leqslant500m$；公路隧道规定：$L\leqslant250m$）、中长隧道（铁路隧道规定：$500m<L\leqslant3000m$；公路隧道规定：$250<L<1000m$）、长隧道（铁路隧道规定：$3000m<L\leqslant10,000m$；公路隧道规定：$1000m\leqslant L\leqslant3000m$）和特长隧道（铁路隧道规定：$L>10,000m$；公路隧道规定：$L>3000m$）。

7. 按隧道所在的位置来分类

山岭隧道、水底隧道和城市隧道。

1.3 本学科的发展概况

我国最早有文字记载的地下人工建筑物，出现在东周初期（约公元前 700 年），《左传》中有"……若阙地及泉，隧而相见……"的记载。最早用于交通的隧道为"石门"隧道，位于今陕西省汉中市褒谷口内，建于东汉明帝永平九年（公元 66 年）；用作通道的还有今安徽省亳州市内的古地下道，建于宋末元初（约 13 世纪），这是我国最早的城市地下通道。

人类对地下空间的利用经历了一个从自发到自觉的漫长过程。推动这一过程的，一是人类自身的发展，如人口的繁衍和智力的提高；二是社会生产力的发展和科学技术的进步。从历史的角度出发，可以将人类对地下空间的利用史划分为以下四个阶段。

1. 人类出现至公元前 3000 年的远古时期

人类利用天然洞穴作为群居和活动场所，考古学家发现，距今 10,000 年前，被称为"新洞人"和"山顶洞人"的两种古人类，就居住在北京市周口店龙骨山自然条件较好的天然岩洞中。黄河流域已发现公元前 8000 年至公元前 3000 年的洞穴遗址 7000 余处。在日本、欧洲、美洲、西亚、中东、北非等地也都发现了这一时期的古人类居住洞穴，说明这种原始居住方式在当时已被广泛采用。

2. 公元前 3000 年至公元 5 世纪的古代时期

公元前 3000 年以后，世界进入了铜器和铁器时代，劳动工具的进步和生产关系的改变导致生产力有了很大发展。古埃及、巴比伦、印度及中国先后建立了奴隶制国家，随着生产关系的改变和劳动工具的进步，人类开始开发地下空间，用于满足居住以外的多种需求，埃及金字塔、巴比伦幼发拉底河引水隧道，均为这一时期的建筑典范。

3. 公元 5 世纪至 14 世纪的中世纪时期

欧洲在中世纪经历了封建社会最黑暗的千年文化低潮，地下空间的开发利用也基本上处于停滞状态。在这一时期，我国地下空间的开发多用于建筑陵墓和满足宗教建筑的一些特殊要求。相继建成的云冈石窟、龙门石窟、敦煌莫高窟的形成和加工与以佛教故事为题材的浮雕艺术和壁画艺术融为一体，成为人类文化宝库中极为珍贵的部分。

4. 15 世纪开始的近代和现代

14 世纪至 16 世纪出现的欧洲文艺复兴，促进了社会生产力的提高并产生了资本主义生产关系的萌芽，从此，欧洲的产业革命、科学技术开始走在世纪的前列，地下空间的开发利用也进入了新的发展时期。1613 年建成伦敦地下水道；1681 年修建了地中海比斯开湾 170m 的连接隧道；1843 伦敦建成越河隧道；1863 年伦敦建成世界第一条城市地下铁道；1871 年穿越阿尔比斯山，连接法、意的全长 12.8km 的公路隧道开通。

世界已有 46 个国家所属的 126 座城市建成了地下铁道，线路总长度达到 6964km。我国大瑶山铁路隧道，长 14.295km，自 1981 年 11 月开始施工，于 1987 年 5 月建成。日本青函隧道连接北海道与本州，总长 53.85km，穿越津轻海峡，其海底长度达 13.3km，青函隧道工程自 1939 年开始规划，1946 年实施调查，1971 年正式施工，至 1988 年 3 月投入运营，经历了半个世纪。英法海峡隧道总长 50km，海底长度 37km，于 1987 年动工，1994 年 5 月投入运营。此外各类地下电站也迅速增长，其中地下水力发电站的数目，全世界已超过 400 座，其发电量达 45 亿 W 以上。地下电站的建设是十分庞大的地下工程，苏联的罗戈水电站，土石方量 510 万 m^3，混凝土用量 160 万 m^3，开凿的隧道、洞室 294 个，总长度达 62km。

据统计，20 世纪 50 年代，我国仅有 30 多座隧道，总长约 2.5km。1993 年发展到 682 座，总长 136km。自 2001 年，我国已成为世界上隧道和地下工程最多、最复杂、发展最快的国家。较长的隧道有：大瑶山铁路隧道，长 14.295km，1982 年施工，1987 年 5 月建成；秦岭铁路隧道，双线总长 18.46km；兰（州）新（疆）铁路乌鞘岭隧道，全长 20.05km，是亚洲最长的陆地隧道，双洞双车道，单洞全长 18.04km。截至 2023 年底，我国铁路营业里程达到 15.9 万 km，其中高铁运营里程达到 4.5 万 km；已建成地铁 8543km、地下综合管廊 5100km，铁路隧道和公路隧道超过 5 万 km，从 2016～2023 年的隧道发展来看，隧道工程呈现显著增加的趋势。

中国是世界隧道和地下工程最多，发展最快，水文与工程地质及工程结构形式最复杂的国家。现阶段随着我国公路工程建设的不断发展，公路隧道工程施工技术的运用也在不断优化更新。随着城市化进程的加速和交通运输需求的增长，未来铁路隧道建设将朝着规模化建设、智能化建设、环保化建设方向发展。"引汉济渭"工程重点线路秦岭输水隧洞全长 98km，用时 6 年耗资 168 亿元，是目前全球最长的隧道。秦岭输水隧道是人类历史上首次从底部横穿秦岭的工程，陕南汉河流域的水资源将通过秦岭隧洞引入关中地区，对陕西地区的社会和经济发展具有重要的战略意义。

1.4　本课程的研究内容及任务

目前，隧道工程还没有形成一门独立的学科，涉及的内容相当广泛，除建筑设计和规划的一些基本内容外，还有多个交叉学科知识，例如，水文与工程地质学、岩土力学、结构工程学、防护工程学、系统工程学等。同时，它会涉及一些设计施工技术，如液体燃料储藏、铁路公路设计、地下工程施工等，如果对这些技术没有相当程度的了解，就无法有效地利用地下空间，满足隧道施工的特殊要求。

隧道工程课程系统介绍了隧道工程地质勘测及围岩分级、隧道规划与线路设计、隧道主体结构与附属设施、隧道工程结构设计与计算、隧道工程喷锚支护设计、隧道工程施工技术、隧道工程施工组织与管理等基础知识和基本理论，强调围岩支护结构在隧道工程分析中的重要作用，突出经验类比、理论分析、现场量测和超前地质预报等相结合的动态设计思想。

本课程是土木工程学科的一门专业课，课程的主要任务是通过学习，使学生获得隧道工程基础知识，掌握隧道工程设计的基本原理及施工方法与技术，能够根据隧道工程所处的不同环境、使用功能和施工方法设计出安全经济合理的地下结构，必须结合授课内容，重视和加强实践性教学环节，培养学生的科学研究兴趣和能力，树立严谨的科学态度，只有这样，才能达到学以致用、事半功倍的学习效果。

思考题

1. 如何理解隧道工程的含义？
2. 隧道工程有哪些分类方法？如何学好本课程？

第 2 章　隧道工程地质勘测与围岩分级

　　隧道是修筑在岩土体中的地下工程，其设计、施工甚至运营都与建筑地区岩土体的特性及其所赋存的地质环境（即隧道通过地段的工程地质条件），有着密切的关系。隧道施工开挖的方法、支撑的形式、衬砌结构的类型，以及工程造价、施工管理等，都取决于其所处地段的地层岩性、地质构造、地下水以及可能遇到的不良地质等情况。为了较好地选定隧道的位置，保证隧道的正确设计和施工，必须对隧道所处位置的工程地质条件进行详细地勘察和分析，即配合隧道的设计，必须进行相应的工程地质勘察和围岩分级工作。

　　由于隧道建筑物是铁路线的一个组成部分，在一般情况下，隧道的位置应当根据整个铁道线路的选定来加以确定。在特殊情况下，如对于长大隧道，特别是工程地质条件复杂的长大隧道，其位置的选定往往取决于工程地质条件的优劣及其围岩级别。也就是说，这类长大隧道的位置需要根据地质条件来加以选择，因而隧道位置的选定又控制着线路的局部方向。

2.1　隧道工程地质勘察

2.1.1　隧道工程勘察与勘测一般规定

　　隧道勘察与勘测的目的，是查明隧道所处位置的工程地质条件和水文地质条件，以及隧道施工和运营对环境保护的影响，从而为规划、设计、施工提供所需的勘察资料，并对存在的岩土工程问题、环境问题进行分析评价，提出合理的设计方案和施工措施，从而使隧道工程经济合理和安全可靠。

　　1. 隧道勘察的一般原则

　　隧道勘察阶段的划分应与公路、铁路设计阶段相适应，一般分为：可行性研究勘察、初步勘察和详细勘察。

　　1）可行性研究勘察

　　可行性研究按其工作深度，分为预可行性研究、工程可行性研究。预可行性研究中的勘察主要侧重于收集与研究已有的文献资料；而在工程可行性研究中，需在分析已有资料的基础上，通过踏勘，对各个可能方案进行实地调查，并对不良地质地段等重要工点进行必要的勘探，大致查明地质情况。

　　2）初步勘察

　　初勘（初步勘察）是在批准的工程可行性研究报告推荐建设方案的基础上，在初步选定的路线内进行勘察，其任务是满足初步设计对资料的要求。根据工程地质条件，优选路线方案，在路线基本走向范围内，对可能作为隧道线位的区间进行初勘，重点勘察不良地质地段，以明确隧道能否通过或如何通过，并提供初步设计所需的全部工程地质资料。

初勘工作步骤：可按收集资料，工程地质选定隧道线位，工程地质调绘、勘探、试验，资料整理等顺序进行。

（1）收集资料：初勘应收集已有资料，包括可行性研究报告，取得隧道所在位置的初步总平面布置地形图及有关工程性质、规模的文件。

（2）工程地质选定隧道线位：初勘工作的任务是选择经济合理、技术可行的最优隧道位置方案。当测区内的工程地质条件比较复杂，如区域地质的稳定条件差，有不良地质现象，尤其应注意工程地质选线工作。首先应从工程地质的观点来选定隧道线位的概略位置，然后充分研究并掌握沿线的工程地质条件，尽可能提出有价值的方案进行比较，将隧道选定在地质情况比较好的区间内，以避免在详测时因工程地质问题发生大的方案变动。

（3）初勘资料整理：工程地质勘察的原始资料，包括调查、测绘、勘探、试验等资料，并按有关规定填写，进行复核与检查。提交的资料包括图件、文字等资料，要求清晰正确，并符合有关规定和设计文件编制办法。

3）详细勘察

详勘（详细勘察）的目的是根据已批准的初步设计文件中所确定的修建原则、设计方案、技术指标等设计资料，通过详细工程地质勘察，为线位布设和编制施工图设计提供完整的工程地质资料。

详勘的任务是在初勘的基础上，进行补充校对，进一步查明沿线的工程地质条件，以及重点工程与不良地质区段的工程地质特征，并取得必需的工程地质数据，为确定隧道位置的施工图设计提供详细的工程地质资料。

详勘工作步骤可按准备工作、沿线工程地质调绘勘探、试验、资料整理的顺序进行。由于详勘工作需在初勘的基础上进一步查明隧道中线两侧的工程地质条件和不良地质区段的主要工程地质问题，因此详勘工作更为详细、深入。最后提交的资料深度应满足施工图设计的需要。

2. 隧道勘测的一般规定

1）制订勘测计划

隧道工程地质勘测就是通过野外地质测绘，配合勘探和测试工作，查明隧道通过地段的地形地貌、地层岩性、地质构造、水文地质和不良地质现象等工程地质条件，以便为隧道的位置选择和设计、施工提供所需的地质资料，根据隧道地段的地质特征，判定隧道围岩的类别，明确主要的工程地质问题，提出相应的工程处理措施。

勘测计划包括对既有资料的收集和调查、地质勘察、环境调查、施工条件调查、调查采取的方法等内容。

2）勘测工作的内容

隧道勘测工作一般包括搜集已有资料，地形、地质的调查测绘，工程地质及水文地质勘探及试验等工作。

3）勘测的两个阶段

隧道勘测分为设计阶段勘测和施工阶段勘测。各阶段的勘测内容、范围、精度等应根据规模及其使用目的确定，并应符合有关规定的要求。

在勘测时，首先进行大致、大范围的，以全貌为目的的调查，依次整理出调查所判明的事项等，提出调查的重点，接着在先前调查已获得成果的基础上，用以后进行的调查成果不断地加以评价、修正，使之趋于完善。

4）评价隧道工程对环境可能造成的影响

隧道施工会影响到土地利用、动植物、交通以及自然环境等，从而产生枯水、噪声振动等问题，因此应对隧道所在地的自然、人文状况和社会环境状况进行调查。有关地形、地质、动植物、土地利用、交通、噪声、振动、地面下沉等自然、社会和生活环境的调查资料，可作为"进行与周围环境相协调的工程设计"的依据，并对"将隧道工程在施工中及设施使用后对环境的影响控制在最小程度"有利。

对在工程施工时及使用后预计发生枯水、噪声、振动、地面下沉等的地区，施工前、后的对比是很重要的，所以，预测影响范围的调查工作应在施工前较早进行，对其变化要求直到问题明确为止。

2.1.2　调查与测绘

1. 隧道调查的主要方法及其调查内容

1）调查方法

（1）直接观察

直接观察是工程地质调查最重要、最基本的方法，它主要利用自然迹象和露头，进行由此及彼、由表及里的观察分析工作，以达到认识路线隧道通过地带的工程地质条件的目的。

在隧道工程地质调查中，常采用地貌学和地植物学的方法观察分析有关自然现象。前者根据地貌的形态特征，推断其形成原因和条件，并评价其工程地质条件；后者根据植物群落的种属、分布及其生态特征，推断当地的气候、土质及水文地质等条件。

（2）走访群众

走访当地群众是工程地质调查常用的方法。为使调查走访获得较好的结果，一般应注意以下几点：

① 选择合适的对象。通常应是年纪大的，对所调查的问题有切身经历的人，要多找几个，以避免错误。

② 进行仔细询问，认真听取各处意见，应到现场边看边问。

③ 对所提供的情况，应进行核对、分析和判断。

2）调查内容

（1）地形、地貌

地形、地貌的类型、成因、特征与发展过程；地形、地貌与岩性、构造等地质因素的关系；地形、地貌与工程地质条件的关系。

（2）地层、岩性

地层的层序、厚度、时代、成因及分布情况；岩性、风化程度及风化层厚度。

（3）地质构造

断裂、褶曲的位置、构造线走向、产状等形态特征和地质力学特征；岩层的产状和接触关系、软弱结构面的发育情况及其与路线的关系、对路基的稳定影响等。

（4）第四纪地质

第四纪沉积物的成因类型，土的工程分类及其在水平与垂直方向上的变化规律；土的物理、水理、化学、力学性质；特殊土及地区性土的研究和评价。

（5）地表水及地下水

河、溪的水位、流量、流速、冲刷、淤积、洪水位与淹没情况；地下水的类型、化学成分与分布情况，地下水的补给与排泄条件，地下水的埋藏深度，水位变化规律与变化幅度，地面水及地下水对隧道工程的影响。

（6）特殊地质、不良地层

各种不良地质现象及特殊地质问题的分布范围、形成条件、发育程度、分布规律及其对隧道工程的影响。

（7）地震

根据沿线地震基本烈度的区域资料，结合岩性、构造、水文地质等条件，通过访问、确定大于或等于7度的地震烈度界线。

（8）工程经验

对所在地区既有隧道工程及其他建筑物的稳定情况和工程措施进行调查访问，以便借鉴。

2. 隧道工程地质测绘的内容及其规定

工程地质测绘与工程地质调查的不同之处是：工程地质测绘的范围往往比较大，并且要求把调查结果填绘在一定比例尺的地形图上，以编制工程地质图。测绘范围以能满足工程技术要求为前提，并应包括与工程地质环境有关的范围。隧道工程地质测绘的比例尺可在以下范围内选用：可行性研究阶段1∶50,000～1∶5000，初勘阶段1∶10,000～1∶2000，详勘阶段1∶2000～1∶200。下面分两种情况说明：

1）无航测资料时

工程地质测绘主要依靠野外工作，为此需要比较测绘方法与量测精度，以求用较少的工作获得符合要求的结果。

（1）标测方法

根据不同比例尺的精度要求，对观察点、地质构造及地质界线等的标测方法有以下三种：

① 目测法。根据地形、地物目估或步测距离。目测法适用于小比例尺的工程地质测绘。

② 半仪器法。用简单的仪器（如罗盘、仪器、气压计等）测定方位和高程，用徒步式测绳量距离。此方法适用于中比例尺的工程地质测绘。

③ 仪器法。仪器法是用测量仪器测定方位和高程的方法，此方法适用于大比例尺的工程地质测绘以及重要地质点。

测绘精度的要求：相当于测绘底图上宽度不小于2mm的地质现象应尽量标绘在图上；具有重要工程意义的地质体，即使小于图上2mm的宽度，也应用扩大比例尺的方法标绘在图上；相反，对于工程意义不大且相近的几种地质体可合并标绘。

（2）工程地质测绘的基本方法

① 路线法。沿着一些选择的路线穿越测绘场地，并把观测路线和沿线查明的地质现象、地质界线填绘在地形图上。路线形式有直线形式与"S"线型等，一般用于各类的比例尺测绘。

② 布点法。根据地质条件复杂程度和不同的比例尺，预先在地形图上布置一定数量的观测点及观测路线。布点适用于大、中比例尺测绘。

③ 追索法。沿地层、构造和其他地质单元界线布点追索，以便查明某些局部的复杂构造。追索法多用于中、小比例尺测绘。

（3）隧道工程地质测绘的路线法

采用路线法测绘的两个关键的环节，是观测路线的布置和观测点的选择。

① 观测路线的布置除应沿隧道中线进行调查测绘外，尚应在路线及两侧布置观测路线，以求在需要测绘的范围内获得足够的资料绘制工程地质图。

② 观察点的选择应根据观察的目的和要求进行选择。例如，为了研究地貌、地质界线、不良地质现象等不同的目的，考虑分别设置观察点。

2）有航摄资料时

遥感技术是根据电磁波辐射（发射、吸收、反射）的理论，应用各种光学、电子学探测器，对远距离目标进行探测和识别综合技术，可用于工程地质调查测绘。

地质体不但在光照条件下能反射辐射能，而且由于自身具有一定的温度，也能不断发射出辐射能。地质体在不同波长处，反射或发射电磁辐射的本领是不同的。这种辐射能够随波长改变而改变的特性称为地质体的波谱特性。对这种辐射能以波长为参数记录下来，就得到该地质体的波谱分布，不同地质体有其特定的波谱分布，这是遥感技术识别目标的依据。遥感技术对地质体进行探测和识别就是以各种地质体对电磁波辐射的反射或发射的不同波谱分布作为理论基础的。遥感工程地质调查可采用多种遥感手段和方法进行，利用现有遥感影像资料进行判释，且应充分利用近期的黑白或彩色红外的航空相片及热红外航空扫描图像，必要时结合使用陆地卫星图像或其他遥感图像，重点研究地区可采集不同时期的遥感资料。下面简要介绍航摄资料用于绘制工程地质图的方法。

（1）立体镜判释：立体镜是航空像片立体观察仪器。利用判断标志，结合所需掌握的区域地质资料，将判明的地层、构造、岩性、地貌、水文地质条件，不良地质现象等，调绘在单张像片上，并据以确定需要调查的地点和路线。

（2）实地调查测绘：对判释的内容，通过实地调查测绘进行核对、修改与补充。重要的地质点应记录。

（3）绘制工程地质图：根据地形、地貌、地物的相对位置，将测绘在像片上的地质资料，利用转绘仪器绘制于等高线图上，并进行野外核对。

2.1.3　隧道勘察的主要手段

为查明隧道所通过的地区岩土的性质和分布，需要从地下采取岩土样品供室内试验，测定岩土的物理力学性质和指标，采样可采用挖探、钻探、地球物理勘探等勘探方法进行。下面介绍几种常用方法。

1. 挖探

（1）坑探：用机械或人力垂直向下掘进的土坑，浅者称为试坑，深者称为探井。坑探断面根据开口形状可分为圆形、椭圆形、方形、长方形等。其断面面积有 $1m×1m$、$1.5m×1.5m$ 等不同的尺寸。它是根据土层性质、用途及深度而定。坑探深一般为 2～3m。

（2）槽探：挖掘成狭长的槽形，其宽度一般为 0.6～1.0m，长度视需要而定，深度通常小于 2m，槽探适用于基岩覆盖层不厚的地方，常用来追索构造线，查明坡积层、残积层的厚度和性质，揭露地层层序等。槽探一般应垂直于岩层走向或构造线布置。

2. 简易钻探

简易钻探是工程地质勘探中经常采用的方法。其优点是工具轻、体积小、操作方便，进尺较快，劳动强度较小。缺点是不能采取原状土样或不能取样，在密实或坚硬的地层内不易钻进。常用的简易钻探工具有小螺纹钻、钎探、洛阳铲等。

（1）小螺纹钻勘探

小螺纹钻的钻具结构包括螺纹钻头和钻杆等，用人工加压回转钻进，适用于黏性土及砂质粉土地层，可以取得扰动土样。钻探深度小于 6m。

（2）钎探

钎探又称锥探，是用钎具向下冲入土中，凭感觉探查疏松覆盖层的厚度或基岩的埋藏深度。探深一般为 10m 左右。常用来查明黄土陷穴、沼泽、软土的厚度及其基底的坡度等。

（3）洛阳铲勘探

洛阳铲勘探是借助洛阳铲的重力冲入土中，钻成直径小而深度较大的圆孔，可采取扰动土样。冲进深度一般为 10m，在黄土层中可达 30m 以上。

3. 钻探

在工程地质勘察工作中，钻探是被广泛采用的一种最重要的勘探手段，它可以获得深部地层的可靠地质资料，一般是在挖探、简易钻探不能达到目的时采用。为保证工程地质钻探工作质量，避免漏掉或寻错重要的地质界面，在钻进过程中不应放过任何可疑的地方，对所获得的地质资料进行准确的分析判断。用地面观察所得的地质资料来指导钻探工作，校核钻探结果。

根据钻进时破碎岩石的方法，钻探可分为：

（1）冲击钻进。

（2）回转钻进。

（3）冲击回旋钻进。

（4）振动钻进。

4. 地球物理勘探

凡是以各种岩土物理性质的差别为基础，采用专门的仪器观测天然或人工的物理场变化，来判断地下地质情况的方法，统称为物探。

物探可分为电法勘探、电磁法勘探、地震勘探、声波探测、重力勘探、磁力勘探与放射性勘探等。在隧道工程地质中，较常用的有电法勘探、地震勘探、地质雷达勘探等。

1）电法勘探

电法勘探是通过仪器测定岩、土导电性的差异来判断地下地质情况。当地层间具有一定的导电性差异时，所测地层具有一定的长度、宽度和厚度，相对的埋藏深度不太大。当地形较平坦，游散电流与工业交流电等干扰因素不大时，电法勘探能取得较好的效果。

2）地震勘探

地震勘探是根据岩、土弹性性质的差异，通过人工激发的弹性波的传播，来探测地下地质情况的一种物探方法。地震勘探直接利用岩石的固有性质（密度与弹性），较其他物探方法更准确，且能探测很大深度。在工程地质勘探中主要用于：

（1）探测覆盖层的厚度、岩层的埋藏深度及厚度、断层破碎带的位置及产状等。

（2）研究岩石的弹性，测定岩石的弹性系数等。

3）地质雷达勘探

Ground Penetrating Radar（GPR）是探测地下物体的地质雷达，图 2-1 为 SIR-4000型地质雷达。它是利用高频电磁脉冲波的反射，探测地层构造和地下埋藏物体的电磁装置，故又称探地雷达。通过发射天线向地下辐射宽带的脉冲波，在地下传播中遇到不同介质的介电常数和导电率存在差异时，将在其分界面上发生反射，返回地表的电磁波被接收天线接收，根据接收的回波来判断目标的存在，并计算其距离和位置，可用于空中、地面与井中探测，但主要用于地面探测，其具体原理如图 2-2 所示，它的基本原理是：发射机通过发射天线发射中心频率为 12.5～1200MHz、脉冲宽度为 0.1ns 的脉冲电磁波信号。当这一信号在岩层中遇到探测目标时，会产生一个反射信号。直达信号和反射信号通过接收天线输入到接收机，放大后由示波器显示出来。根据示波器有无反射信号，可以判断有无被测目标；根据反射信号到达滞后时间及目标物体平均反射波速，可以计算出探测目标的距离。

图 2-1 地质雷达

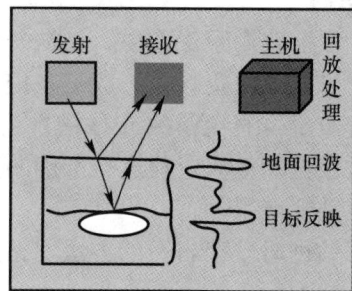

图 2-2 地质雷达工作原理

地质雷达用于考古、基础深度确定、冰川、地下水污染、矿产勘探、潜水面、溶洞、地下管缆探测、分层、地下埋设物探察、公路地基和铺层、钢筋结构、水泥结构、无损探伤等检测。

2.2 隧道工程围岩分级

尽管隧道所遇到的地质条件千差万别，如地质构造、岩性、地下水等，都不可能完全相同。但隧道某种类型的支护结构参数或某种施工方法，在多数条件下都对一定范围地质条件具有适应性。例如，喷射混凝土作为临时支护，在采取一定措施的情况下，几乎可以适应绝大多数的地质条件；上下导坑施工法，可以适应大部分中等程度的地质条件等。这就提示隧道设计者，把适应于某种设计参数、施工工艺的地质条件进行一定的概括、归纳并加以分级是很有意义的，可以为将来的隧道工程设计、施工提供一定的经验技术资料。正因为如此，在最近的十几年内，国内外把地下洞室围岩的分级作为地下工程基础的研究内容，同时也作为岩土力学的重要研究内容之一，从定性与定量的角度进行了大量的探索与实践，获得了一定成果。本章就有关围岩分级的影响因素、指标判据及几种有影响的分级方法进行讨论。

隧道围岩是指隧道（坑道）周围一定范围内，对隧道（坑道）稳定性能产生影响的岩（土）体。围岩是隧道周围的地层，不管是土体还是岩体，统称围岩。

隧道围岩分级是正确进行隧道设计与施工的基础。一个完备的，符合隧道实际的围岩分级，对于设计合理的隧道结构，改进隧道施工工艺，降低工程造价有着十分重要的意义。

2.2.1 围岩分级的发展

目前国内外隧道围岩分类的方法很多，它们所采用的分类指标也是各不相同，但都是在隧道工程实践的基础上逐步发展起来的。随着人们对隧道工程、地质环境以及这两者之间相互关系的了解，围岩分类方法亦在不断地深化和细化。按发展过程来看，大体上有以下几种类型。

1. 以岩石强度或岩石的物性指标为代表的分级方法

在这种分级方法中，具有代表性的是苏联学者普落托奇雅柯诺夫提出的"岩石坚固系数"分级法（或称 f 值分级法，或普氏分级法）。这种分级方法在我国的隧道工程中得到了广泛的应用。

我国工程部门在将 f 值分级法应用到隧道工程的设计、施工时，已注意到必须考虑岩体的地质构造、风化程度、地下水状况等多种因素的影响，而将由单一岩石强度决定的值适当降低，即：$f_{岩体}＝k×f_{岩石}$。$f_{岩石}$是由岩石强度决定的；k 是考虑地质条件的折减系数，一般情况下，$k<1.0$。按这种方法确定的 f 值应该称为岩体坚固系数 $f_{岩体}$，而不再是岩石的坚固系数 $f_{岩石}$ 了。当然，k 值的确定主要是凭工程师的经验。我国铁路隧道设计、施工实践中所采用的 f 值，实质上就是岩体坚固系数。根据不同 $f_{岩体}$ 值，岩体坚固系数分级如表 2-1 所示。

岩体坚固系数分级 表 2-1

岩体坚固系数 f	围岩地质特性	岩层名称	重度 γ (kN/m³)	内摩擦角 φ
≥15	坚硬、密实、稳固、无裂隙和未风化的岩层	很坚硬的花岗岩和石英岩、最坚硬的砂岩和石灰岩	26～30	—
≥8	坚硬、密实、稳固，岩层有很小裂缝	坚硬的砂岩、石灰岩、大理岩、白云岩、黄铁矿，不坚硬的花岗岩	25	80°
≥6	相当坚硬的、较密实的、稍有风化的岩层	普通砂岩、铁矿	24～25	75°
≥5	较坚硬的、较密实的、稍有风化的岩层	砂质片岩、片状砂岩	24～25	73°
≥4	较坚硬的、岩层可能沿层面或节理脱落的岩层，已受风化的岩层	坚硬的黏土岩，不坚硬的石灰岩、砂岩、砾岩	25～28	70°
≥3	中等坚硬的岩层	不坚硬的片岩、密实的泥灰岩、坚硬胶结的黏土	25	70°

岩体坚固系数 f	围岩地质特性	岩层名称	重度 γ (kN/m³)	内摩擦角 φ
≥2	较软岩石	软片岩、软石灰岩、冻结土、普通泥灰岩、破碎砂岩、胶结的卵石	24	65°
≥1.5	较软或破碎的地层	碎石土壤、破碎片石、硬化黏土、硬煤、黏结的卵石和碎石	18~20	60°
≥1.0	较软或破碎的地层	密实黏土、坚硬的冲积土、黏土质土壤、掺砂土、普通煤	18	45°
≥0.6	颗粒状的和松软的地层	湿砂、黏砂土、种植土、泥灰、软砂黏土	15~16	30°

这里围岩分级中引进了岩体的概念，这是对隧道工程与地质条件正确认识的一个反映。实质上，坑道的稳定在大多数情况下是取决于岩体的稳定性的。因此，围岩分级的进一步发展，大多数是以岩体的工程地质条件为基础的。

2. 以岩体构造、岩性特征为代表的分级方法

早期太沙基分级法是这类分级方法的代表，曾长期被世界各国所采用。太沙基分级法是以坑道支护所需的地压值为对象的，它把不同岩性、不同构造条件的围岩分为 9 级，每级围岩都有一个相应的地压范围值和支护措施建议。在分级时是以坑道有水为基础的，当确认无水时，4~7 级围岩所对应的地压值应降低 50%。

20 世纪 60 年代，我国在积累了大量铁路隧道修建经验的基础上，提出了以岩体综合物性指标为基础的"岩体综合分级法"。

3. 与地质勘探手段相联系的分级方法

1）按弹性波（纵波）速度的分级方法

围岩弹性波速度是判断岩性、岩体结构的综合指标，它既可以反映岩石软硬，又可以表达岩体结构的破碎程度。因此，在弹性波速度基础上，综合考虑与隧道开挖及土压有关的因素（岩性、风化程度、破碎状态、含水及涌水状态等），将围岩分为 7 级。

2）以岩石质量为指标的分级方法——RQD 法

把地质勘察手段与围岩分类联系起来，这是一个重要的进步。这方面除了用弹性波速度外，还有用钻探时的岩芯复原率（或称岩芯采取率）的分级方法，美国 Deere 等人提出的采用所谓"岩石质量指标"（RQD：Rock Quality Designation）（也是反映岩体破碎程度和岩石强度的综合指标）就是一例。Deere 指出，岩芯的采用状态（采用率）、岩芯的平均长度、最大长度等受到原始裂隙、硬度、均质性等状态所影响。因此，岩芯采取率是可以表征岩体质量的。同时指出，岩体质量好坏主要由小于 10cm 的细小岩块状态决定。因此，岩芯复原率是以单位长度钻孔中 10cm 以上的岩芯占有比例来计算的，即式（2-1）。

$$\mathrm{RQD}(\%) = \frac{\sum l_i}{L} \times 100\% \tag{2-1}$$

式中　$\sum l_i$——10cm 以上岩芯累计长度；

　　　　L——单位钻孔长度。

该分级法将围岩分为 5 级：RQD＞90%，为优质的；75%＜RQD＜90%，为良好的；50%＜RQD＜75%，为好的；25%＜RQD＜50%，为差的；RQD＜25%，为很差的。分

级也给出相应的地压值及可采取的支护系统。同时指出，在采用掘进机掘进时，地压值可适当降低（约减小20%）。

上述分类大体上可以说是半定量的，但却是综合的。它把岩体的很多错综复杂的因素统一用一个指标表达，难免会给判断带来一定的"主观性"。例如弹性波速低，就可能有几种情况：①岩体完整，但岩质松软；②岩质坚硬，但岩体破碎；③出现于地形上局部高低差显著的谷部等。因而在判断上还要借助其他条件，如地质测绘、岩性等手段或资料。因此，考虑多种因素并给予一定的定量分析和定性描述的分级方法，得到了很大发展。

上述都是根据单因素指标进行围岩级别划分。在单一岩性指标中，多采用岩石的单轴饱和极限抗压强度作为基本的分级指标，除了试验方法较方便外，从定量看也是比较可靠的。单一的岩性指标只能表达岩土体特征的一个方面，因此用来作为分级的唯一指标是不合适的。例如，中国西部的老黄土，在无水条件下，虽然强度较低，但稳定性却很高，有些黄土洞室可维持几十年之久而不破坏。

4. 以多因素进行组合的分级方法

这是一种用两个或两个以上的岩性指标或综合岩性指标所表示的复合性指标。

Barton的Q系统为挪威隧道工法的核心，该工法起源于挪威并已广泛应用于斯堪地那维亚（Scandinavia）半岛。该系统最早是由Barton等人根据212个隧道案例，于1974年提出的，至1993年累积已达1050个案例。

Q系统主要以Q值（由式2-2定义）来评价岩体质量的优劣，Q值中6个参数的描述及其取值标准如表2-2～表2-8所示。

$$Q = \frac{RQD}{J_n} \cdot \frac{J_r}{J_a} \cdot \frac{J_w}{SRF} \tag{2-2}$$

式中　RQD——岩石质量指标；

J_n——节理组数目；

J_r——节理粗糙度；

J_a——节理蚀变值；

J_w——节理含水折减系数；

SRF——初始应力折减系数。

上式中六个参数的组合，反映了岩体质量的三个方面，即$\frac{RQD}{J_n}$表示岩体的完整性；$\frac{J_r}{J_a}$表示结构面的形态、充填物特征及其次生变化程度；$\frac{J_w}{SRF}$表示水与其他应力存在时对质量的影响。分类时，根据这六个参数的实测资料，查表2-2～表2-7确定各自的数值，然后代入式（2-2）求得岩体的Q值，以Q值为依据将岩体分为九类，如表2-8所示。

岩体质量与RQD取值的关系　　　　　　　　　　　　　表2-2

岩体质量	RQD取值
很差	0～25
差	25～50
好	50～75

续表

岩体质量	RQD 取值
良好	75～90
优质	90～100

注：1. 当 RQD<10 时（包括 0），计算 Q 值时 RQD 取 10。

　　2. RQD 值的间距采用 5（如 100、95、90 等），其精度即已足够。

节理发育组数及 J_n 取值　　　　　表 2-3

节理发育组数	J_n 取值
整体结构，无或很少有节理	0.5～1.0
一组节理	2
一组节理加偶现节理	3
二组节理	4
二组节理加偶现节理	6
三组节理	9
三组节理加偶现节理	12
四组以上节理，节理分布不规则，极发育，将岩体切割成小方块	15
岩体破碎，类似土状	20

节理粗糙度描述及 J_r 取值　　　　　表 2-4

节理粗糙度描述	J_r 取值
不连续节理	4
粗糙或不规则，波浪状	3
光滑，波浪状	2
具擦痕，波浪状	1.5
粗糙或不规则，平面状	1.5
光滑，平面状	1.0
具擦痕，平面状	0.5
含有黏土充填物，其厚度足以使两壁不致发生接触	1.0
含有砂状、砾石状或粉碎带，其厚度足以使两壁不相接触	1.0

节理面蚀变及 J_a 取值　　　　　表 2-5

节理面蚀变		J_a 取值
节理面两壁接触		
(1)	紧密闭合，坚硬，夹心不软化与不透水（如石英或绿帘石）	0.75
(2)	两壁面未蚀变，仅表面锈染	1.0
(3)	两壁面轻微蚀变，仅表面为不软化矿物、砂质颗粒、不含黏土的崩解岩石	2.0
(4)	壁面外层为粉质或砂质黏土，含少量黏土（不软化）	3.0
(5)	壁面外层为软化或低摩擦力黏土矿物，如高岭石、云母、绿泥石、滑石、石膏、石磨等与少量膨胀性黏土	4.0
剪切错动不超过 10cm，两壁仍可接触		
(6)	砂质颗粒、不含黏土的崩解岩石	4.0
(7)	高度压密，不软化点黏土矿物夹心（连续，但厚度小于 5mm）	6.0

续表

	节理面蚀变	J_a 取值
(8)	中度或低度压密，软化的黏土夹心（连续，但厚度小于 5mm）	8.0
(9)	膨胀性黏土夹心，如蒙脱石（连续，但厚度小于 5mm，J_a 值视膨胀性黏土含量百分比及与水接触的情形而定）	8~12
剪切错动时两壁岩石不会接触		
(10)		6
(11)	夹崩解或粉碎的岩石与黏土［黏土状况的描述见 (7)、(8)、(9)］	8
(12)		12
(13)	夹粉质、砂质黏土，少量黏土成分（不软化）	5
(14)		10
(15)	夹厚且连续的黏土［黏土状况的描述见 (7)、(8)、(9)］	13
(16)		13~20

节理含水状况描述与 J_w 取值   表 2-6

节理含水状况描述	概估水压（MPa）	J_w 取值
开挖面干燥或少量渗水	<0.1	1.0
中度渗水或有一定水压，有时将节理夹心冲洗出	0.1~0.25	0.66
坚硬岩体的无夹心节理大量渗水或有高水压	0.25~1.0	0.5
大量渗水或高水压，大量节理夹心被冲洗出	0.25~1.0	0.33
爆破后冒出极大量渗水或极高水压，但逐渐减小	>1.0	0.1~0.2
极大量涌水或极高水压，持续无明显减小	>1.0	0.05~0.1

注：不考虑结冰所引起的特殊问题。

岩体应力状态描述与应力折减因子 SRF 取值   表 2-7

岩体应力状态描述			SRF 取值
1. 开挖与软弱带相交，隧道开挖时会使岩体松动			
有多条含有黏土或化学分解岩石的软弱带，周围岩体非常松动（任何深度）			10
一条含有黏土或化学分解岩石的软弱带（开挖深度 50m）			5
一条含有黏土或化学分解岩石的软弱带（开挖深度大于 50m）			2.5
优良岩石含多条剪裂带（无黏土），周围岩体松动（任何深度）			7.5
优良岩石含多条剪裂带（无黏土），开挖深度为 50m			5.0
优良岩石含多条剪裂带（无黏土），开挖深度大于 50m			2.5
松动开口节理，节理高度发达或岩石呈小方块等（任何深度）			5.0
注：若相关剪裂带仅影响，但不与开挖面相交，SRF 可减少 25%~50%			
2. 优良岩体，存在初始应力的影响问题	σ_c/σ_1	σ_θ/σ_c	SRF
低应力，近地表，开口节理	>200	<0.01	2.5
中等应力，有利的应力状态	10~200	0.01~0.3	0.5~2
高应力，极紧密结构，通常对稳定有利，可能对侧壁不利	5~10	0.3~0.4	0.5~2
厚层岩体在 1h 后发生中等应力破裂	3~5	0.5~0.6	5~50
厚层岩体在数分钟后发生应力破坏或岩爆	2~3	0.65~1.0	50~200

续表

岩体应力状态描述			SRF 取值
厚层岩体强烈岩爆或动态变形	<2	>1.0	200～400
3. 挤压性岩体；软弱岩体在高压影响发生塑性流动		σ_θ/σ_c	SRF
中度挤压性岩体		1.5	5～10
高度挤压性岩体		>5	10～20
4. 膨胀性岩体：因水存在而引起体积膨胀			SRF
中等膨胀压力			5～10
强烈膨胀压力			10～15

注：1. 若地应力经量测具有高度的方向性，当 $5<\sigma_1/\sigma_3<10$ 时，将 σ_c 折减为 $0.75\sigma_c$；当 $\sigma_1/\sigma_3>10$ 时，将 σ_c 折减为 $0.5\sigma_c$。σ_c 为单轴抗压强度；σ_1 与 σ_3 分别为最大与最小主应力；σ_θ 为依据弹性理论估计的最大切向应力。

2. 由于仅有少数顶拱埋深小于跨度的案例，在此种情况下建议 SRF 由 2.5 增加至 5.0。

按 Q 值将岩体划分的类型 　　　　　　　　　表 2-8

Q 值	<0.01	0.01～0.1	0.1～1.0	1.0～4.0	4.0～10	10～40	40～100	100～400	>400
岩体类型	异常差	极差	很差	差	一般	好	很好	极好	异常好

考虑多种因素组合的分级是以大量实践资料为基础的，它同时引进了岩体的动态分析，故对判断隧道围岩的稳定性是比较合理和可靠的，也具有一定的理论意义，是围岩分级研究中一个有发展前途的方法。但分级还没有与有关的地质测试手段联系起来，因而在确定各项指标时，有的是通过试验或者现场实测确定的，有的主要是凭经验决定，带有一定的主观因素。

2.2.2　铁路隧道围岩分级

经过长期工程实践，发现主要反映岩石强度的 f 值分级法不能全面地反映隧道围岩的稳定特征和状态。所以，在 1975 年，中华人民共和国铁道部颁布了以围岩结构特征和完整状态为分类基础的新的铁路隧道围岩稳定性分级法，它总结了中华人民共和国成立以来在修建铁路隧道中使用值分级法所积累的经验，并参考了国内外有关围岩分级成果。它的出现引起了各方面的重视，国内许多部门针对本部门隧道工程特点，也相继采用了类似的分类方法，说明了这种分类法的原则、方法和内容是正确的，是有发展前途的，也是与当前国际上围岩分类的趋势相适应的。20 世纪 80 年代以来，我国又对铁路隧道围岩分级法做了补充和修正，1986 年颁布了修正方案。1999 年的《铁路隧道设计规范》TB 10003—1999 中采用了国家标准的分级排序，并将原围岩分类改称为围岩分级，同时充实了施工阶段围岩分级的评定方法。2001 年，又将围岩分级的部分内容与《铁路工程地质技术规范》TBJ 12—1996 进行了协调修改，颁布了新的隧道围岩分级方案（《铁路隧道设计规范》TB 10003—2001）。2005 年和 2016 年，又分别将围岩分级的部分内容进行了修改，颁布了新的隧道围岩分级方案，目前实施的是《铁路隧道设计规范》TB 10003—2016。

1. 围岩分级的基本因素与围岩基本分级

1）围岩分级的基本因素

围岩基本分级应由岩石坚硬程度和岩体完整程度两个基本因素确定。岩石坚硬程度和岩体完整程度应采用定性划分和定量指标两种方法确定。岩石坚硬程度划分为极硬岩、硬岩、较软岩、软岩和极软岩共 5 类（表 2-9），岩体完整程度根据结构面特征、结构面发育组数和岩体结构类型等定性特征及定量指标——岩体完整性指数 K_v，按表 2-14 进行划分，具体划分为完整、较完整、较破碎、破碎和极破碎共 5 类（表 2-12）。

岩石坚硬程度的划分　　　　　表 2-9

岩石类型		单轴饱和抗压强度 R_c（MPa）	代表性岩石
硬质岩	极硬岩	$R_c > 60$	未风化或微风化的花岗岩、片麻岩、闪长岩、石英岩、硅质灰岩、钙质胶结的砂岩或砾岩等
	硬岩	$30 < R_c \leqslant 60$	弱风化的极硬岩；未风化或微风化的熔结凝灰岩、大理岩、板岩、白云岩、灰岩、钙质胶结的砂岩、结晶颗粒较粗的岩浆岩等
软质岩	较软岩	$15 < R_c \leqslant 30$	强风化的极硬岩；弱风化的硬岩；未风化或微风化的云母片岩、千枚岩、砂质泥岩、钙泥质胶结的粉砂岩和砾岩、泥灰岩、泥岩、凝灰岩等
	软岩	$5 < R_c \leqslant 15$	强风化的极硬岩；弱风化至强风化的硬岩；弱风化的较软岩和未风化或微风化的泥质岩类；泥岩、煤、泥质胶结的砂岩和砾岩等
	极软岩	$R_c \leqslant 5$	全风化的各类岩石和成岩作用差的岩石

岩石坚硬程度划分的定量指标采用岩石单轴饱和抗压强度 R_c，如无 R_c 的实测值亦可采用岩石点荷载强度指数 $I_{s(50)}$，其与 R_c 的换算关系为：

$$R_c = 22.82 [I_{s(50)}]^{0.75} \qquad (2-3)$$

岩石单轴饱和抗压强度 R_c 与定性划分的岩石坚硬程度的对应关系，可按表 2-10 确定。

R_c 与定性划分的岩石坚硬程度的对应关系　　　　　表 2-10

R_c（MPa）	>60	60~30	30~15	15~5	<5
坚硬程度	极硬岩	较坚硬岩	较软岩	软岩	极软岩

岩石风化程度的划分如表 2-11 所示。

岩石风化程度的划分　　　　　表 2-11

名称	风化特征
未风化	岩石结构构造未变，岩质新鲜
微风化	岩石结构构造、矿物成分和色泽基本未变，部分裂隙面有铁锰质渲染或略有变色
弱风化	岩石结构构造部分破坏，矿物成分和色泽较明显变化，裂隙面风化较剧烈
强风化	岩石结构构造大部分破坏，矿物成分和色泽明显变化，长石、云母和铁镁矿物已风化蚀变
全风化	岩石结构构造完全破坏，已崩解和分解成松散土状或砂状，矿物全部变色，光泽消失，除石英颗粒外的矿物大部分风化蚀变为次生矿物

岩体完整程度可按表 2-12 确定，表中结构面结合程度可按表 2-13 确定。

岩体完整程度的划分　　　　　　表 2-12

完整程度	结构面发育程度			主要结构面结合程度	主要结构面类型	相应结构类型	岩体完整性指数（K_v）	岩体体积节理数（条/m³）
	定性描述	组数	平均间距（m）					
完整	不发育	1～2	＞1.0	结合好或一般	节理、裂隙、层面	整体状或巨厚层状结构	K_v＞0.75	J_v＜3
较完整		1～2	＞1.0	结合差	节理、裂隙、层面	块状或厚层状结构	0.55＜K_v≤0.75	3≤J_v＜10
	较发育	2～3	1.0～0.4	结合好或一般		块状结构		
较破碎		2～3	1.0～0.4	结合差	节理、裂隙、劈理、层面、小断层	裂隙块状或中厚层状结构	0.35＜K_v≤0.55	10≤J_v＜20
	发育	≥3	0.4～0.2	结合好		镶嵌碎裂结构		
				结合一般		薄层状结构		
破碎		≥3	0.4～0.2	结合差	各种类型结构面	裂隙块状结构	0.15＜K_v≤0.35	20≤J_v＜35
	很发育	≥3	≤0.2	结合一般或差		破碎结构		
极破碎	无序	—	—	结合很差		散体结构	K_v≤0.15	J_v≥35

注：平均间距指主要结构面间距的平均值。

结构面结合程度的划分　　　　　　表 2-13

结合程度	结构面特征
结合好	张开度小于 1mm，为硅质、铁质或钙质胶结，或结构面粗糙，无填充物； 张开度 1～3mm，为硅质或铁质胶结； 张开度大于 3mm，结构面粗糙，为硅质胶结
结合一般	张开度小于 1mm，结构面平直，钙泥质胶结或无填充物； 张开度 1～3mm，为钙质胶结； 张开度大于 3mm，结构面粗糙，为铁质或钙质胶结
结合差	张开度 1～3mm，结构面平直，为泥质胶结或钙泥质胶结； 张开度大于 3mm，多为泥质或岩屑填充
结合很差	泥质充填或泥夹岩屑充填，填充物厚度大于起伏差

岩体完整程度划分的定量指标采用岩体完整性指数 K_v，K_v 可用岩体弹性纵波速度 V_{pm} 和同一岩体取样测定的岩石弹性纵波速度 V_{pr} 按式（2-4）计算而得，即：

$$K_v = \frac{V_{pm}^2}{V_{pr}^2} \tag{2-4}$$

岩体完整性指数 K_v 与定性划分的岩体完整程度的对应关系，可按表 2-14 确定。

K_v 与定性划分的岩体完整程度的对应关系　　　　　　表 2-14

K_v	＞0.75	0.55～0.75	0.35～0.55	0.15～0.35	＜0.15
完整程度	完整	较完整	较破碎	破碎	极破碎

2）围岩基本分级

以岩石坚硬程度和岩体完整程度分级为基础，结合定量指标——围岩弹性纵波速度及相关指标，按表 2-15 确定围岩基本分级，隧道围岩基本划分为六级。

围岩基本分级表　　　　　　　　　表 2-15

级别	岩体特征	土体特征	围岩基本质量指标 BQ	围岩弹性纵波速度 v_p（km/s）
I	极硬岩，岩体完整	—	＞550	A：＞5.3
II	极硬岩，岩体较完整； 硬岩，岩体完整	—	451～550	A：4.5～5.3 B：＞5.3 C：＞5.0
III	极硬岩，岩体较破碎； 硬岩或软硬岩互层，岩体较完整； 较软岩，岩体完整	—	351～450	A：4.0～4.5 B：4.3～5.3 C：3.5～5.0 D：＞4.0
IV	极硬岩，岩体破碎； 硬岩，岩体较破碎或破碎； 较软岩或软硬岩互层，且以软岩为主，岩体较完整或较破碎； 软岩，岩体完整或较完整	具压密或成岩作用的黏性土、粉土及砂类土，一般钙质、铁质胶结的粗角砾土、粗圆砾土、碎石土、卵石土、大块石土、黄土（Q_1、Q_2）	251～350	A：3.0～4.0 B：3.3～4.3 C：3.0～3.5 D：3.0～4.0 E：2.0～3.0
V	较软岩，岩体破碎； 软岩，岩体较破碎至破碎； 全部极软岩及全部极破碎岩（包括受构造影响严重的破碎带）	一般第四系坚硬、硬塑黏性土，稍密及以上、稍湿或潮湿的碎石土、卵石土、圆砾土、角砾土、粉土及黄土（Q_3、Q_4）	≤250	A：2.0～3.0 B：2.0～3.3 C：2.0～3.0 D：1.5～3.0 E：1.0～2.0
VI	受构造影响严重呈碎石、角砾及粉末、泥土状的富水断层带，富水破碎的绿泥石或炭质千枚岩	软塑状黏性土，饱和的粉土、砂类土等，风积沙，严重湿陷性黄土	—	＜1.0（饱和状态的土＜1.5）

岩体基本质量指标 BQ 值，应根据岩石坚硬程度、岩体完整程度分级因素的定量指标 R_c（MPa）和 K_v 值计算而得，即：

$$BQ = 100 + 3R_c + 250K_v \qquad (2-5)$$

使用式（2-5）时，应遵守下列限制条件：

当 $R_c > 90K_v + 30$ 时，应以 $R_c = 90K_v + 30$ 和 K_v 代入式（2-5）计算 BQ 值；当 $K_v > 0.04R_c + 0.4$ 时，应以 $K_v = 0.04R_c + 0.4$ 和 R_c 代入式（2-5）计算 BQ 值。

当根据基本质量定性特征和基本质量指标 BQ 确定的级别不一致时，则可通过对定性划分和定量指标的综合分析，确定岩体基本质量级别。必要时，应重新进行测试。

表 2-15 弹性纵波速度中 A、B、C、D、E 指的是岩性类型，如表 2-16 所示。

岩性类型划分　　　　　　　　　表 2-16

岩石类型	代表岩性
A	岩浆岩（花岗岩、闪长岩、正长岩、辉绿岩、安山岩、玄武岩、石英粗面岩、石英斑岩等）； 变质岩（片麻岩、石英岩、片岩、蛇纹岩等）； 沉积岩（熔结凝灰岩、硅质砾岩、硅质石灰岩等）

续表

岩石类型	代表岩性
B	沉积岩（石灰岩、白云岩等碳酸盐类）
C	变质岩（大理岩、板岩等）； 沉积岩（钙质砂岩、铁质胶结的砾岩及砂岩等）
D	第三纪沉积岩类（页岩、砂岩、砾岩、砂质泥岩、凝灰岩等）； 变质岩（云母片岩、千枚岩等），且岩石单轴饱和抗压强度 $R_c>15\text{MPa}$
E	晚第三纪～第四纪沉积岩类（泥岩、页岩、砂岩、砾岩、凝灰岩等），且岩石单轴饱和抗压强度 $R_c\leqslant15\text{MPa}$

2. 铁路隧道围岩分级表

根据前文综述与分级经验，可得铁路隧道围岩分级表，如表 2-17 所示。

铁路隧道围岩分级　　　　　　　　　　　　　表 2-17

围岩级别	围岩主要工程地质条件		围岩开挖后的稳定状态（小跨度）	围岩基本质量指标 BQ	围岩弹性纵波速度 v_p（km/s）
	主要工程地质特征	结构特征和完整状态			
I	极硬岩（单轴饱和抗压强度 $R_c>$ 60MPa）：受地质构造影响轻微，节理不发育，无软弱面（或层）；层状岩层为巨厚层或厚层，层间结合良好，岩体完整	呈巨块状整体结构	围岩稳定，无坍塌，可能产生岩爆	＞550	A：＞5.3
II	硬质岩（$R_c>30\text{MPa}$）：受地质构造影响较重，节理较发育，有少量软弱面（或夹层）和贯通微张节理，但其产状及组合关系不致产生滑动；层状岩层为中厚层或厚层，层间结合一般，很少有分离现象，或为硬质岩石偶夹软质岩石	呈巨块状或大块状结构	暴露时间长，可能会出现局部小坍塌，侧壁稳定，层间结合差的平缓岩层顶板易塌落	451～550	A：4.5～5.3 B：＞5.3 C：＞5.0
III	硬质岩（$R_c>30\text{MPa}$）：受地质构造影响严重，节理发育，有层状软弱面（或夹层），但其产状及组合关系尚不致产生滑动；层状岩层为薄层或中层，层间结合差，多有分离现象；硬、软质岩石互层	呈块（石）碎（石）状镶嵌结构	拱部无支护时可产生小坍塌，侧壁基本稳定，爆破振动过大易塌	351～450	A：4.0～4.5 B：4.3～5.3 C：3.5～5.0 D：＞4.0
	较软岩（$R_c=15～30\text{MPa}$）：受地质构造影响轻微，节理不发育；层状岩层为厚层、巨厚层，层间结合良好或一般	呈大块状结构			
IV	硬质岩（$R_c>30\text{MPa}$）：受地质构造影响极严重，节理很发育；层状软弱面（或夹层）已基本破坏	呈碎石状压碎结构	拱部无支护时，可产生较大的坍塌，侧壁有时失去稳定	251～350	A：3.0～4.0 B：3.3～4.3 C：3.0～3.5 D：3.0～4.0 E：2.0～3.0
	软质岩（$R_c\approx5～30\text{MPa}$）：受地质构造影响较重或严重，节理较发育或发育	呈块（石）碎（石）状镶嵌结构			

围岩级别	围岩主要工程地质条件		围岩开挖后的稳定状态（小跨度）	围岩基本质量指标BQ	围岩弹性纵波速度 v_p（km/s）
	主要工程地质特征	结构特征和完整状态			
IV	土体：1. 具压密或成岩作用的黏性土、粉土及砂类土； 2. 黄土（Q_1、Q_2）； 3. 一般钙质、铁质胶结的碎石土、卵石土、大块石土	1和2呈大块状压密结构，3呈巨块状整体结构	拱部无支护时，可产生较大的坍塌，侧壁有时失去稳定	251～350	A：3.0～4.0 B：3.3～4.3 C：3.0～3.5 D：3.0～4.0 E：2.0～3.0
V	岩体：较软岩、岩体破碎；软岩、岩体较破碎至破碎；全部极软岩及全部极破碎岩（包括受构造影响严重的破碎带）	呈角砾碎石状松散结构	围岩易坍塌，处理不当会出现大坍塌，侧壁经常出现小坍塌；浅埋时易出现地表下沉（陷）或塌至地表	≤250	A：2.0～3.0 B：2.0～3.3 C：2.0～3.0 D：1.5～3.0 E：1.0～2.0
V	土体：一般第四系坚硬、硬塑黏性土，稍密及以上、稍湿或潮湿的碎石土、卵石土、圆砾土、角砾土、粉土及黄土（Q_3、Q_4）	非黏性土呈松散结构，黏性土及黄土呈松软结构			
VI	岩体：受构造影响严重呈碎石、角砾及粉末、泥土状的富水断层带，富水破碎的绿泥石或炭质千枚岩	黏性土呈易蠕动的松软结构，砂性土呈潮湿松散结构	围岩极易变形坍塌，有水时土砂常与水一起涌出；浅埋时易塌至地表	—	＜1.0（饱和状态的土＜1.5）
VI	土体：软塑状黏性土，饱和的粉土、砂类土等，风积沙，严重湿陷性黄土				

注：1. 弹性纵波速度中A、B、C、D、E指的是岩性类型，如表2-16所示。
　　2. 围岩分级宜采用定性分级与定量分级相结合的方法，综合分析确定围岩级别。
　　3. 强膨胀岩（土）、第三系富水弱胶结砂泥岩、岩体强度应力比小于0.15的极高地应力软岩等，属于特殊围岩（土），相应工程措施应进行针对性的特殊设计。

各级围岩的物理力学指标标准值应按试验资料确定，无试验资料时可按表2-18选用。

各级围岩的物理力学指标   表2-18

围岩级别	重度 γ（kN/m³）	弹性反力系数 K（MPa/m）	变形模量 E（GPa）	泊松比 ν	内摩擦角 φ（°）	黏聚力 c（MPa）	计算摩擦角 φ_c（°）
I	26～28	1800～2800	＞33	＜0.2	＞60	＞2.1	＞78
II	25～27	1200～1800	20～33	0.2～0.25	50～60	1.5～2.1	70～78
III	23～25	500～1200	6～20	0.25～0.3	39～50	0.7～1.5	60～70
IV	20～23	200～500	1.3～6	0.3～0.35	27～39	0.2～0.7	50～60
V	17～20	100～200	1～2	0.35～0.45	20～27	0.05～0.2	40～50
VI	15～17	＜100	＜1	0.4～0.5	＜22	＜0.1	30～40

注：1. 本表中数值不包括黄土地层及特殊围岩。
　　2. 选用计算摩擦角时，不再计内摩擦角和黏聚力。

3. 隧道围岩分级修正

隧道围岩级别应在围岩基本分级的基础上，结合隧道工程的特点，考虑地下水状态、初始地应力状态等必要因素进行修正。围岩级别修正宜采用定性修正与定量修正相结合的方法，综合分析确定围岩级别。

1）定性修正

地下水状态的分级按表 2-19 确定。地下水对围岩级别的修正，宜按表 2-20 进行。

地下水状态的分级　　　　　　　　　　　　　　表 2-19

地下水出水状态	状态	渗水量[L/(min·10m)]
潮湿或滴状出水	干燥或湿润	≤25
淋雨状或线流状出水	偶有渗水	25～125
涌流状出水	经常渗水	>125

地下水对围岩级别的修正　　　　　　　　　　　　表 2-20

地下水出水状态	围岩级别					
	I	II	III	IV	V	VI
潮湿或滴状出水	I	II	III	IV	V	—
淋雨状或线流状出水	I	II	III 或 IV[1]	V	VI	—
涌流状出水	II	III	IV	V	VI	—

注：围岩岩体为较完整的硬岩时定为 III 级，其他情况定为 IV 级。

围岩初始地应力状态，当无实测资料时，可根据隧道工程埋深、地貌、地形、地质、构造运动史、主要构造线与开挖过程中出现的岩爆、岩芯饼化等特殊地质现象，按表 2-21 做出评估。

初始地应力状态评估基准　　　　　　　　　　表 2-21

初始地应力状态	主要现象	评估基准 (R_c/σ_{max})
一般地应力	硬质岩：开挖过程中不会出现岩爆，新生裂缝较少，成洞性一般较好	>7
	软质岩：岩芯无或少有饼化现象，开挖过程中洞壁岩体有一定的位移，成洞性一般较好	
高地应力	硬质岩：开挖过程中可能出现岩爆，洞壁岩体有剥离和掉块现象，新生裂缝较多，成洞性较差	4～7
	软质岩：岩芯时有饼化现象，开挖过程中洞壁岩体位移显著，持续时间较长，成洞性差	
极高地应力	硬质岩：开挖过程中有岩爆发生，有岩块弹出，洞壁岩体发生剥离，新生裂缝多，成洞性差	<4
	软质岩：岩芯常有饼化现象，开挖过程中洞壁岩体有剥离，位移极为显著，甚至发生大位移，持续时间长，不易成洞	

注：表中 R_c 为岩石单轴饱和抗压强度（MPa）；σ_{max} 为垂直洞轴线方向的最大初始地应力值（MPa）。

初始地应力状态对围岩级别的修正宜按表 2-22 进行。

2）定量修正

围岩级别定量修正应对围岩基本质量指标 BQ 进行修正，并以修正后获得的围岩基本质量指标值［BQ］依据铁路隧道围岩分级表确定围岩级别。围岩基本质量指标修正值［BQ］依据式（2-6）计算。

初始地应力状态对围岩级别的修正 表 2-22

初始地应力状态	围岩级别				
	I	II	III	IV	V
极高应力	I	II	III 或 IV[1]	V	VI
高应力	I	II	III	IV 或 V[2]	VI

注：1. 围岩岩体为较破碎的极硬岩、较完整的硬岩时，定为 III 级；围岩岩体为完整的较软岩、较完整的软硬互层时，定为 IV 级。

2. 围岩岩体为破碎的极硬岩、较破碎及破碎的硬岩时，定为 IV 级；围岩岩体为完整及较完整软岩、较完整及较破碎的较软岩时，定为 V 级。

$$[BQ] = BQ - 100(K_1 + K_2 + K_3) \tag{2-6}$$

式中　$[BQ]$——岩体基本质量指标修正值；

　　　BQ——岩体基本质量指标；

　　　K_1——地下水影响修正系数；

　　　K_2——主要软弱结构面产状影响修正系数；

　　　K_3——初始应力状态影响修正系数。

K_1、K_2 和 K_3 取值可分别按表 2-23、表 2-24 和表 2-25 确定。无表中所列情况时，修正系数取值为 0。$[BQ]$ 出现负值时，应按特殊问题处理。

地下水影响修正系数 K_1 表 2-23

地下水出水状态	BQ				
	>550	550～451	450～351	350～251	≤250
潮湿或点滴状出水	0	0	0～0.1	0.2～0.3	0.4～0.6
淋雨状或涌流状出水，水压小于或等于 0.1MPa，或单位出水量小于或等于 10L/（min·m）	0～0.1	0.1～0.2	0.2～0.3	0.4～0.6	0.7～0.9
淋雨状或涌流状出水，水压大于 0.1MPa，或单位出水量大于 10L/（min·m）	0.1～0.2	0.2～0.3	0.4～0.6	0.7～0.9	1.0

主要软弱结构面产状影响修正系数 K_2 表 2-24

结构面产状及其与洞轴线的组合关系	结构面走向与洞轴线夹角小于 30°，结构面倾角为 30°～75°	结构面走向与洞轴线夹角大于 60°，结构面倾角大于 75°	其他组合
K_2	0.4～0.6	0～0.2	0.2～0.4

初始应力状态影响修正系数 K_3 表 2-25

初始应力状态	围岩基本质量指标 BQ				
	>550	550～451	450～351	350～251	≤250
极高应力区	1.0	1.0	1.0～1.5	1.0～1.5	1.0
高应力区	0.5	0.5	0.5	0.5～1.0	0.5～1.0

4. 铁路隧道围岩亚分级

隧道施工过程中可根据揭示的地质情况按围岩亚分级表（表 2-26）进行精确分级。

围岩亚分级表
表 2-26

围岩级别		围岩主要工程地质条件		围岩基本质量指标 BQ
级别	亚级	主要工程地质特征	结构特征和完整状态	
III	III₁	极硬岩（R_c＞60MPa），岩体较破碎，结构面较发育、结合差	裂隙块状或中厚层状结构	391～450
		硬岩（R_c＝30～60MPa）或软硬岩互层以硬岩为主，岩体较完整，结构面不发育、结合差	块状或厚层状结构	
	III₂	极硬岩（R_c＞60MPa），岩体较破碎，结构面发育、结合良好	镶嵌碎裂状或薄层状结构	351～390
		硬岩（R_c＝30～60MPa）或软硬岩互层以硬岩为主，岩体较完整，结构面较发育、结合良好	块状结构	
		较软岩（R_c＝15～30MPa），岩体完整，结构面不发育、结合良好	整体状或巨厚层状结构	
IV	IV₁	极硬岩（R_c＞60MPa），岩体破碎，结构面发育、结合差	裂隙块状结构	311～350
		硬岩（R_c＝30～60MPa），岩体较破碎，结构面较发育、结合差或结构面发育、结合良好	裂隙块状或镶嵌碎裂状结构	
		较软岩（R_c＝15～30MPa）或软硬岩互层以软岩为主，岩体较完整，结构面较发育、结合良好	块状结构	
		软岩（R_c＝5～15MPa），岩体完整，结构面不发育、结合良好	整体状或巨厚层状结构	
	IV₂	极硬岩（R_c＞60MPa），岩体破碎，结构面很发育、结合差	碎裂结构	251～310
		硬岩（R_c＝30～60MPa），岩体破碎，结构面发育或很发育、结合差	裂隙块状或碎裂状结构	
		较软岩（R_c＝15～30MPa）或软硬岩互层以软岩为主，岩体较破碎，结构面发育、结合良好	镶嵌碎裂状或薄层状结构	
		软岩（R_c＝5～15MPa），岩体较完整，结构面较发育、结合良好	块状结构	
		土体：1. 具压密或成岩作用的黏性土、粉土及砂类土 2. 黄土（Q_1、Q_2） 3. 一般钙质、铁质胶结的碎石土、卵石土、大块石土	1 和 2 呈大块状压密结构，3 呈巨块状整体结构	
V	V₁	较软岩（R_c＝15～30MPa），岩体破碎，结构面很发育或极发育	裂隙块状或碎裂状结构	211～250
		软岩（R_c＝5～15MPa），岩体较破碎，结构面较发育、结合差或结构面发育、结合良好	裂隙块状或镶嵌碎裂结构	
		一般坚硬黏质土、较大天然密度硬塑状黏质土及一般硬塑状黏质土，压密状态稍湿至潮湿胶结程度较好的砂类土；稍湿或潮湿的碎石土、卵石土、圆砾、角砾土及黄土（Q_3、Q_4）	非黏性土呈松散结构，黏性土及黄土呈松软结构	
	V₂	软岩、岩体破碎；全部极软岩及全部极破碎岩（包括受构造影响严重的破碎带）	呈角砾状松散结构	≤210

续表

围岩级别		围岩主要工程地质条件		围岩基本质量指标 BQ
级别	亚级	主要工程地质特征	结构特征和完整状态	
V	V_2	一般硬塑状黏土及可塑状黏质土；密实以下但胶结程度较好的砂类土；稍湿或潮湿且较松散的碎石土，卵石土、圆砾、角砾土；一般或坚硬松散结构的新黄土	非黏性土呈松散结构，黏性土及黄土呈松软结构	≤210

思考题

1. 初步勘察和详细勘察在目的、任务、内容、方法、手段及提交的资料等方面有何要求？

2. 什么是物探，有何优、缺点？

3. 为什么要进行围岩分级？国内、外分别有哪些围岩分级方法？它们有何差异和联系？

第 3 章　隧道规划与线路设计

由于隧道建筑物是整个路线上的一个组成部分，在一般情况下，隧道的位置应当根据整个线路的选定来加以确定。而在特殊情况下，如对于长大隧道，特别是工程地质条件复杂的长大隧道，其位置的选定则往往取决于工程地质条件的优劣。也就是说，这类长大隧道的位置需要根据地质条件来加以选择，因而隧道位置的选定又控制着线路的局部方向。

3.1　规划设计原则

隧道规划设计的基本原则如下：

1）隧道的设计必须与线路总体设计相协调适应。

2）隧道和地下结构的位置应选择在稳定的地层中。

3）越岭隧道应进行较大范围的方案选择，进行全面的技术、经济比较，选择在地质条件较好的地段穿越。

4）沿河傍山隧道，其位置宜向山侧内移，避免一侧洞壁过薄产生偏压。

5）选择隧道位置时，应注意洞口位置和有关工程的处理，一般宜采取"早进洞，晚出洞"原则。

6）原则上采用直线，避免曲线。

7）隧道位于市区时，隧道设计应考虑施工及运营对环境的影响，并应考虑城市规划及周围环境对隧道结构的影响。

8）隧道衬砌断面设计应结合地质条件、施工方法、环境条件等因素，确定合理的结构形状和尺寸。

9）隧道施工组织设计应根据施工方法、施工通风、施工排水、施工风险控制等要求，结合机械化配套程度、辅助坑道设置情况，合理规划进度和工期。

3.2　隧道位置选择

隧道位置的选定是与线路的选定同时考虑的，不可分割的，同时也与隧道工程的大小有关。隧道具体位置的选择与当地的地质条件、水文地质条件、地形地貌条件、工程难易程度、投资的数额、线路技术条件、工期的要求，以及施工技术现有的水平和今后运营条件等因素有关；其他如辅助坑道及运营通风的设置条件、施工场地、弃渣处理、运输便道的利用及引入等因素亦存在不同程度的影响。其中，最为重要的是地形条件和地质条件。

3.2.1 按地形及地质条件进行选择

1. 按地形条件进行选择

隧道是克服地形障碍的一种有力手段。地形障碍有高程障碍和平面障碍两方面。

1）高程障碍——线路坡度的限制

线路前进方向如果遇到高山，高山就成了高程障碍。解决高程障碍的方法有三种：

（1）绕行方案，如图 3-1 所示。

（2）深路堑方案，如图 3-2 所示。

（3）隧道方案。

图 3-1　绕行线路

图 3-2　深路堑

2）平面障碍

在山区，线路不得不依山傍河迂回前进。若是山嘴伸出太急，线路就无法随之环绕。这就出现了平面障碍。解决平面障碍有以下两种方案：

（1）沿河傍山绕行方案，如图 3-3 所示。

（2）隧道直穿方案。

从长远的利益来看，隧道方案往往是比较合理的。

2. 按地质条件进行选择

在选择隧道位置时，应力求选择在地质构造简单，岩性较好的稳固地层中。对岩性差的地层、断层破碎带、含水层等严重不良地质地

图 3-3　沿河傍山线路

段，应避免穿越；若不能绕避而必须通过时，应有充分的理由，并应减短其穿越的长度，采取可靠的工程处理措施，以确保隧道施工及运营的安全。

1）地质构造对隧道位置的选择

（1）单斜构造区隧道位置的选择

软弱结构面指的是层间接触面，有的是紧密贴附的，有的是出现裂缝又被一些细碎物质填充了的。从力学观点来看，一种岩体的强度常常不是由岩石本身的强度来控制的，而是由它的软弱结构面的强度来控制的。单斜构造的层次大体平行而有同一倾角。常见的工程地质问题为不均匀的地层压力、偏压、顺层滑动等现象，故隧道中线以垂直走向穿越最

为有利。在单斜构造的地质条件下，必须事先把地层的构造和倾角大小调查清楚，一定要尽可能避开软弱结构面，特别是不要把隧道中线设成与软弱结构面的走向一致或平行，至少要有一定的交角。

①水平或缓倾角岩层：当隧道通过很薄的岩层，施工时顶部易产生掉块现象，此时，以不透水的坚硬岩层作顶板为最好，如图 3-4 所示。

②陡倾角岩层：（陡倾角岩层一般有偏压和不均匀压力存在）当有软弱夹层伴以有害节理切割时，易产生坍方和顺层滑动；在此情况下，如以明洞通过时应慎重对待，如图 3-5 所示。

③直立岩层：隧道通过直立岩层时，其中线宜垂直于岩层的走向穿过，在隧道开挖过程中，易产生坍塌，甚至会导致大的塌方，导致地面形成"天窗"。

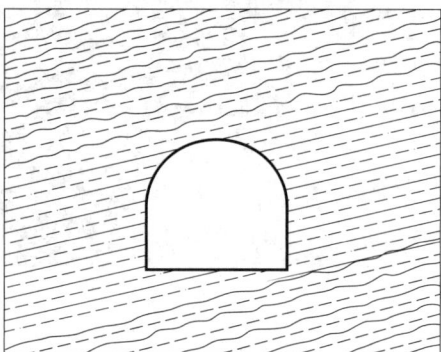

图 3-4　缓倾角岩层

图 3-5　陡倾角岩层

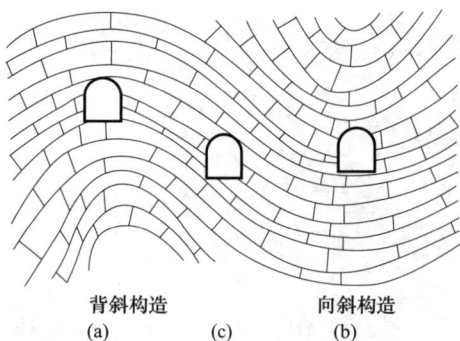

背斜构造　　　　　　向斜构造
(a)　　　(c)　　　　(b)

图 3-6　褶曲构造

（2）褶曲构造区隧道位置的选择

在褶曲构造的地区，地层一部分翘起成为背斜，另一部分下绕成为向斜。

隧道穿过褶曲构造时，应尽量避免将隧道置于向斜或背斜的轴部。此外宁可选在背斜中，也比在向斜中有利，如图 3-6（a）所示。如果隧道恰在褶曲的两翼，将受到偏侧压力，结构须加强，如图 3-6（c）所示。

（3）断裂构造、接触带隧道位置的选择

断裂构造及不同岩层的接触带，其裂隙发育，并有被挤压成破碎的块碎石、角砾及断层泥存在，断层泥遇水时强度很低，破碎的块碎石往往是地下水的良好通道。

当隧道线路必须通过断层带时，应尽量使线路与断层走向正交，使通过断层的地段最短，同时在施工时，做好各种支护及防水措施。切忌沿着（或靠近平行）断层带或破碎带修建隧道，同时应避开严重破碎带，不得已时，也要与严重断层破碎带隔开足够的安全距离。

2）不良地质对隧道位置的选择

从地质条件进行隧道位置选择时，最重要的影响因素是不良地质。不良地质是指滑坡、错落、崩塌、岩堆、危岩、落石、岩溶、陷穴、泥石流、流砂、断层、褶皱、涌水及第四纪堆积层等不良地段，它们各有其特点，也各有其影响。

（1）滑坡地区

山坡土体在重力作用下，沿某一软弱面有整体下滑的趋势，形成了滑坡。滑坡产生的原因：①地下水的活动；②河流冲刷坡脚；③人为切坡。

在选择隧道位置时，应尽可能避开滑坡区，可把隧道置于滑坡面以下的稳定岩体中，如图 3-7 中乙方案。当确知滑坡是多年静止了的死滑坡或古滑坡，则不得已时，也可把隧道置于滑坡体之内，但要上部减载和加强排水。

（2）岩堆地区

岩石经过风化作用，分解和剥离成大小不一的块体，从山坡上方滚下，或冲刷夹持而堆积在山坡较平缓处或坡脚处，形成无黏结力的堆积体。在选择隧道位置时，宜把隧道位置放在岩堆以下的稳定岩体之中，如图 3-8 中甲方案。但如图 3-9（a）所示，在堆积体紧密稳定，且不得已时，隧道也可以穿过堆积体，但应避开堆积层中的软弱层面和堆积体与基岩的接触处（乙），而应将隧道置于基岩（甲）或稳定的堆积体中。

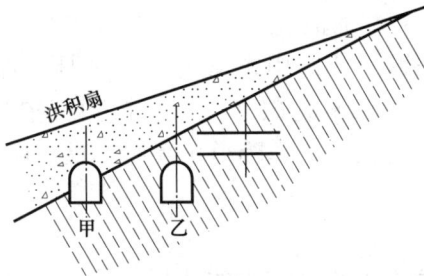

图 3-7 滑坡地区隧道位置选择示意

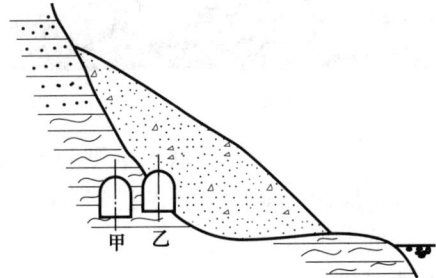

图 3-8 松散堆积层中隧道位置选择示意

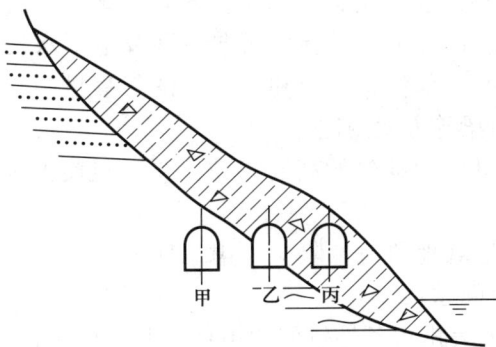

(a)

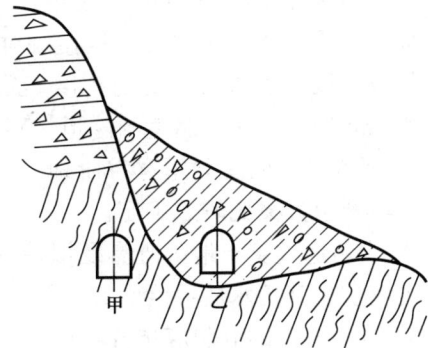

(b)

图 3-9 隧道通过崩塌、泥石流时的位置选择示意

（3）崩塌地区

山坡陡峻的地段，山体裂隙受风化而崩解，脱离母岩，成块地从斜坡翻滚坠落。在选择隧道位置时，应尽量避开，不得已时，也不要把隧道置于地表不厚的傍山位置，应尽可能地深进山体之中，穿过稳定的岩层。当崩塌不太严重，而洞口必须落在崩塌地区时，可设置一段明洞来解决。

（4）泥石流

山顶积聚的土壤和各种砾石、岩块受到水的浸融成为流体，顺山沟或峡谷流淌而下，来势凶猛，破坏力极大。

在决定隧道位置时，务必躲开泥石流泛滥区；如躲避不开，也应选在泥石流下切深度以下的基岩。要查明泥石流冲积扇范围，不可把洞口放在冲积扇范围以内。隧道洞顶距基岩面或最大下切面要有一定的覆盖厚度，如图 3-9（b）中乙的位置，隧道洞口应避开泥石流沟及泥石流可能扩展的范围。有困难时，可修建一段明洞，使泥石流在明洞顶通过。

图 3-10　溶洞

（5）溶洞地区

石灰岩质地区，岩石受流水的化学作用，溶蚀而形成空穴，如图 3-10 所示。穴中有的积水，有的被土石填充，均为不可承重的虚地基，应尽量避开；如无法避开时，隧道与溶洞应有足够的安全距离，以垂直或大角度穿过，使通过岩溶地段为最短。

（6）瓦斯地区

产煤的地区中蕴藏着有害气体，如甲烷（CH_4）和二氧化碳（CO_2）。隧道开挖时，有害气体逸出，轻则致人窒息，重则引起爆炸，危害甚大。选择隧道位置时，最好能避开；不得已时，应做好通风稀释的措施。

（7）黄土地区

① 黄土地区线路应选择在地层单一、土质干燥、湿陷性较小的地带，避开地层复杂、土质软弱、含水率大和地下水发育地段，避免与长大干渠近距离并行。

② 黄土塬、梁及丘陵区的线路，宜选择在山坡稳定、排水条件较好的地带，避开地形零乱、沟谷深切、冲沟发育等侵蚀强烈地带和下伏地层层面倾向不利及地下水发育地带。斜坡地段应根据山坡稳定程度确定线路通过部位、形式和应采取的工程措施。黄土沟、梁相间地段，应做路堑与隧道、路堤与桥梁等方案的比选。

③ 河谷区线路宜利用宽谷阶地，并远离低阶地缺失的高陡谷坡。在高陡黄土坡脚挖方应在与隧道方案比较后确定。

④ 线路通过黄土地区既有及拟建水库、池塘地段时，除应考虑水库溃坝、坍岸影响外，还应重视其蓄水后可能引起的黄土湿陷性问题。

⑤ 黄土隧道的洞门应选择在山体稳定、地表排水条件较好的山坡；洞身应选择在塬、梁顶面平整或地形凸起地带，避免在黄土与黏土分界处和软、硬地层的界面附近以及山坡零乱、陷穴发育、有封闭洼地的塬边、塬顶地段通过。

⑥ 线路宜绕避地质复杂的黄土滑坡、崩塌、陷穴、人为坑洞等不良地质发育地段。

（8）地震动峰值加速度 0.10g 以上的地区，隧道不宜穿越活动断裂带、易液化砂（粉）土地层。

3. 不良水文地质对隧道位置的选择

1）地下水

地下水多是来自地表水的渗透或地下水源的补给。地下水有时是流动的，有时是静止的，有时还有压力水头。地下水的存在使岩石软化、强度降低，层间夹层软化或稀释，导致了层间的滑动。

在选择隧道位置时，最好不从富水区中经过。不得已时，也要尽可能地把隧道置于地下水位以上的地方，或在不透水层中穿过。

2）地温

在选择线路时尽量不把隧道放在山体太深处（隧道位置应选择在地温相对较低的地层）。通过较高地温地区时，应优化平纵断面，以高线位、短距离方式通过，并应做好通风降温措施。

3）严寒和寒冷地区

隧道应尽量选择在地下水位低、围岩含水率较低、冻融对围岩影响较小的地段；洞口宜设在背风向阳处。

3.2.2 按线路类别进行选择

1.越岭线上隧道位置的选择

当铁路路线需要从一个水系过渡到另一个水系时，必须跨越高程很大的分水岭。这段线路称之为越岭线。越岭线路的特点是要克服很大的高差，线路长度和平面位置又取决于线路纵坡。选择越岭隧道的位置主要以选择垭口和确定隧道高程两大因素为依据。

越岭隧道主要应解决的问题是垭口的选择、过岭高程的确定、垭口两侧线路展线方案的布局，其三者是相互联系又相互影响的。

1）隧道平面位置的选择——垭口的选择

垭口：分水岭的山脊线上高程相对较低处。在平面上，尽可能靠近两端控制点的航空直线，另外，还要考虑垭口两端沟谷的分布情况和台地的开敞程度，主沟高程是否相差不大和沟谷是否靠近，以便设计必要的展线。

2）隧道立面位置的选择——选定高程

隧道位置定得高：隧道短，凑高程，技术条件恶化。

隧道位置定得低：隧道长，技术条件好。

在选定隧道高程时，务必全面衡量，从技术和经济两方面，尤其是在今后长远运行条件上，做出综合的比较，才好做出合理的决定。

2.河谷线上隧道位置的选择

铁路沿河傍山而行时称之为河谷线。河谷线上隧道容易产生的问题有坍方落石和浅埋偏压，如图 3-11 所示，其选定原则为宁里勿外。傍山浅埋隧道的外侧拱肩山体最小覆盖厚度也是选线设计应该注意的。为了使隧道结构不致受到偏压，还能形成天然拱，洞顶以上外侧应有足够的厚度。

3.2.3 隧道洞口位置选定

洞口是进出隧道的咽喉，是隧道施工的主要通道，是隧道唯一的暴露部分，是整个隧道的薄弱环节，所处地质条件差。洞口位置选择是否合理，将对隧道的施工工期、造价、运营安全等有重大影响。洞口位置选择不当会引起隧道洞口坍方，病害整治工程量大，遗

(a)

(b)

图 3-11　棚式明洞

留后患。我们在选择洞口时应该把握"早进晚出"这一原则。理想的洞口位置应选择在地质条件良好，地势开阔，施工方便，技术、经济合理之处。

1. 洞口的地质条件

1）多为严重风化的堆积体。

2）覆盖层厚度较薄，有可能处于浅埋偏压。

3）受地表水冲刷。

4）开挖扰动后，容易造成山体失稳，产生滑动和坍塌。

2. 隧道洞口位置合理的选择方法

1）洞口部分在地质上通常是不稳定的。一般应设在山体稳定，地质条件好，排水有利的地方。隧道宜长不宜短，应"早进洞，晚出洞"，尽量避免大挖大刷，破坏山体稳定。

2）洞口不宜设在沟谷低洼处和汇水沟处，一般宜将洞口移到沟谷地质条件较好一侧有足够宽度的山嘴处，如图 3-12 中的 B 线。

3）当洞口处为悬崖陡壁时，根据地质情况采用贴壁（图 3-13）或采用接长明洞的办法，将洞口移到坍方范围以外 3～5m 处，如图 3-14 所示。

4）洞口地形平缓时，一般也应早进洞晚出洞。这时洞口位置选择余地较大，应结合洞外路

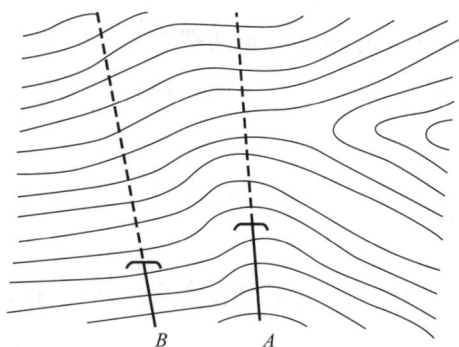

图 3-12　沟谷附近洞口平面位置示意图

堑、填方、弃渣场地、工期等具体确定，如图 3-15 所示。需要时可接长明洞，以确保施工和运营安全。

5）考虑洞口边、仰坡不致开挖过高和洞口段衬砌结构受力，洞口位置宜与地形等高线大体上正交，如图 3-16（a）所示，特别是在土质松软、岩层破碎、构造不利的傍山隧道，更应注意。道路隧道一般不宜设计斜交洞门，如图 3-16（b）所示。若为斜交时，应尽可能加大斜交角度（一般不小于 45°），或采取工程措施，以降低垂直等高线方向的开挖高度。

6）长大隧道在洞门附近应考虑施工场地、弃渣场以及便道等的位置。

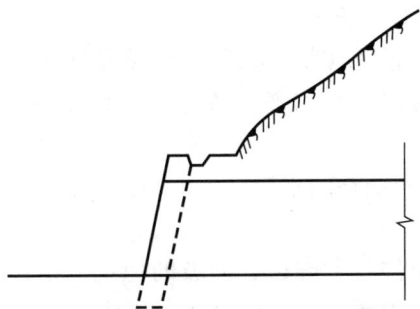

图 3-13 贴壁进洞时洞口纵断面示意图

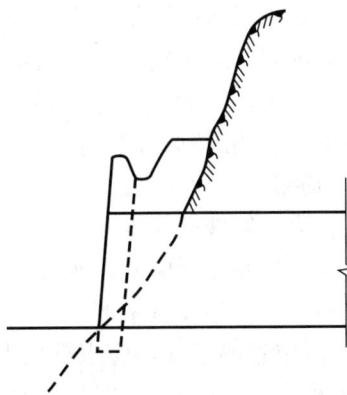

图 3-14 陡壁下接长明洞纵断面示意图

7）洞口附近有居民点时，考虑提前进洞，尽可能减少附近地上构筑物、地下埋设物与隧道的相互影响，并减少对环境（农业、交通、居民生活）的影响。

8）当隧道洞口位于滨河可能被洪水淹没地带、水库回水影响范围或受山洪威胁地段，其路肩高程应高出设计水位加波浪侵袭高度和壅水高度至少 0.5m。设计水位的洪水频率标准在Ⅰ、Ⅱ级铁路应为 1/100，Ⅲ级铁路为 1/50；当观测洪水（包括调

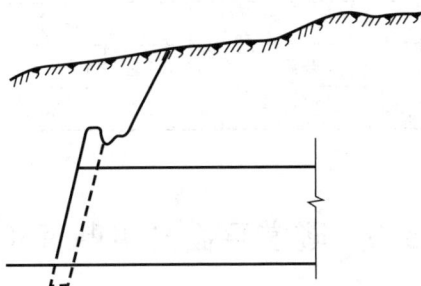

图 3-15 缓坡洞口纵断面示意图

查可靠的有重现可能的历史洪水）高于上述设计洪水频率标准时，则应按观测洪水设计，但当观测洪水的频率在Ⅰ、Ⅱ级铁路超过 1/300，Ⅲ级铁路超过 1/100 时，则应分别按 1/300 和 1/100 设计。

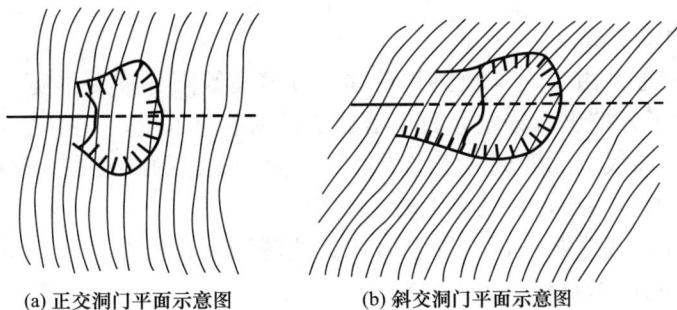

(a) 正交洞门平面示意图   (b) 斜交洞门平面示意图

图 3-16 隧道中心线与等高线的关系图

9）考虑通风设备排出的废气和噪声对周围环境的影响程度和解决办法。

10）考虑设置防雪工程、防风工程和防路面冻害工程的必要性。

总之，隧道洞口和洞身是不可分割的整体，在位置选择时不能顾此失彼，应该同样重视。

3. 选择隧道洞口位置的原则

1）让水：洞口选在沟谷一侧，让出沟心。

2）地质条件要好：避开不良地质地段。

3）保持陡立岩体的平衡：少破坏地表坡面，保持山体的天然平衡。

4）提前进洞：解决路堑弃土及排水困难。

5）正面入山，无偏侧压力，斜交时其交角不小于 45°。

6）防止洪水倒灌：当洞口位于可能被洪水淹没地带、水库回水影响范围、受山洪威胁地段时，其路肩高程应高出设计水位加波浪侵袭高度和壅水高度不小于 0.5m。

7）限制边、仰坡的高度和坡度（表 3-1）。

8）洞口附近要有相应的排水设施，疏导横跨线路的水流。

9）地势开阔，易安排生产。

隧道洞口位置的选择，应根据地形、地质条件，考虑边、仰坡的稳定，结合洞外有关工程及施工难易程度，本着"早进晚出"的指导思想，全面综合地分析确定。

洞口边、仰坡控制　　　　　　　　　　　表 3-1

围岩级别	Ⅰ～Ⅱ			Ⅲ			Ⅳ		V～Ⅵ	
坡率	贴壁	1：0.3	1：0.5	1：0.5	1：0.75	1：0.75	1：1	1：1.25	1：1.25	1：1.5
高度（m）	<15	<20	25 左右	<20	25 左右	<15	<18	20 左右	<15	<18

3.3　隧道平面与纵断面设计

3.3.1　隧道平面设计

隧道内的线路平面宜设计为直线，当受地形、地质等条件限制设计为曲线时，宜将曲线设在洞口附近并采用较大的曲线半径。内燃机牵引隧道内不宜设置反向曲线。

隧道的平面设计主要是隧道中心线线形的选择，而隧道平面线形主要包括直线和曲线。

1. 曲线隧道的主要缺点

1）曲线上的隧道，由于列车倾斜和平移，隧道建筑限界需要加宽，坑道的尺寸相应加大，这不但增大了开挖土石数量，而且增加了衬砌的圬工量。

2）在不同曲率曲线上的隧道建筑限界加宽不同，隧道的断面是变化的，因而施工时，支护和衬砌的尺寸均不一致，在技术上较为复杂。

3）列车运行在曲线隧洞内，空气阻力比直线隧道大，机车牵引力的损失大，降低了运营效率，甚至可能造成溜车事故。

4）列车在曲线上行驶，产生了离心力，再加上洞内空气潮湿，使得钢轨磨损加速，从而使洞内的养护工作量增大。

5）曲线隧道洞身弯曲，洞壁对气流的阻力加大，使通风条件变差，有害气体不易排出。

6）运营中为了保证隧道建筑限界的要求和正常的行车条件，需要经常检查线路平面和水平，曲线隧道也较直线隧道增加了维护作业量和难度。

7）由于曲线关系，洞内进行施工测量时，操作变得复杂，精度也有所降低。

如果地势条件必须把曲线引进隧道，那么，施工时先按主体的直线隧道开挖，两端暂开直的照准导坑，以补救曲线所形成的缺点，待全隧道的导坑开通后，再把两端按原设计的曲线调整。

2. 曲线隧道设计时应注意的问题

1）大半径曲线应尽可能设在两边且尽量短。

2）缓和曲线应设在洞外，因为缓和曲线半径逐渐变化，外轨超高逐渐变化，会导致列车行驶不平稳。

3）圆曲线的长度不应短于一节车厢的长度，尽可能不要设一个以上的曲线，更不要设反向曲线或复合曲线。

4）如果列车同时跨在两条曲线上时，两曲线间应有足够长的夹直线，一般是要求在三倍车辆长度以上。

总结起来就是："短曲线，大半径，设两端，缓在外，圆大一，勿反复，夹直线须大三"。

3. 直线隧道的优点

线路顺直，列车可以快速通过，走行的距离也较短，有利于列车"多拉快跑"，提高线路的运营效率。在隧道内，线路就更应设计成直线。

总之，隧道平面线形的选择与很多因素有关，选择时应尽量考虑到每一个细节问题，如地质情况、水文情况、平面障碍物的情况等。

3.3.2　隧道纵断面设计

隧道纵断面设计的主要内容包括选定隧道内线路的坡道型式、纵坡坡度大小、坡段长度和坡段间的衔接等。

1. 坡道型式

1）单坡型——用于紧迫地段或需展线的地区，可争取高程（图 3-17a）

这种坡型可以有效地争取高程，在施工及测量方面也较方便，同时可以充分利用洞内的自然通风。当然，在施工阶段如果是下坡进洞的隧道，那么洞内水流向开挖工作面，运渣时，空车下坡，重车上坡，运输效率将会大幅降低。

2）人字型坡——适用于长隧道，尤其是越岭隧道（图 3-17b）

此类坡型在施工时水自然流向洞外，运渣时，重车下坡，空车上坡，运输效率将大幅提高。但是，坡顶的通风效果不良，车辆通过时排出的有害气体聚集在两坡间的顶峰处难以排出，影响车辆安全通行。

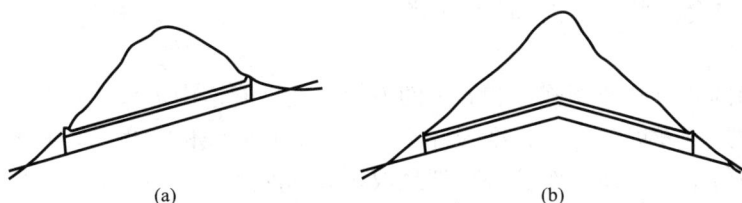

(a)　　　　　　　　　　　　　　(b)

图 3-17　坡道形式

2. 纵坡坡度大小

1）隧道洞门外附近有平面曲线时，纵坡坡度的计算公式为：

$$i_允 = i_限 - i_曲 \tag{3-1}$$

式中　$i_允$——设计中允许采用的最大限坡；

$i_{限}$——按照线路等级规定的限制最大坡度（表3-2）；

$i_{曲}$——曲线阻力折算的坡度折减量，详见《铁路线路设计规范》TB 10098—2017。

客货共线铁路限制坡度最大值（‰）　　表3-2

铁路等级		Ⅰ级			Ⅱ级		
地形地别		平原	丘陵	山区	平原	丘陵	山区
牵引种类	电力	6.0	12.0	15.0	6.0	15.0	20.0
	内燃	6.0	9.0	12.0	6.0	9.0	15.0

2）隧道内有长度大于400m的平面曲线时，纵坡坡度的计算公式为：

$$i_{允} = mi_{限} - i_{曲} \tag{3-2}$$

式中　m——隧道内线路的坡度折减系数，与隧道的长度和机车类型有关，如表3-3所示。

隧道内线路的坡度折减系数（m）　　表3-3

隧道长度	内燃牵引	电力牵引	
		160km/h 及以下客货共线铁路单洞单线	重载铁路单洞单线
$400 < L \leqslant 1000$	0.90	0.95	
$1000 < L \leqslant 4000$	0.80	0.90	
$L > 4000$	0.75	0.85	

隧道内坡度折减的原因：①洞内黏着系数降低：湿度大，煤烟渣滓落在轨面上；②洞内空气阻力增大。除了隧道内的线路折减外，在上坡进洞前半个远期货物列车长度范围内，按洞内一样予以折减。

3. 隧道纵断面设计一般规定

1）隧道内的纵坡可设计为人字坡或单面坡，地下水发育的3000m及以上隧道宜采用人字坡。

2）隧道内线路不得设置为平坡，隧道内的坡度不宜小于3‰。

3）在最冷月平均气温低于−3℃的地区，隧道宜适当加大坡度。

4）相邻坡段间应根据设计速度、相邻坡段坡度差，按《铁路线路设计规范》GB 50090—2006规定设置圆曲线形竖曲线连接。

4. 坡段长度

从行车平稳的要求和照顾施工和养护的方便出发，隧道内坡段长度最好不小于列车的长度，考虑到长远的发展，坡段长度最好不小于远期到发线的长度。坡段也不宜太长，对于长坡段可以设缓坡段，使机车有一个喘息或缓和的时间。

5. 坡段连接

1）限制相邻坡段坡度的代数差值：从安全的观点出发，两坡段间的代数差值 ΔP 不应大于重车方向的限坡值 $i_{允}$。

2）人字坡——坡顶代数坡差 ΔP 很容易超过限值，此时，允许在坡顶处设置一段长度不超过200m的分坡平道。

3）在变坡点处应设置竖曲线来连接。铁路隧道设计规范规定，Ⅰ、Ⅱ级铁路相邻坡段的坡度差大于 3‰，Ⅲ级铁路相邻坡段的坡度差大于 4‰时，应用圆曲线型竖曲线连接；竖曲线的半径在Ⅰ、Ⅱ级铁路应为 10,000m，Ⅲ级铁路应为 5000m。

4）其他方面

车站上的隧道，因受站场作业限制，应采取必要的工程措施，以保证排水畅通。

3.4 隧道横断面设计

隧道衬砌断面设计主要解决内轮廓线、轴线和厚度三个问题。隧道衬砌是一种超静定支护结构，是隧道的主体建筑物。隧道横断面布置图，如图 3-18 所示。

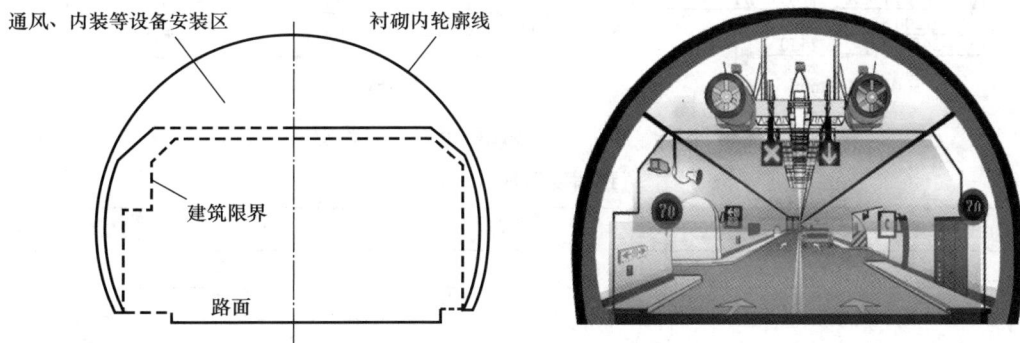

图 3-18 隧道横断面布置图

3.4.1 隧道内轮廓设计

衬砌的内轮廓线应尽可能地接近建筑限界，力求开挖和衬砌的数量最小。衬砌内表面力求平顺，使衬砌施工尽量简便。

1. 铁路直线隧道净空

衬砌内轮廓线是衬砌的完成线，在内轮廓线之内的空间，即为隧道的净空断面。隧道净空是指隧道衬砌的内轮廓线所包围的空间。隧道净空是根据"隧道建筑限界"确定的，而"隧道建筑限界"是根据"基本建筑限界"制定的，"基本建筑限界"又是根据"机车车辆限界"或"车辆行车限界"制定的，如图 3-19 所示。而隧道净空除应符合隧道建筑限界的规定外，还应考虑洞内排水、通风、照明、防火、监控、运营管理等附属设施所需要的空间，并考虑围岩压力影响、施工等必要的富余量（预留变形量值），使确定的断面形式及尺寸达到安全、经济、合理。

复合式衬砌各级围岩隧道预留变形量值可根据围岩级别开挖跨度、埋置深度、施工方法和支护条件，采用工程类比法确定。当无类比资料时，可按表 3-4 采用。

"限界"是一种规定的轮廓线，这种轮廓线以内的空间是保证车辆安全运行所必需的。"建筑限界"是建筑物不得侵入的一种限界。

1）机车车辆限界

是指机车车辆最外轮廓的限界尺寸。要求所有在线路上行驶的机车车辆停在平坡直线上时，沿着车体的所有部分都必须容纳在此限界范围内而不得超越。

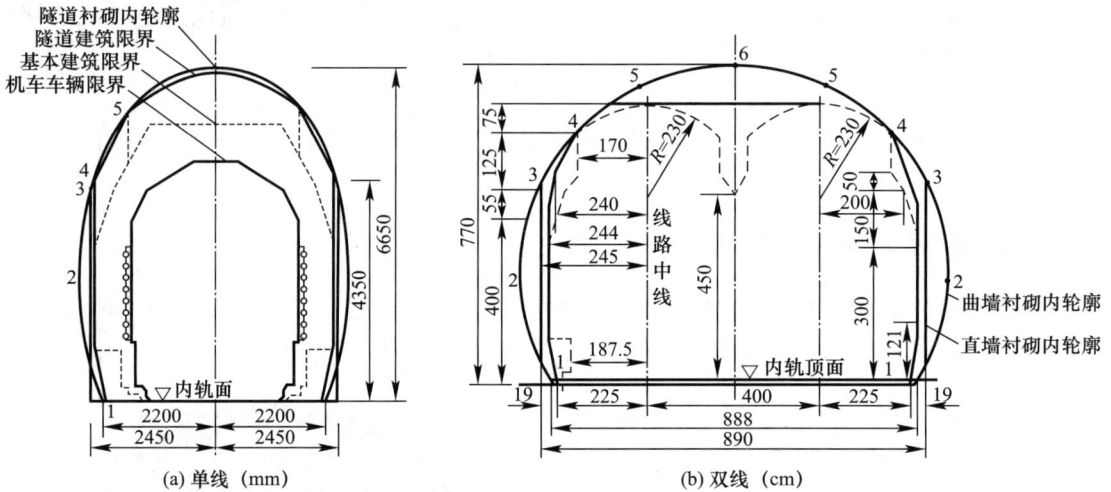

图 3-19　电力牵引铁路隧道衬砌内轮廓

预留变形量（mm）　　　　　　　　　　　　　　　　　　　　表 3-4

围岩级别	小跨	中跨	大跨
Ⅱ	—	0～30	30～50
Ⅲ	10～30	30～50	50～80
Ⅳ	30～50	50～80	80～120
Ⅴ	50～80	80～120	120～170

注：1. 浅埋、软岩、跨度较大隧道取大值；深埋、硬岩、跨度较小隧道取小值。

　　2. 有明显流变、原岩应力较大和膨胀岩（土），应根据量测数据反馈分析确定预留变形量。

　　3. 特大跨度隧道，应根据量测数据反馈分析确定预留变形量。

　　2）基本建筑限界

　　是指线路上各种建筑物和设备均不得侵入的轮廓线，如图 3-20 所示。它的用途和公路隧道建筑限界是基本一致的，也是为保证机车车辆（包括超限车辆，其最大装载高度为 5300m，宽为 4450mm，最大级超限货物装载限界如图 3-21 所示）的安全运行。

　　3）隧道建筑限界

　　是指包围"基本建筑限界"外部的轮廓线，即要比"基本建筑限界"大一些，留出少许空间，用于安装通信信号、照明、通风、电力等设备。

　　对于新建和改建的蒸汽及内燃牵引的单线和双线铁路隧道，采用"隧限-1A"和"隧限-1B"，如图 3-22 所示。

　　对于新建和改建的电力牵引的单线和双线铁路隧道，采用"隧限-2A"和"隧限-2B"，如图 3-23 所示。250km/h 客运专线铁路双线隧道建筑限界及内轮廓，如图 3-24 所示，350km/h 客运专线铁路双线隧道建筑限界及内轮廓，如图 3-25 所示。

　　2. 曲线隧道加宽

　　1）铁路线间距

　　直线部分铁路线间距如表 3-5 所示。

　　2）加宽原因

　　铁路曲线隧道净空主要考虑隧道通过曲线时外轨超高和车辆本身的结构特性而引起的

隧道净空加宽问题。

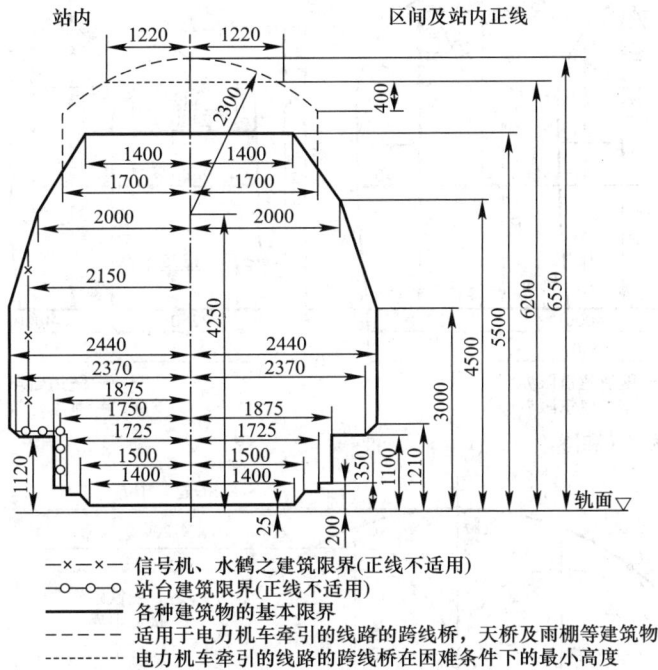

图 3-20 基本建筑限界 (mm)

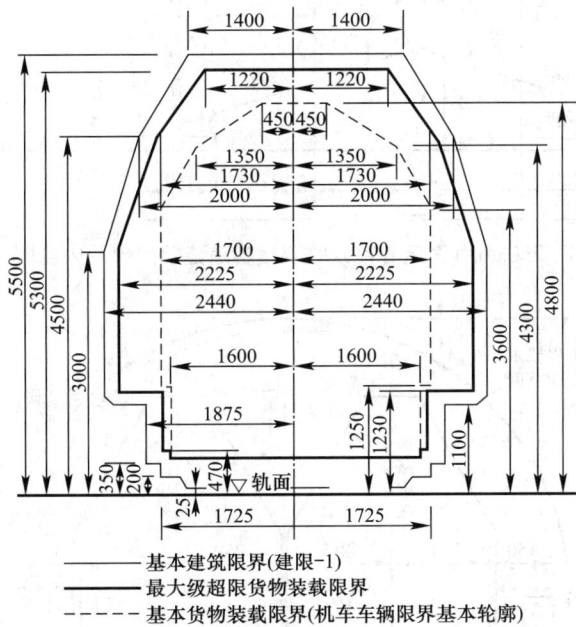

图 3-21 最大级超限货物装载限界 (mm)

（1）由于车辆自身特性引起的净空加宽是车辆通过曲线时，转向架中心点沿线路运行，而车辆本身却不能随线路弯曲仍保持其矩形形状，故其两端向曲线外侧偏移（$d_{外}$），中间向曲线内侧偏移（$d_{内1}$），如图 3-26 所示。

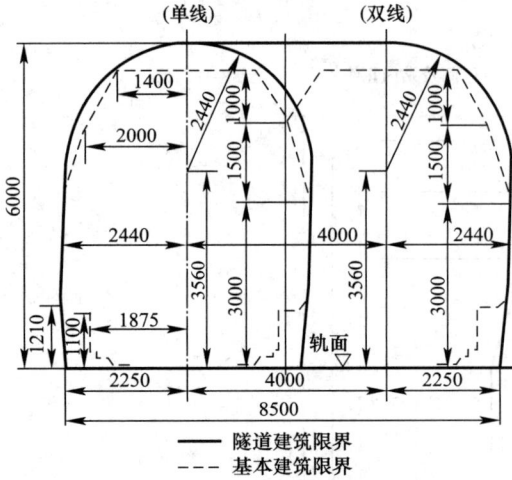

图 3-22　隧限-1A 和隧限-1B（mm）

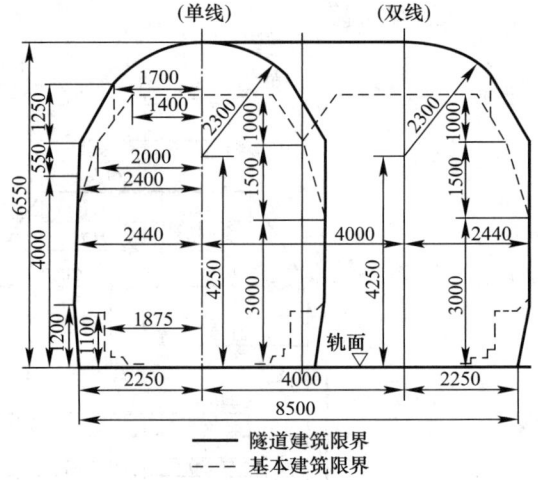

图 3-23　隧限-2A 和隧限-2B（mm）

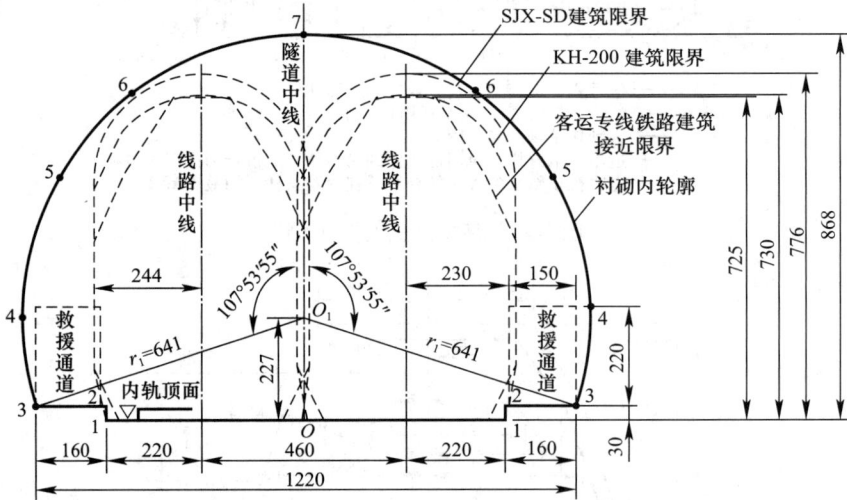

图 3-24　250km/h 客运专线铁路双线隧道建筑限界及内轮廓（cm）

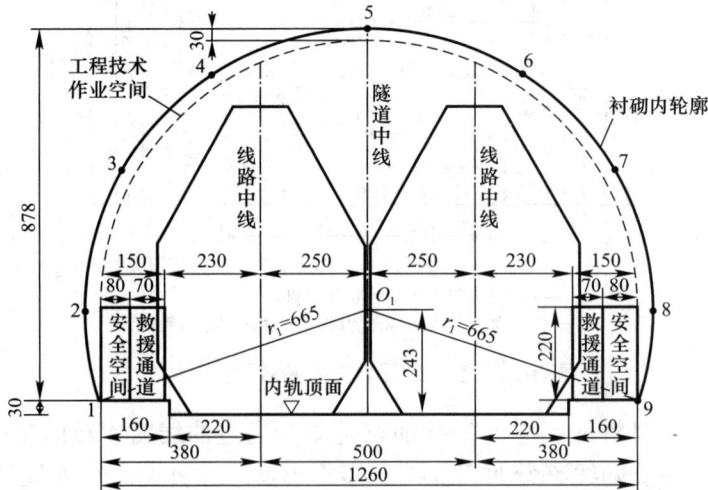

图 3-25　350km/h 客运专线铁路双线隧道建筑限界及内轮廓（cm）

铁路线间距 表 3-5

序号	名称		线间最小距离（mm）
1	区间双线	$v=160$km/h	4200
		160km/h$<v\leqslant$200km/h	4400
		200km/h$<v\leqslant$250km/h	4600
		250km/h$<v\leqslant$300km/h	4800
		300km/h$<v\leqslant$350km/h	5000
2	三级及四线区间的第二线与第三线		5300
3	站内正线	$v\leqslant$250km/h	4600
		250km/h$<v\leqslant$300km/h	4800
		300km/h$<v\leqslant$350km/h	5000
4	站内正线与相邻到发线		5000
5	到发线与相邻到发线		5000
6	安全线与其他线路		5000

注：线间有建（构）筑物或有影响限界的设施，最小线间距按建筑限界计算确定。

（2）由于曲线外轨超高而引起的净空加宽是车辆经过曲线时为克服离心力需设置的超高，这使得车辆向曲线内侧倾斜，同时车辆限界上的控制点在水平方向上也向内移动了一个距离（$d_{内2}$），如图 3-27 所示。

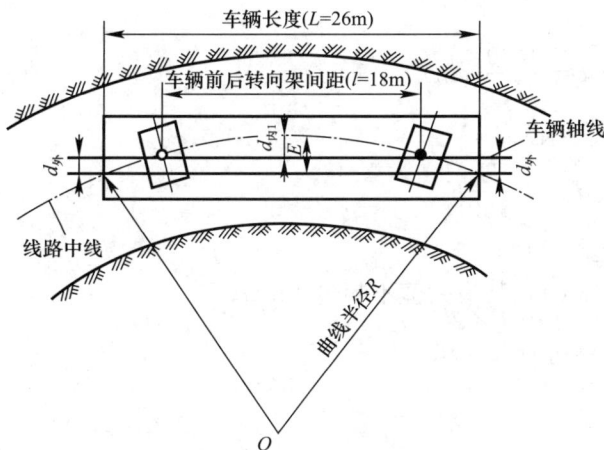

图 3-26 车辆通过曲线时的平面图

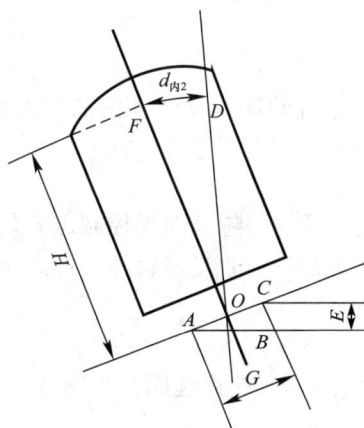

图 3-27 车辆通过曲线时的横断面

3）曲线隧道加宽值的计算

（1）曲线地段的站线侧信号机、高架候车室结构柱和接触网、跨线桥、天桥、电力照明、雨棚等杆柱的建筑限界、站内反方向运行矮型出站信号机和站台建筑限界，应根据曲线内、外侧的限界进行加宽。曲线加宽范围，应包括全部圆曲线、缓和曲线和部分直线，并应采用阶梯加宽方法（图 3-28），加宽量应按下列公式进行计算。

① 车辆中间部分向曲线内侧的偏移 $d_{内1}$ 为：

$$d_{内1}=\frac{l^2}{8R} \tag{3-3}$$

式中 l——车辆转向架中心距，取 18m；

R——曲线半径（m）。

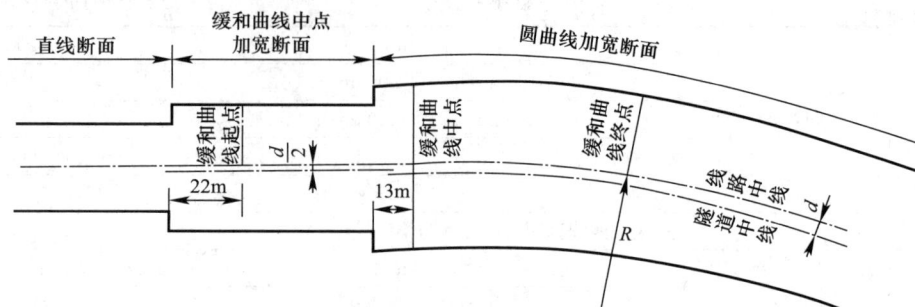

图 3-28　曲线地段建筑限界的加宽方法（杆柱）

将 l 代入式（3-3）可得式（3-4）：

$$d_{内1} = \frac{4050}{R}(\text{cm}) \qquad (3\text{-}4)$$

② 车辆两端向曲线外侧的偏移 $d_{外}$ 为：

$$d_{外} = \frac{L^2 - l^2}{8R} \qquad (3\text{-}5)$$

式中　L——标准车辆长度，我国为 26m。

将 L 和 l 代入式（3-5）可得：

$$d_{外} = \frac{4400}{R}(\text{cm}) \qquad (3\text{-}6)$$

③ 外轨超高使车体向曲线内侧倾移 $d_{内2}$ 为：

$$d_{内2} = \frac{H}{150}E \qquad (3\text{-}7)$$

式中　H——隧道限界控制点自轨面起的高度；

　　　　E——曲线外轨超高值，见式（3-8），其最大值不超过 15cm。

$$E = 0.76\frac{v^2}{R}(\text{cm}) \qquad (3\text{-}8)$$

式中　v——铁路远期行车速度（km/h）。

在我国铁路标准设计中，$d_{内2}$ 是将相应的隧道建筑限界绕内侧轨顶中心转动 $\arctan\frac{E}{150}$ 求得的，可近似取 $d_{内2} = 2.7E(\text{cm})$。

④ 曲线隧道净空的加宽值为：

内、外侧加宽值计算公式分别见式（3-9）和式（3-10），总加宽值由式（3-11）得到。

内侧加宽　　　$W_1 = d_{内1} + d_{内2} = \dfrac{4050}{R} + 2.7E\,(\text{cm})$ 　　　　　　(3-9)

外侧加宽　　　　　　$W_2 = d_{外} = \dfrac{4400}{R}\,(\text{cm})$ 　　　　　　(3-10)

总加宽　　　$W_1 + W_2 = d_{内1} + d_{内2} + d_{外} = \dfrac{8450}{R} + 2.7E\,(\text{cm})$ 　　　　(3-11)

（2）曲线地段的建筑限界仅考虑因超高产生的车体向曲线内侧倾斜的加宽，曲线上建筑限界的加宽范围应包括全部圆曲线、缓和曲线和部分直线，并应采用曲线圆顺方式（图 3-29）。加宽量应按式（3-12）计算：

内侧加宽
$$W_1 = d_{内2} = \frac{H}{150}E = 2.7E（cm）\tag{3-12}$$

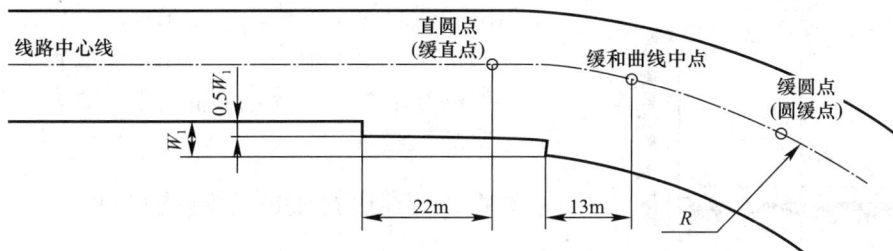

图 3-29　曲线地段建筑限界的加宽方法（一般地段）

4）曲线隧道与直线隧道衬砌的衔接方法

上述分别延长 22m 和 13m 的理由是：当列车由直线进入曲线，车辆前面的转向架进到缓和曲线起点后，由于缓和曲线外轨设有超高，故车辆开始向内侧倾斜，车辆的后端点亦已偏离线路中心，所以从车辆的前转向架到车辆后端点的范围内应按圆曲线加宽值的一半（$W/2$）加宽，此段长度为两转向架间距离 18m 加转向架中心到车辆后端点距离 4m 共 22m。当车辆的一半进入缓和曲线中点时，其车辆后端偏离中线值应根据前面的转向架所在曲线的半径及超高值决定。此时，前面转向架已接近圆曲线，故车辆后段（按切线支距法原理推算，近似取车长的一半 13m）应按圆曲线加宽值（W）加宽。

位于曲线车站上的隧道，断面加宽应根据站场线路具体要求计算确定。

当隧道位于反向曲线上且其间夹直线长度小于 44m 时，重叠部分按两端不同的曲线半径分别计算内、外侧加宽值，取其中较大者。

隧道衬砌施工中，对不同宽度衬砌断面的衔接，可采用在衬砌断面变化点错成直角台阶的错台法及自加宽断面终点向不加宽断面延伸 1m 范围内逐渐过渡的顺坡法。

3. 小间距隧道

确定两相邻隧道间的最小净距应综合考虑围岩级别、隧道断面尺寸及施工方法等因素。一般情况下，可采用表 3-6 的中值；困难情况下，采取控制爆破、加强支护等措施应采用表 3-6 的下限值。

两相邻单线隧道间的最小净距　　　　　　　　　　　　　　表 3-6

围岩级别	Ⅰ	Ⅱ～Ⅲ	Ⅳ	Ⅴ	Ⅵ
净距	(0.5～1.0) B	(1.0～1.5) B	(1.5～2.0) B	(2.0～4.0) B	>4.0B

注：B 为隧道开挖跨度（m）。

4. 隧道轮廓相关术语

衬砌外轮廓线是指为保持净空断面的形状，衬砌必须有足够的厚度（或称最小衬砌厚度）的外缘线，如图 3-30 所示。为保证衬砌的厚度，侵犯该线的山体必须全部除掉，木质临时支撑或木模板等也不应侵入，所以该线又称为最小开挖线。

实际开挖线是指为保证衬砌外轮廓，开挖时稍稍扩大的轮廓线，尤其用钻爆法开挖

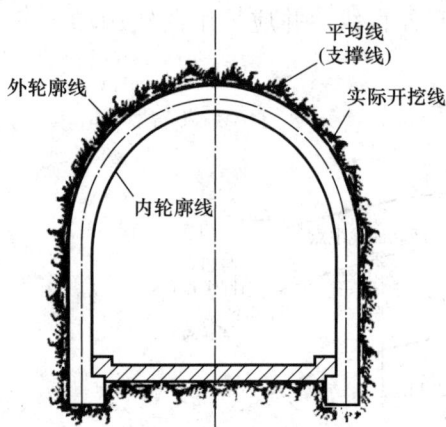

图 3-30　隧道衬砌轮廓

时，实际开挖线不可避免地成为不规则形状，如图 3-30 所示。

超挖线是指超挖部分的大小，也叫超挖量，一般不应超过 10cm。实际上凸凹不平，这样 10cm 的限制线只能是平均线，它是设计时进行工程量计算的依据。施工中，尤其是用钻爆法施工时，很难掌握刚好达到平均线，常常比平均线大，造成了不必要的工程量。

3.4.2　隧道衬砌断面轴线设计

隧道衬砌断面的轴线应当尽量与断面压力线重合，使各截面主要承受压应力。

1）当衬砌受径向分布的水压时，轴线以圆形最好。

2）主要承受竖向压力或同时承受不大的水平侧压力时，可采用三心圆拱直墙式衬砌，如图 3-31 所示。

3）当承受竖向压力和较大侧压力时，宜采用五心圆曲墙式衬砌或半单圆式衬砌，分别如图 3-32 和图 3-33 所示。

4）当有沉陷可能和受底压力时，宜加设仰拱的曲墙式衬砌。

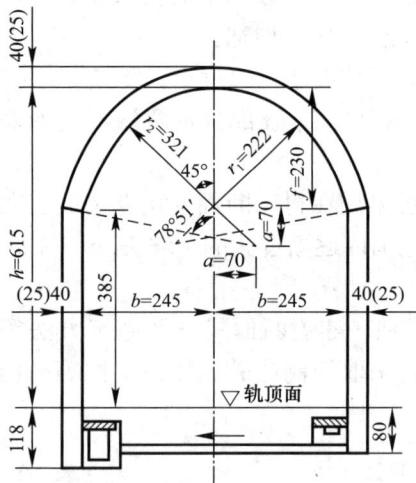

图 3-31　三心圆拱直墙式衬砌（cm）

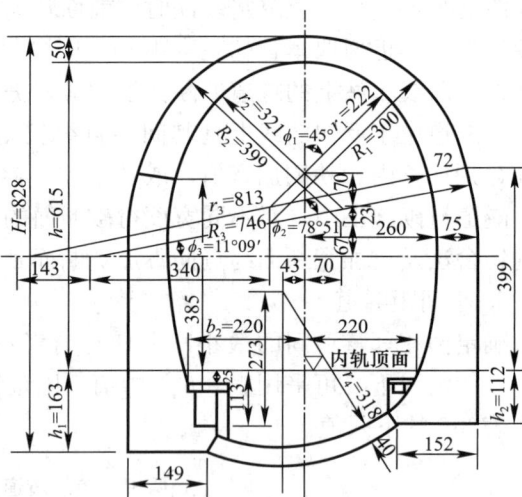

图 3-32　五心圆曲墙式衬砌（cm）

3.4.3　隧道衬砌厚度设计

1. 初期支护

初期支护的组成应根据围岩条件、地下水情况、隧道断面尺寸及其埋置深度等条件确定，并应符合下列规定。

1）喷射混凝土应优先采用湿喷工艺，强度等级不低于 C25（公路隧道不低于 C20），厚度不应小于 5cm。

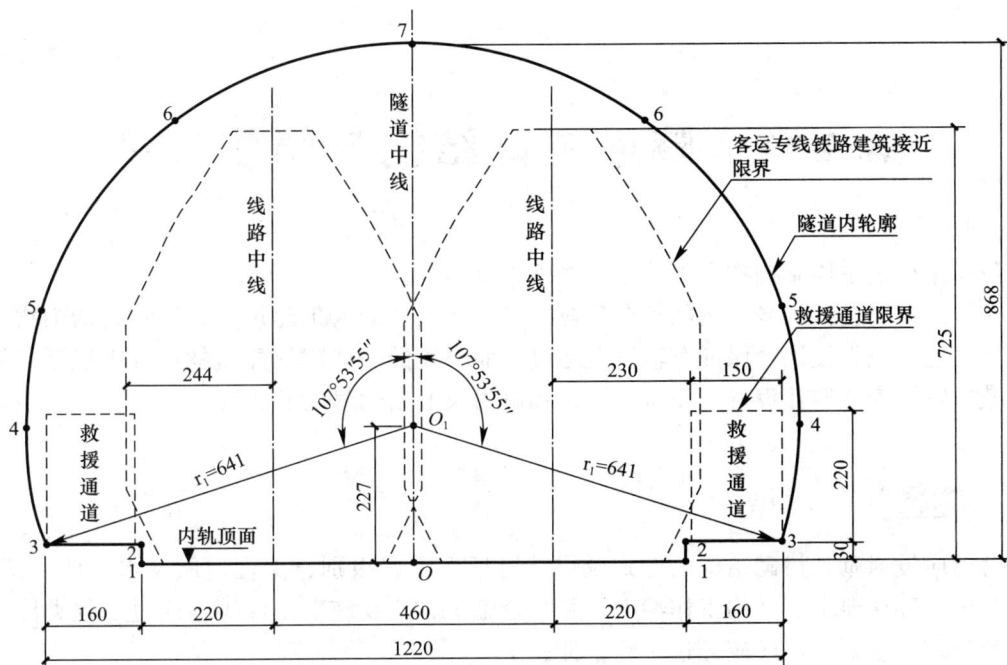

图 3-33 （半单圆）曲墙式衬砌（mm）

2）钢筋网应由直径 6～8mm 的钢筋焊接而成，网格间距宜为 15～25cm；应在初喷混凝土后铺挂。

3）系统锚杆宜沿隧道周边按梅花形均匀布置，其方向应接近于径向或垂直岩层。系统锚杆应设垫板，垫板应与喷层面密贴。

4）钢架可设于隧道拱部、拱墙或全环；钢架应在开挖后或初喷混凝土后及时架设，钢架背后的间隙应设置垫块并充填密实。

2. 二次衬砌

二次衬砌的属性随所处地质条件和水文地质条件的不同而有较大变化，并且与隧道的跨径，荷载大小，衬砌材料以及施工条件等有关。根据以往经验，拱圈可以采取等截面，也可在拱脚部分加厚 20%～50% 的变截面。仰拱厚度一般略小于拱顶厚度。承受荷载的隧道建筑物各部结构截面最小厚度不应小于表 3-7 的规定。混凝土基础台阶的坡线和竖直线之间的夹角不应大于 45°。钢筋混凝土构件中最外侧钢筋的混凝土保护层厚度应符合《铁路混凝土结构耐久性设计规范》TB 10005—2010 的规定。

截面最小厚度（cm）   表 3-7

建筑材料种类	隧道（暗洞、明洞）衬砌	洞门端墙、翼墙和洞口挡土墙
混凝土	25	30

思考题

1. 衬砌设计轴线有哪些类型？
2. 如何进行隧道位置的选择？

第4章　隧道主体结构与附属设施

隧道结构由主体结构物和附属结构物两大类组成。

主体结构物包括洞身、洞门和洞身衬砌，是永久性的人工建筑物；而附属结构物是为了使隧道能够正常使用，保证车辆安全通过，而设置的一些附属建筑物，其中包括：隧道通风建筑物、安全避让设备、防排水设备和电力及通信信号的安放设备等。

4.1　隧道衬砌类型

隧道应设衬砌。衬砌结构的型式及尺寸可根据围岩级别、工程地质及水文地质条件、埋置深度、环保要求、结构工作特点，并结合施工方法及施工条件等，通过工程类比和结构计算确定；必要时，还应经过试验论证。

洞身衬砌结构通常分为初期支护（一次支护、外部支护）和永久支护（二次支护、二次衬砌、内部支护）。一次支护，即紧贴围岩并支撑着坑道围岩（如锚杆支护、型钢、格栅支护等），是为了保证施工安全、加固岩体和阻止围岩的变形、坍塌而设置的临时支护措施；二次支护是为了保证隧道使用的净空和结构的安全而设置的永久性衬砌结构（喷射混凝土、整体式模筑混凝土、石砌衬砌等）；混合支护，即内部与外部支护混合在一起的衬砌（如喷锚支护）。当隧道开挖以后，坑道周围的岩体原有的平衡条件遭到破坏，引起洞周围岩的变形甚至崩塌。因此，除在岩体坚固、整体性好且不易风化的稳定地层中可以开成毛洞外，在其他所有地层中的隧道，开挖后都必须及时修建支护结构。

4.1.1　整体式模筑混凝土衬砌

整体式模筑混凝土衬砌是指就地支模板然后灌筑混凝土形成的衬砌，也称模筑混凝土

图 4-1　钢模板

衬砌。其主要施工工艺流程为：立模板→灌筑混凝土→养生→拆模。模筑衬砌的特点是：对地质条件的适用性较强，易于按需要成型，整体性好，抗渗性强，并适用于多种施工条件，如可用木模板、钢模板或衬砌模板台车等，现多用钢模板，如图 4-1 所示。

作为一个支护结构，整体式模筑混凝土衬砌从外部支撑着坑道围岩，是一种传统衬砌结构类型。依照不同的地质条件，或是按照不同的围岩级别或衬砌轴线型式，又有直墙式和曲墙式两种型式。

1. 直墙式衬砌

这种形式的衬砌适用于地质条件较好的情况，常用于隧道围岩分类中的Ⅱ、Ⅲ级围岩，有时也可用于Ⅳ级围岩。围岩压力以竖向为主，几乎没有或仅有很小的水平侧向压力。衬砌由上部拱圈、两侧竖直边墙和下部铺底三部分组合而成。图4-2为单线非电气化铁路隧道衬砌断面。顶部拱圈可采用圆弧形拱、三心圆拱或尖三心圆拱。三心圆拱是指以大、小两种不同半径分别作三心圆弧线，中间用较小的半径，两边用较大的半径。拱圈是等厚的，所以外弧的半径是各自增加了一个拱圈厚度的尺寸。由于它们是同心圆弧，所以内外半径的圆心是重合的。两侧边墙是与拱圈等厚的竖直墙，与拱圈平齐衔接。洞内一侧设有排除洞内积水的排水沟，所以有水沟一侧的边墙深度要大一些。整个结构是敞口的，并不闭合，只是以素混凝土做成平槽，称之为铺底。在地质条件较好时，为了节省圬工，直墙式衬砌在构造上采取若干改进措施。例如在整体岩层坚固的情况下，几乎没有什么水平侧压力，也没有地下水侵入，则可采用大拱脚喷混凝土（或喷砂浆）边墙衬砌，如图4-3所示。设大拱脚的目的主要是保证洞壁岩体有足够能力以支承拱圈传来的压力，两侧岩壁表面喷浆覆面的目的是保护岩面不受风化作用的剥蚀，也可以阻止少量地下水的渗透。

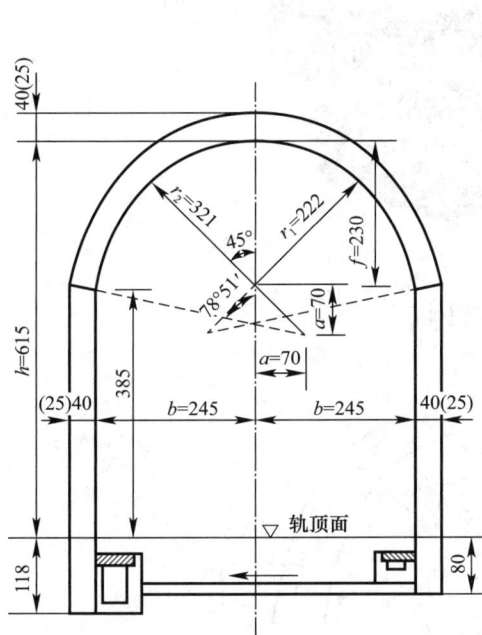

图4-2 单线非电气化铁路隧道衬砌断面（cm）

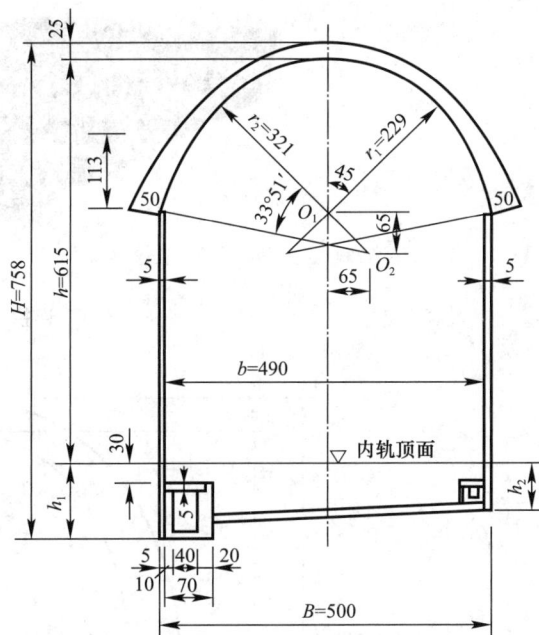

图4-3 大拱脚薄边墙衬砌（cm）

在地质条件尚好，侧压力不大，但又不宜采用大拱脚喷混凝土（或喷砂浆）边墙衬砌时，为了节省边墙圬工，可以简化边墙。一种方法是降低边墙建筑材料的等级，如将混凝土边墙改为石砌边墙；另一种方法是采用柱式边墙，或连拱式边墙，统称为花边墙，如图4-4所示。

2. 曲墙式衬砌

曲墙式衬砌适用于地质比较差，岩石松散破碎，强度不高，又有地下水，侧向水平压力也相当大的Ⅳ、Ⅴ和Ⅵ级围岩情况。它由顶部拱圈、侧面曲边墙和底部仰拱（或铺底）所组成。除在Ⅳ级围岩无地下水，且基础不产生沉降的情况下可不设仰拱，只做平铺底

外，一般均设仰拱，以抵御底部围岩压力和防止衬砌沉降，并使衬砌形成一个环状的封闭
整体结构，以提高衬砌的承载能力。顶部拱圈的内轮廓与直墙式衬砌的拱部一样，但它的
拱圈截面是变厚度的，拱顶处薄而拱脚处厚。边墙是变厚度的，做成向外拱的曲线形，以
抵抗较大的水平压力。仰拱一般为等厚度的。图 4-5 为单线非电气化铁路隧道衬砌 V 级围
岩直线断面曲墙式衬砌标准图，其内部轮廓线由五心圆曲线组成。

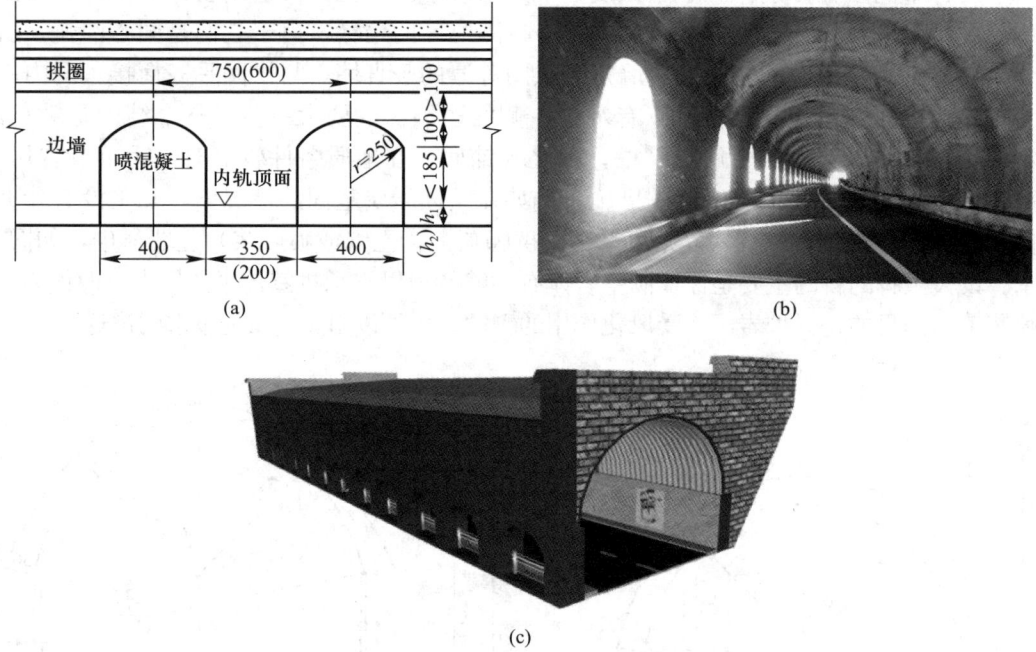

(a)　　　　　　　　　　　　(b)

(c)

图 4-4　连拱式边墙（cm）

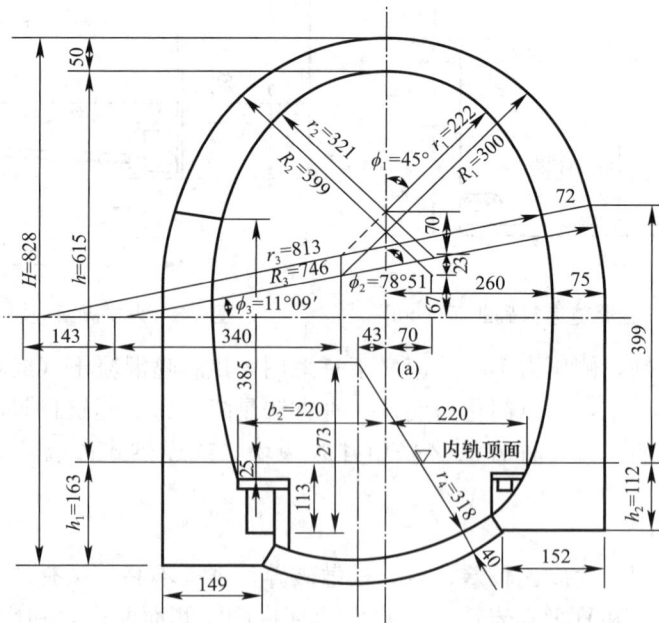

(a)

图 4-5　单线非电气化铁路隧道衬砌 V 级围岩直线断面曲墙式衬砌标准图（cm）

双线或三线隧道的洞身衬砌可以采取单孔式，四线隧道可采取双孔式。单孔式衬砌应满足双线或三线隧道衬砌净空要求。双孔式衬砌设计成两个洞身孔道，中间设隔墙，为了节省圬工，隔墙中间可以设有纵向孔洞，如图 4-6 所示。

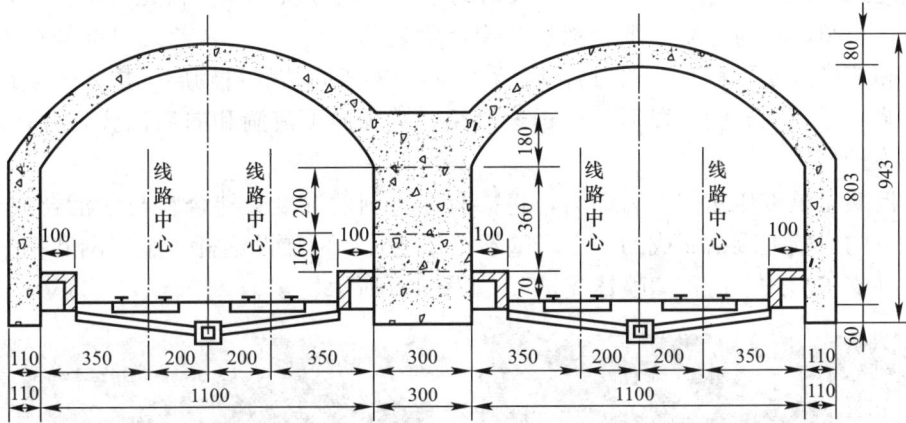

图 4-6 双连拱隧道衬砌（cm）

4.1.2 装配式衬砌

装配式衬砌是将衬砌分成若干块构件（一般为 6 块或 8 块），如图 4-7 所示，这些构件在现场或工厂预制，然后运到坑道内用机械手臂将它们拼装成一环接着一环的衬砌。此衬砌应满足的条件：强度足够而且耐久，能立即承受荷载；装配简便，构件类型少，形式简单，尺寸统一，便于工业化制作和机械化拼装；构件尺寸大小和重量与拼装机械的能力相匹配；有配套的防水设施。该衬砌目前多在盾构法施工的城市地下铁道中采用。

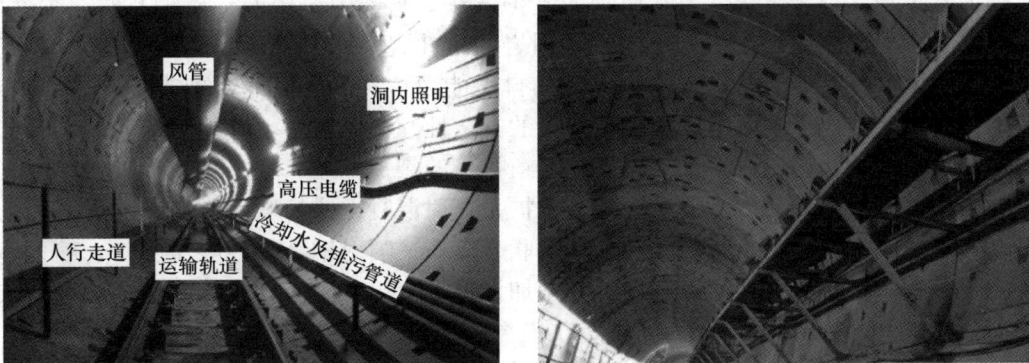

图 4-7 地铁管片图

装配式衬砌的特点：
（1）一经装配成环，不需养护时间，即可承受围岩压力。
（2）预制的构件可以在工厂成批生产、在洞内可以机械化拼装，从而改善劳动条件。
（3）拼装时，不需要临时支撑，如拱架、模板等，从而节省大量的支撑材料和劳力。
（4）拼装速度因机械化而提高，缩短了工期。

4.1.3 喷锚支护

喷射混凝土施工工艺从拌合料与水的结合时间上分为湿喷、干喷和混合喷。"干喷"是指在输送到喷混以前,与水汇合而成喷射的浆液;也可以把拌合料先与水拌合,以浆液从输料管送至喷混,与速凝剂汇合然后喷出,称之为"湿喷"。二者共同点是都借助于喷出的压力和速度,使材料有力地与岩壁黏着牢固,凝成固结的衬砌层。掺入速凝剂是为了使喷出的浆液黏附在岩壁上以后,能迅速凝结,减少向下流淌和向后回弹,并使之早强,及时发挥支护作用。

喷射混凝土是以压缩空气为动力,将掺有速凝剂的混凝土拌合料与水汇合成为浆状,喷射到坑道的岩壁上凝结而成的。当岩壁不够稳定时,可加设锚杆、金属网和钢架,这样构成的一种支护形式,简称"喷锚支护",如图 4-8 所示。

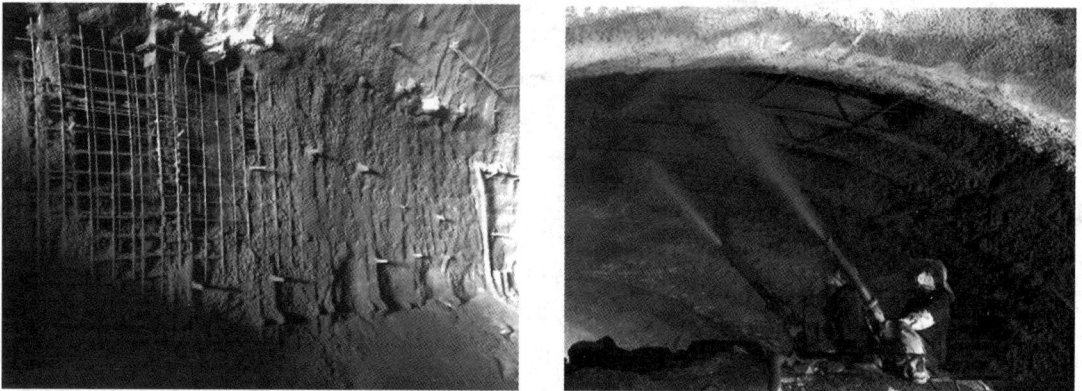

图 4-8 隧道喷锚支护图

喷锚支护是一种符合岩体力学原理的支护方法,它与围岩密贴、支护及时、柔性好,同时封闭了围岩壁面防止风化,并能封闭围岩的张性裂隙和节理,提高围岩的固有强度,控制围岩的变形,它能充分调动围岩本身的自稳能力,从而更好地起到支护作用。另外,喷锚支护有效地利用了洞内净空,提高作业的安全性和作业效率,并能适应软弱和膨胀性地层中的隧道开挖,还能用于整治塌方和隧道衬砌的裂损。

喷锚支护包括锚杆支护、喷射混凝土支护、喷射混凝土锚杆联合支护、喷射混凝土钢筋网联合支护、喷射混凝土与锚杆及钢筋网联合支护、喷射钢纤维混凝土支护、喷射钢纤维混凝土锚杆联合支护,以及上述几种类型加设型钢支撑(或格栅支撑)而成的联合支护等,如图 4-9 和图 4-10 所示。

喷锚支护是目前常用的一种围岩支护手段,适用于各种围岩地质条件,但是如果作为永久衬砌,一般应考虑在Ⅰ、Ⅱ级等围岩良好、完整、稳定的地层中采用。

(1)喷射混凝土支护层

喷射混凝土的拌合材料是:强度等级不低于 42.5 的普通硅酸盐水泥和粒径不大于 16mm 的坚硬耐久的卵石或碎石,以及不含土质或杂物的河砂,再加上少量的速凝剂;喷层的厚度一般最薄不应小于 5cm,最厚应不大于 25cm。在比较松散软弱的岩层中,可以加金属网或钢支撑,使之结合成为一个整体的钢筋混凝土层。

图 4-9 钢拱架

图 4-10 格栅

（2）锚杆

锚杆是一种插入到围岩岩体内的杆形构件。利用锚杆杆体或杆端锚头的膨胀作用，或利用灌浆黏结，把锚杆固定在岩体内增加了岩体的紧密程度，补强了抗剪能力，起到了组合、悬吊及挤压加固的作用，提高了围岩的自稳能力。

不宜采用喷锚支护单独作为永久衬砌的情况有：对衬砌有特殊要求的隧道或地段，如洞口地段，要求衬砌内轮廓很整齐、平整；辅助坑道或其他隧道与主隧道的连接处及附近地段；有很高的防水要求的隧道；围岩及覆盖太薄，且其上已有建筑物，不能沉落或拆除者等；地下水有侵蚀性，可能造成喷射混凝土和锚杆材料的腐蚀；最冷月平均气温低于－5℃地区的冻害地段。

在某些不良地质、大面积涌水地段和特殊地段，不宜采用喷锚支护作为永久衬砌。地下水发育或大面积淋水地段，喷射混凝土很难成型，且即使成型，其强度及与围岩的黏结力都无法保证，锚杆与围岩的黏结或锚固力也极难保证，难以发挥喷锚支护所应有的作用。膨胀性围岩和不良地质围岩，如黏土质胶结的砂岩、粉砂岩、泥砂岩、泥岩等软岩，开挖后极易风化、潮解，遇水泥化、软化、膨胀，造成较大的围岩压力，稳定性极差，甚至流坍。堆积层、破碎带等不良地质，往往有水，施工时缺乏足够的自稳能力和一定的稳定时间。这样，锚杆无法同膨胀性围岩和有水堆积层、破碎带形成可靠的黏结，喷射混凝土与围岩面也很难形成良好的黏结。因此，喷锚支护就难以阻止围岩的迅速变形和通过喷锚支护形成可靠、稳定的承载环。

4.1.4 复合式衬砌

一种较为合理的结构形式，使围岩和衬砌共同参与受力，适用于多种围岩地质条件。复合式衬砌是目前隧道工程常采用的衬砌形式。其设计、施工工艺过程与其相应的衬砌及围岩受力状态均较合理，十分符合衬砌结构的力学变化过程，能按受力和变形的规律、力学变化的时间、变形发展的状况，给予最适宜的工程措施；其质量可靠，能够达到较高的防水要求；也便于采用喷锚、钢支撑等工艺。因此，它是比较合理的结构型式。

复合式衬砌不同于单层厚壁的模筑混凝土衬砌，它把衬砌分成两层或两层以上，可以是由同一种型式、方法和材料施作的，也可以是由不同形式、方法、时间和材料施作的。目前工程实践中都是外衬和内衬两层，所以也有人称它为"双层衬砌"，如图 4-11 所示。外衬（亦称初次衬砌）使用能达到早强的喷射混凝土和锚杆，使柔性的外衬既能容许围岩有所变形，而又约束它，不让它变形发展太大、太快；内衬（亦称二次衬砌）可以用喷射混凝土层柔性结构，也可以用较厚的模筑混凝土；内、外层衬砌之间的防水层可以用软聚氯乙烯薄膜、聚异丁烯片、聚乙烯片等防水卷材，或用喷涂乳化沥青等防水剂。

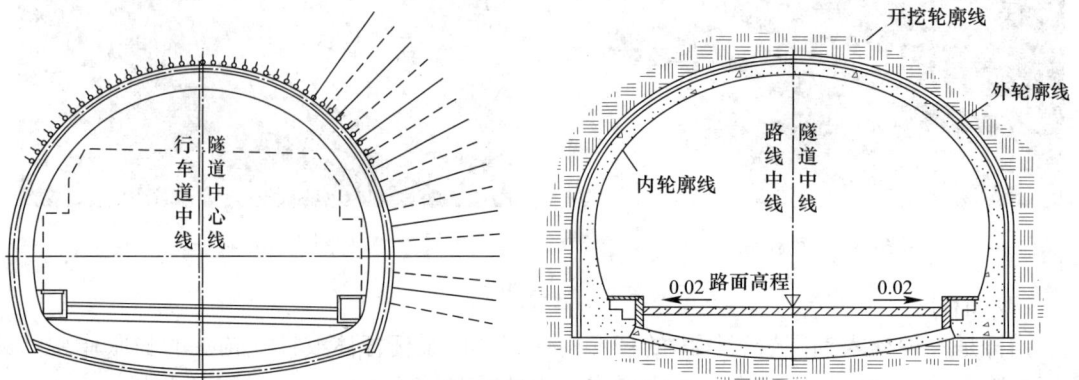

图 4-11　隧道复合式衬砌构造图

复合式衬砌是先在开挖好的洞壁表面喷射一层早强的混凝土（有时也同时施作锚杆、钢筋网或局部钢筋网），凝固后形成薄层柔性支护结构（称初期支护）。它可以满足初期支护施作及时、刚度小、易变形的要求，且与围岩密贴，从而能保护围岩和加固围岩，促进围岩的应力调整，充分发挥围岩的自承作用。它既能容许围岩有一定的变形，又能限制围岩产生有害变形，其厚度多在 5～20cm 之间。一般待初期支护与围岩变形基本稳定后再施作内衬，通常为就地灌筑混凝土衬砌（称二次衬砌）。二次衬砌完成后，衬砌内表面光滑平整，可以防止外层风化，装修内壁，增强安全感。为了防止地下水流入或渗入隧道内，可以在外衬和内衬之间设防水层，其材料可采用软聚氯乙烯薄膜、聚氯乙烯片、聚乙烯等防水卷材，或用喷涂乳化沥青及"881"等防水剂。总之，复合式衬砌是一种较为合理的结构形式，适用于多种围岩地质条件，有广阔的发展前途。

对于复合式衬砌，初期支护的作用是限制围岩在施工期间的变形，达到围岩的暂时稳定，二次衬砌则是提供结构的安全储备或承受后期围岩压力，因此，初期支护应按主要承载结构设计；二次支护在Ⅲ级及以下围岩时按安全储备设计，在Ⅳ级及以上围岩时按承载（后期围岩）结构设计，并均应满足构造要求。

4.2　洞门与明洞

4.2.1　洞门

洞门（隧道门的简称，通常也泛指隧道门及明洞门，如图 4-12 所示）是隧道洞口用圬工砌筑的，用以保护洞口、排放流水并加以建筑装饰的支挡结构物，它联系衬砌和路堑，是整个隧道结构的主要组成部分，也是隧道进出口的标志。

隧道两端洞口处应设置洞门。洞门的作用主要有以下几方面：

1）减少洞口土石方开挖量：当隧道埋深较大时，开挖量就很大，设置隧道洞门，起到挡土墙的作用，可以减少土石开挖量。

2）稳定边、仰坡。

3）引离地面流水：地表流水往往汇集在洞口，如不予以排除，将会浸及线路，妨碍行车安全。修建洞门时，洞门上方女儿墙应有一定的高度，并设有排水沟渠，以便把流水引入侧沟排走，保证洞口的正常干燥状态。

4）装饰洞口。

5）洞门是隧道的咽喉，也是隧道外露部分，在保证安全的同时，还应根据实际情况，选择适合的洞门型式，并应适当进行洞门美化和环境美化。

图 4-12　棚式明洞门

根据洞口地形、地质及衬砌类型等不同的情况和要求，洞门结构主要有以下两大类型：

1）隧道门：隧道门指修建在不设明洞的隧道洞口的支挡结构物，包括环框式洞门、端墙式洞门、翼墙式洞门、柱式洞门、台阶式洞门、斜洞门和耳墙式洞门等。

2）明洞门：明洞门主要配合明洞结构类型设计，明洞有拱形明洞和棚式明洞之分，相应明洞门也分拱形明洞门和棚式明洞门两大类。一般的明洞门形式多指拱形明洞门。

1. 环框式洞门

环框式洞门，即只镶饰隧道衬砌两端部分。它适用于隧道洞口仰坡极为稳固，岩层坚硬，节理不发育，不易风化，地形陡峻而又无排水要求的情况。其结构似一框形的洞门，是一种不承载的简单洞口环框，起到加固洞口，减少雨后洞口滴水的作用，并对洞口做简单的装饰。洞门框应与洞口环节衬砌用同一材料整体砌筑或衔接。

环框微向后倾，其倾斜度与顶上的仰坡一致。环框的宽度与洞口外观相匹配，一般不小于 70cm，突出仰坡坡面不少于 30cm，使仰坡上流下的水不致从洞口正面流下，如图 4-13 所示。

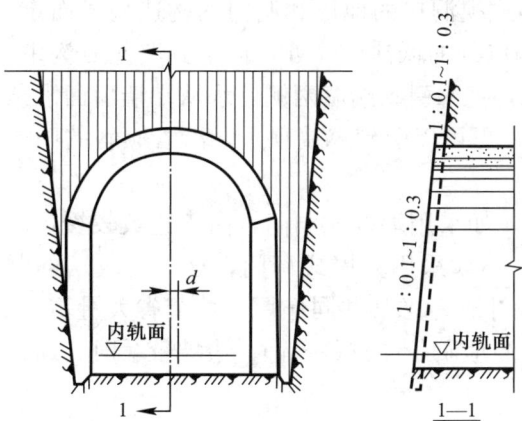

图 4-13　环框式洞门

2. 端墙式洞门

适用于自然山坡陡峻，洞门地形开阔，岩层较为坚硬完整，山体压力很小，开挖坡度 1：0.5～1：0.3 的洞口地段，起挡土墙的作用，而且能支撑洞口正面上的仰坡，并将从仰坡流下来的地面水，汇集到排水沟中去，如图 4-14 所示。

端墙的构造要求有：

1）端墙的高度约为 11.0m。

2）端墙厚度应按挡土墙的方法计算，但不应小于浆砌片石：0.5m；片石混凝土：0.5m；混凝土、块石：0.3m；钢筋混凝土：0.2m。

3）端墙宽度与路堑横断面相适应。

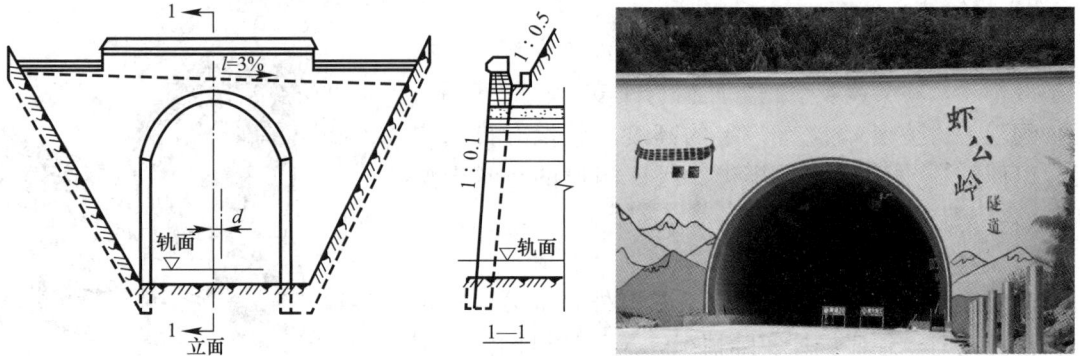

图 4-14　端墙式洞门

3. 翼墙式洞门

当洞口地质较差，山体纵向推力较大时，可以在端墙式洞门以外增加单侧或双侧的翼墙（挡墙），称为翼墙式洞门，俗称八字式洞门。翼墙起支撑端墙及保持路堑边坡稳定的作用，同时对减小洞口开挖高度和压缩端墙宽度均有利。翼墙与端墙共同作用，抵抗山体纵向推力，增加洞门的抗滑移和抗倾覆的能力。

翼墙式洞门的正面端墙一般采用等厚的直墙，微向后方倾斜，斜度为 1∶10。翼墙前面与端墙垂直，顶面斜度与仰坡坡度一致（顶面一般与仰坡的延长面一致），墙顶上设流水凹槽，将洞顶上的水从凹槽引至路堑边沟内。翼墙基础应设在稳固的地基上，其埋深与端墙基础相同。洞门顶上，端墙与仰坡坡脚之间的排水沟一般采用 60cm 宽、40cm 深的槽形，沟底应有不小于 3‰ 的排水坡。排水沟的形式视洞口的地形和洞门的构造型式而定。较多使用的是单向顺坡排水，把水引到洞门一侧以外的低洼山体处，或引到路堑侧沟中。当地形不允许向一侧排水时，则可采用双向排水，把水引到端墙两侧，水从端墙后面沿预留的泄水孔流出墙外，俗称"龙咀"或"吊沟"；也可以引到翼墙顶上，沿着倾斜的凹槽流入路堑边沟，如图 4-15 所示。

当路堑开挖坡度缓于 1∶0.75，岩层较差时，如采用端墙式洞门，由于边坡较缓，端墙宽度增加很多，相应须加大工程量，不经济，不如采用翼墙式洞门。这种有翼墙的洞门，由于翼墙与端墙很大一部分面积相接触，设计时考虑其共同作用，可节省大量圬工，且能增加洞门的抗滑移和抗倾覆稳定性。因此，当地质条件较差，仰、边坡较缓时，通常均采用翼墙式洞门。

4. 柱式洞门

柱式洞门适用于洞口地形较陡，地质条件较差，岩层有较大侧压力，仰坡有下滑的可能性的地段。柱式洞门工程量较翼墙式洞门大，造价较高，施工也较为复杂，如图 4-16 所示。

5. 耳墙式洞门

耳墙式洞门，即带耳墙的翼墙式洞门，将翼墙式洞门端墙两侧各接出一个耳墙至边坡内，呈带耳墙的结构，形成耳墙式洞门，如图 4-17 所示。耳墙式洞门对于排泄仰、边坡地表汇水，阻挡洞顶风化剥落体，效果良好，并可大大减少对坡面的冲刷，洞口显得宽敞，结构式样比较美观，而且对于边坡坡度不一致的洞口，设计时亦便于处理。

6. 台阶式洞门

当洞门处于傍山侧坡地区，地面横坡较陡，洞门一侧边坡较高时，为了减小仰坡高度及外露坡长，可以将端墙侧顶部改为逐步升级的台阶形式，以适应洞门受力，也有一定的美化作用，如图 4-18 所示。

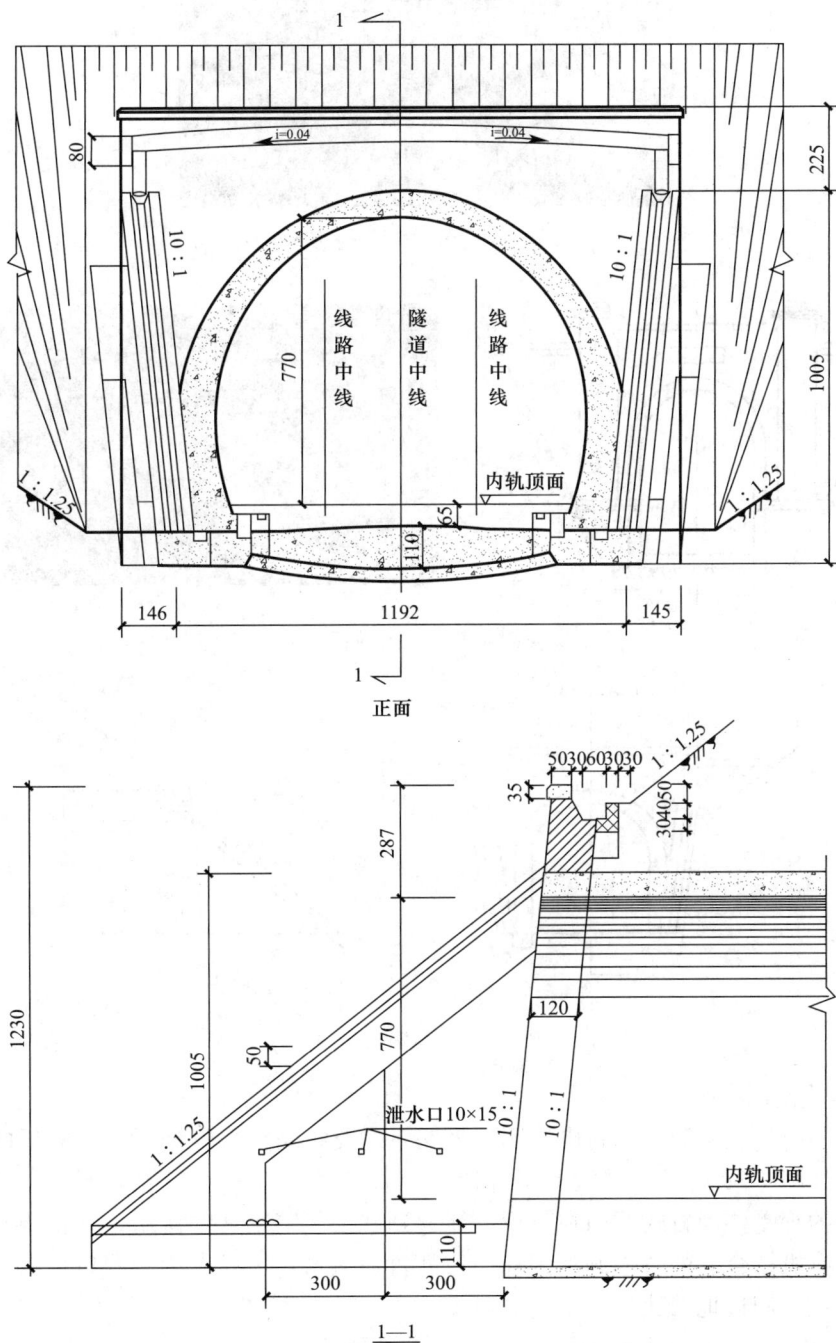

图 4-15 翼墙式洞门（cm）（一）

图 4-15　翼墙式洞门（cm）（二）

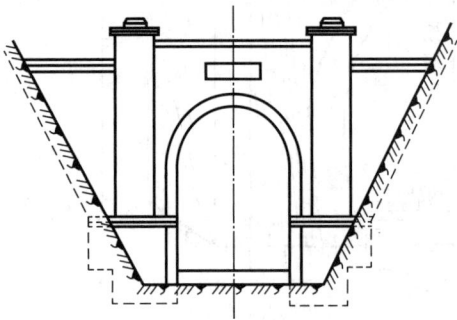

图 4-16　柱式洞门

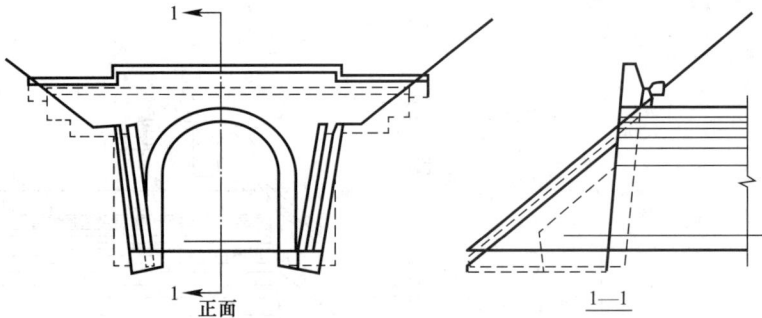

正面

1—1

图 4-17　耳墙式洞门

7. 削竹式洞门

削竹式洞门是联系洞口内衬砌与洞口外路堑的支护结构，保证了洞门附近的边坡和仰坡的稳定，如图 4-19 所示。洞门美观合理与否直接影响对隧道工程的评价，好的洞门将给人留下美的感受，削竹式洞门在景观上能起到修饰周围景观的作用，真正做到洞门与周围生态环境有机结合。削竹式洞门因外形似削竹而得名，一般应用于洞口埋深较浅，且有条件进行刷坡，周边地势比较开阔的洞口。

8. 帽檐（正）斜切式和喇叭口（倒）斜切式洞门

1）帽檐（正）斜切式洞门

帽檐（正）斜切式洞门适用于洞门前无路堑或仅有短、浅路堑，洞口边、仰坡坡率为

1:1～1:1.4。洞门范围内施工完成后，应对洞门背后空隙回填密实，并对边、仰坡施作骨架植物防护，该洞门洞口开挖量小，混凝土工程量小，能与既有地表融合，且能很好地满足空气动力学需要，是宜优先选用一种隧道洞门形式，如图 4-20 和图 4-21 所示，该形式在高速铁路隧道工程中应用比较广泛。

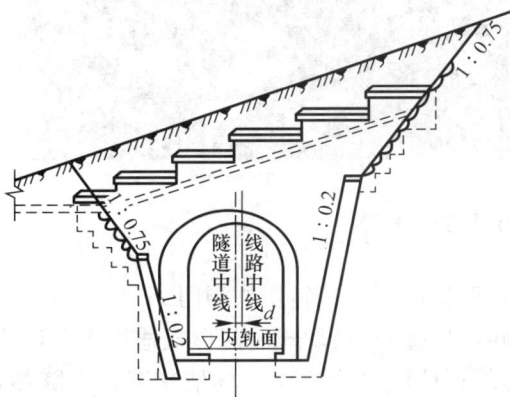

图 4-18　台阶式洞门

图 4-19　削竹式洞门

(a)　　　　　　　　　　　　　　　　(b)

图 4-20　帽檐（正）斜切式洞门施工

(a)

(b)

图 4-21 帽檐（正）斜切式洞门

图 4-22 喇叭口（倒）斜切式洞门

2）喇叭口（倒）斜切式洞门

喇叭口（倒）斜切式洞门形式适用于洞口边、仰坡有落石掉块可能或洞口场地狭窄、桥隧相连地段，洞门范围内施工完成后，应对洞门背后空隙回填密实，并对边、仰坡施作骨架植物防护，如图 4-22 所示。当洞口岩层稳定，整体性好时，根据隧道洞口陡缓程度，喇叭口（倒）斜切式洞门可以明做或明洞暗做，采用明挖法、半明半暗法施工。

4.2.2 明洞

明洞是用明挖法修建的隧道，是在露天的路堑地面上，或是在敞口的基坑内，先修筑结构物，然后再回填覆盖土石，如图 4-23 所示。

它具有地面和地下建筑物的两重特点：

1）作为地面建筑物以抵御边坡、仰坡的塌方、落石、滑坡等病害。

2）作为地下建筑物用于在深路堑、浅埋地段不适宜暗挖隧道时，取代隧道的作用。

1. 明洞

1）拱式明洞

隧道进、出口两端的接长明洞或在路堑边坡不稳定地段修建的独立明洞等，多采用拱形明洞。拱形明洞整体性好，能承受较大的垂直压力和侧压力，其型式有以下四种。

（1）路堑对称型

这类型式适用于洞顶地面平缓，路堑两侧地质条件基本相同，原山坡有少量坍塌、落石以及隧道洞口岩层破碎，洞顶覆盖较薄，难以使用暗挖法修建隧道的地段，如图 4-24 所示。

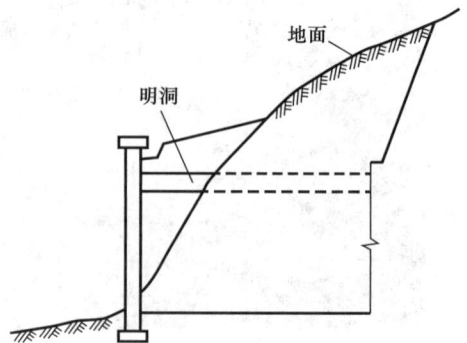

图 4-23 明洞

（2）路堑偏压型

适用于两侧山坡高差较大的路堑，高侧边坡有坍塌、落石或泥石流；低侧边坡明洞墙顶以下部分为挖方，且能满足外侧边墙嵌入基岩要求的地段，如图 4-25 所示。

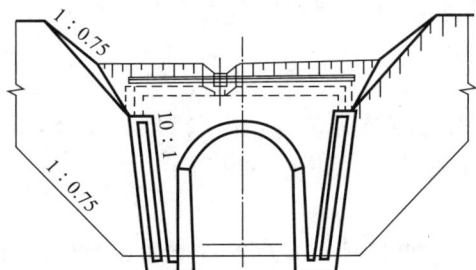

图 4-24　路堑对称型明洞示意图　　　　图 4-25　路堑偏压型明洞示意图

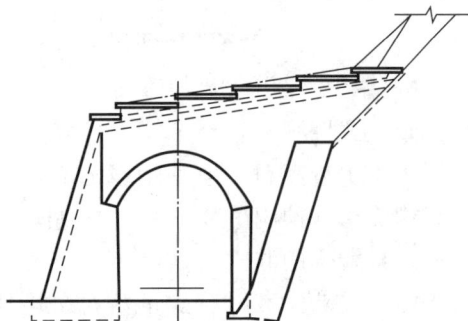

（3）半路堑偏压型

适用于半路堑靠山侧边坡较高，有坍塌、落石或泥石流等不良地质现象，而外侧地面较为宽敞和稳定，上部填土坡面线能与地面相交以平衡山侧压力的地段，如图 4-26 所示。

（4）半路堑单压型

适用于靠山侧边坡或原山坡有坍塌、落石等情况，外侧地形陡峻无法填土地段，如图 4-27 和图 4-28 所示。

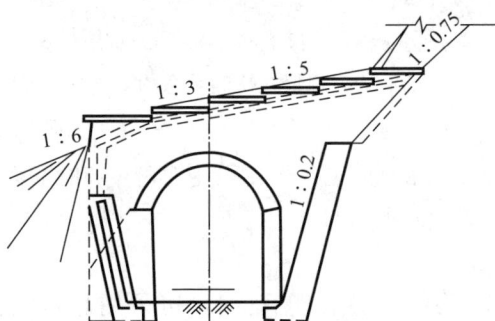

图 4-26　半路堑偏压型明洞示意图　　　　图 4-27　半路堑单压型明洞示意图

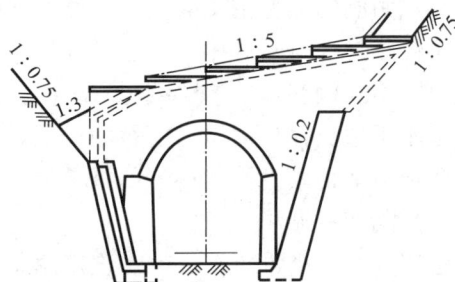

拱形明洞的边墙，一般采用直墙。当半路堑型单压明洞外墙尺寸较厚（可达 3～5m）时，为节省圬工量，通常在浆砌片石的外墙上每隔 3～4m 开设孔洞一个。

采用偏压拱型明洞时，要特别注意处理好外墙基础，以防止因外墙下沉而引起拱圈开裂。故外墙必须设置于稳固地基上，如有困难，则可用桩基（或加深基础）及加固地基等方法进行处理。

2）棚式明洞

图 4-28　半路堑单压型明洞示意图

当山坡坍方，落石数量较少，山体侧压力不大，或因受地质、地形条件的限制，难以修建拱形明洞时，可采用棚式明洞。

棚式明洞顶板为梁式结构。内侧边墙一般采用重力式挡墙，当岩层完整，山体坡面较陡，采用重力式挡墙开挖量较大时，也可采用钢筋混凝土锚杆挡墙，但在地下水发育地段不宜采用。

棚式明洞的类型主要取决于外侧边墙的结构形式，通常有墙式、刚架式、柱式和悬臂式（不修建外墙时）等棚式明洞之分。

（1）墙式棚洞

适用于边坡存在坍塌、落石的地段，横向断面类似桥跨结构，内墙除起挡墙作用外，还承受顶板下传垂直荷载；外墙只承受顶板下传垂直荷载，如图 4-29 所示。

（2）刚架式棚洞

适用于边坡小量落石，或在连接两座隧道间需建明洞时，为改善隧道通风条件而被采用。外墙结构为连续框架，因此对地基承载力要求较高，如图 4-30 所示。

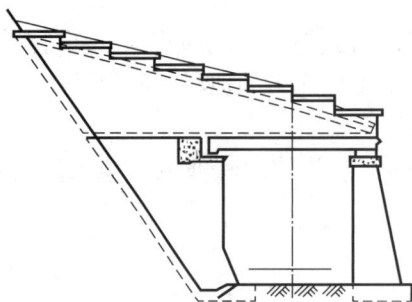

图 4-29　墙式棚洞示意图

图 4-30　刚架式棚洞示意图

（3）柱式棚洞

适用于少量落石，地基承载力高，或基岩埋藏浅的地段。外墙采用独立柱和纵梁方式，结构简单，预制吊装方便，但整体稳定性较差，如图 4-31 所示。

（4）悬臂式棚洞

当山坡较陡，坡面有少量落石，且外侧地基不良或不宜设基础时，可采用悬臂式棚洞，如图 4-32 所示。

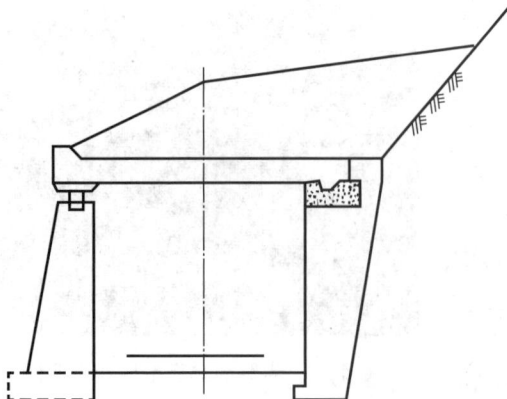

图 4-31　柱式棚洞示意图

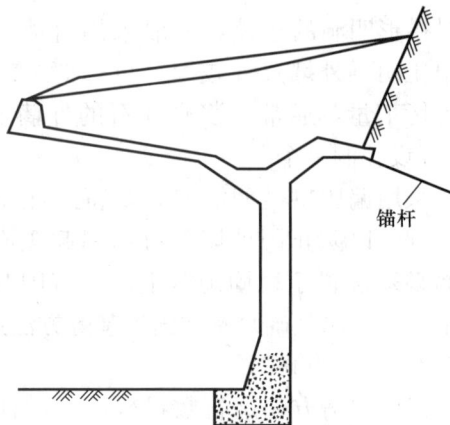

锚杆

图 4-32　悬臂式棚洞示意图

根据山侧岩层的具体条件，内侧可选用重力式边墙或锚杆挡墙等形式。由于悬臂式棚洞结构不对称，抗震性能差，施工要求较高，故选用时应慎重。

2. 明洞基础

明洞基础应置于稳固的地基上。当基岩埋深较浅时，基础可设置于基岩上；当基础位于软弱地基上时，基础可采用仰拱、整体式钢筋混凝土底板等结构。外墙基础趾部，应有一定的嵌入深度，并应设在冻结线以下 0.25m，且保证一定的护基宽度，如表 4-1 所示。

明洞墙嵌入深度 表 4-1

岩层种类	埋深 K（m）	护基宽 L（m）
较完整的坚硬岩层	0.25	0.25～0.5
一般岩层 （如砂页岩互层）	0.60	0.6～1.50
松软岩石 （如千枚岩等）	1.00	1.0～2.0
砂夹砾石	1.5	1.5～2.5

明洞基础应遵守隧道衬砌基础的有关规定。当两侧边墙地基软硬不均时，应采取措施加以处理，以免引起过大的沉降和不均匀沉陷，使明洞结构产生裂缝或破坏。可采取下述措施：

1）基岩不深时可加深基础，设置于基岩上。

2）采用钢筋混凝土或混凝土仰拱。

3）采用钢筋混凝土底板，修筑整体式基础。

4）亦可采用桩基或加固地层等措施。

当地基为完整坚固的岩体时，基础可切割成台阶，台阶平均坡度不陡于 1∶0.5，坡度线与水平线的夹角不得大于岩层的内摩擦角；台阶宽度不小于 0.5m，最低一层基础台阶宽度不小于 2m。当基础外侧受水流冲刷影响时，为了使基础外侧护基部分岩土稳定或为防止河岸冲刷的影响，应另采取挡墙、护岸、边坡加固等防护、防冲刷措施。

明洞外边墙、棚洞立柱基础埋置位置在路面 3m 以下时（一般是指半路堑单压式明洞的外侧边墙及立柱），应在路基处设置钢筋混凝土横向水平拉杆或锚杆，或给立柱加设横撑和纵撑，以减小墙底转角，改善结构受力条件，增加墙柱约束，减小其长细比的影响，以确保整个结构的整体性以及外侧边墙及立柱的整体及局部稳定性。

3. 明洞填土

明洞顶设计填土厚度应根据山坡病害的情况，预计明洞顶可能出现的坍塌量及将来明洞所要起的作用来综合确定。

在 1975 年以前，铁路相关隧道规范曾规定明洞顶设计填土厚度为 3.0m，经过大量的实际调查，目前最新确定为 1.50m。公路隧道跨度一般比铁路单线隧道跨度大，公路系统设计施工经验少，养护力量弱，故规定不小于 2.0m。明洞顶填土横坡以能顺畅排除坡面水为原则，不小于 2%。但山坡崩落的石块、边坡冲刷的泥石、坡面坍塌多，堆积于坡脚附近，因此设计填土坡应较实际填土坡适当加大，作为安全的储备。一般只考虑边坡的少量坍塌，故明洞顶设计填土坡度可为 1∶5～1∶3。当边坡有病害，未来可能发生较大的坍塌，而该隧道又处于地震烈度 8 度以上地区时，地震增加了坍塌的数量，应酌情增加填土厚度，如洞顶设计填土厚度可采用 2.50～3.0m，设计填土坡度可为 1∶3～1∶2。

当洞顶填土目的主要是支挡边坡的滑坍和为了防护山坡可能发生的大量坍方、泥石流时，则应将边坡的稳定情况、边坡的刷坡情况结合设计回填坡度，综合分析确定回填厚度，确保边坡和明洞的稳定与安全。一般设计回填坡度为 1∶3～1∶1.5。

当明洞是为保护洞口自然环境时，则应将明洞完全伸出自然山坡坡面，以不破坏自然地面及其景观为原则。开挖部分回填至原自然地面坡度，必要时可在其上采取植物保护。

明洞应重视拱背和墙背的回填，其中重视拱背的回填是为了保护拱背及拱脚，增强拱脚的固结，增加其稳定性，起加强的作用。墙背回填质量的好坏直接影响到墙背岩土的稳定和侧压力的大小，同时也影响到墙背抗力的大小。实际采用回填措施时，应根据明洞类型、山坡岩土类别、设计要求、施工方法确定。一般Ⅲ、Ⅳ、Ⅴ类围岩的回填要求用片石混凝土或浆砌片石回填密实，并与围岩面接合良好；对Ⅱ类及Ⅰ类围岩，墙背回填料的内摩擦角也应高于围岩的内摩擦角，如浆砌片石、干砌片石回填。

明洞墙背围岩主动土压力是按围岩计算摩擦角计算的，所以墙背回填料的内摩擦角应不低于围岩的计算摩擦角。另一方面，较好的围岩与衬砌之间有低摩擦角的回填"软弱夹层"，会增加土压力，减小弹性抗力，技术、经济效益方面都是不适宜的，因此，要提高回填的质量。

4.3 隧道洞口设计

4.3.1 一般要求

1）洞口不应大面积开挖边、仰坡，有条件时尽量采用不设仰坡进洞方案。

2）洞口边、仰坡应根据岩（土）性质、气候、水文条件及边、仰坡高度，采取工程加固和植物防护相结合的措施，有条件时可接长明洞；地震区边、仰坡宜采用柔性防护措施。

3）当洞口处有岩堆、落石、泥石流等威胁时，可采取接长明洞或设置渡槽等措施。

4）线路应避免沿沟进洞，当不可避免时，应结合防排水工程，确定洞口位置。

5）漫坡地形的洞口位置应结合排水、用地、弃渣等因素，综合分析确定。

6）洞口位于林区时，应考虑树木倒伏对铁路安全的影响。

7）洞口边、仰坡周围应设置排水、截水设施，并与路基排水系统、天然沟渠共同组成完整的排水系统。

8）洞门设计应与自然环境相协调，位于城镇、风景区、车站附近的洞门宜进行景观设计。

9）洞口段应结合地形、地质条件和施工方法等确定工程措施，必要时可采取地表注浆、锚固桩等预加固措施。

10）洞口应设置必要的检查设施及铭牌、号标等相关标志。

4.3.2 洞口段设计

隧道洞口应修建洞门，洞门可设计为挡（翼）墙式、端墙式、环框式或斜切式等形式，具体应根据洞口的地形、地质条件确定并与洞外路基工程相协调。

1. 挡（翼）墙、端墙式洞门设计

1）仰坡坡脚至洞门墙背的水平距离不应小于 1.5m，洞门端墙顶高出仰坡坡脚不应小于 0.5m，洞门端墙与仰坡间水沟的沟底至衬砌拱顶外缘的高度不宜小于 1m。

2）铺设有砟轨道的地段，当洞口有翼墙或挡土墙时，沿轨枕底面水平方向由线路中线至邻近翼墙、挡土墙的距离，至少有一侧（曲线地段为曲线外侧）不应小于 3.5m。

3）洞门墙应根据地基情况设置变形缝，墙身应设置泄水孔。

4）洞门端墙与衬砌之间应设置保证结构完整性的连接钢筋。

2. 斜切式洞门设计

1）帽檐斜切式洞门帽檐高度不应小于 1.5m，仰坡坡脚至帽檐与衬砌交接距离不宜小于 1.5m。

2）洞门范围回填土应分层回填密实，并采取防冲刷、防溜坍的工程措施。

4.3.3 洞门墙基础设置

1）基础应置于稳固的地基上，并埋入地面下一定深度，土质地基埋入的深度不应小于 1m，岩质地基埋入的深度不应小于 0.5m，并应低于洞口沟槽的基底。

2）在冻胀性土上设置基础时，基底应置于最大冻结线以下 0.25m 或采取其他工程措施。

3）在松软地基上设置基础，应采取措施满足地基承载力要求。

4.3.4 洞门端墙及挡（翼）墙检算

可按容许应力法检算其强度，并检算其倾覆及滑动的稳定性。检算时应符合表 4-2 的规定。洞门结构检算需要的地层计算摩擦角、地层重度、基底摩擦系数、地基容许承载力等参数，应按地质勘察资料采用。隧道洞门端墙钢筋可按结构承载要求或按照护面钢筋要求设置。

洞门墙主要检算规定　　　　　　　　　　　　　　　　表 4-2

墙身截面压应力 σ	小于或等于容许应力
墙身截面偏心距 e	小于或等于 0.3 倍截面厚度
基底应力 σ	小于或等于地基容许承载力
基底偏心距 e	岩石地基小于或等于 $B/4$ 土质地基小于或等于 $B/6$ （B：墙底宽度）
滑动稳定系数 K_c	大于或等于 1.3（抗震检算时大于或等于 1.1）
倾覆稳定系数 K_0	大于或等于 1.6（抗震检算时大于或等于 1.3）

注：1. 墙身截面偏心距规定仅适用于素混凝土结构。
　　2. 地震区洞门设防时，应按地震及非震两种工况进行结构检算。

4.3.5 隧道进洞方法

1）洞口坡面较为陡峭，岩层完整、无落石及风化剥落时，可采用贴壁进洞。

2）洞口覆盖层较薄或地层松散破碎时，可采用护拱加管棚进洞或地表预加固进洞。

3）洞口存在显著地形偏压或一侧露空的傍山地形，可采用回填暗挖进洞或半明半暗进洞。

4）桥隧相连的洞口设计应综合考虑地形、地质条件、桥梁结构等因素，并符合下列要求：

（1）桥台进洞段隧道内净空尺寸应满足桥梁结构、桥梁架设及维修要求。

（2）合理设计桥隧连接方式及施工工序，统筹考虑隧道洞口、桥台基坑，必要时对洞口稳定性进行检算。

（3）隧道洞口排水系统应与桥梁排水系统协调布置，防止隧道排水对桥台造成不利影响。

5）隧道洞口上方有公路跨越或邻近洞口的路堑顶有公路并行时，应考虑延长洞口、接长明洞并在靠近铁路的公路一侧设置防撞护栏，护栏等级应符合有关规定。

6）设计速度 160km/h 及以上的铁路隧道，洞门设计应考虑空气动力效应对周围环境的影响，并应满足表 4-3 中的微气压波峰值要求，必要时通过设置洞口缓冲结构降低微气压波峰值。

7）隧道洞口缓冲结构设置应考虑列车类型、隧道长度、隧道净空有效面积、轨道类型、洞口环境等因素，可采用等截面开孔式、变截面式或辅助坑道开孔等形式。

微气压波峰值控制标准　　　　　　　　　　　　　　表 4-3

建筑物至洞口距离	建筑物有无特殊环境要求	基准点	微气压波峰值
<50m	有	建筑物	按要求
	无		≤20Pa
≥50m	有	距洞口 20m 处	<50Pa

4.3.6　洞口危岩落石防护

隧道洞口应尽量避免通过危岩落石发育区。当无法避免时，应遵循多重防护、综合治理的原则，根据危岩落石特征、范围、地形、地貌等因素开展危岩落石防护设计。

隧道洞口危岩落石可选用清除、支顶、锚固、灌浆、防护网等主动防护措施，或拦石墙、落石槽、型钢栏栅、防护网等被动防护工程措施，如图 4-33 所示。有条件时，可接长明洞或设置棚洞。

图 4-33　洞口被动防护

4.4　隧道结构构造要求与材料

4.4.1　隧道结构构造一般要求

隧道洞口段，比隧道中段受力复杂，除了受有横向的竖直与水平荷载以外，还受有纵向的推力荷载。所以，《铁路隧道设计规范》TB 10003—2016 规定隧道洞口段应设置加强衬砌，并宜与洞身整体砌筑，其长度应根据地质、地形等条件确定，具体如下：

1）一般单线隧道洞口应设置不小于 5m 长的模筑混凝土衬砌，双线和多线隧道应适当加长。

2）衬砌断面宜采用曲边墙拱形断面。

3）围岩较差地段衬砌应向围岩较好地段延伸 5～10m。

4）偏压衬砌段应向一般衬砌段延伸，延伸长度应根据偏压情况确定，不宜小于 10m。

5）净宽大于 3m 的横通道与主洞的交叉段，主洞与横通道衬砌均应加强。加强段衬砌应向各交叉洞延伸，主洞延伸长度不应小于 5m，横通道延伸长度不应小于 3m。延伸长度范围内不宜设变形缝。

4.4.2　衬砌材料一般要求

1）隧道衬砌和支护材料以及洞门建筑材料如表 4-4 和表 4-5 所示。

隧道衬砌和支护材料　　　　　表 4-4

材料种类 工程部位	混凝土	钢筋混凝土	喷射混凝土	
			衬砌	支护
拱墙	C25	C30	C25	C25
仰拱	C25	C30	C25	C25
底板	—	C30	—	—
仰拱填充	C20	—	—	—
仰拱预制块	—	C40	—	—
管片	—	C50	—	—
水沟、电缆槽	C25	C25	—	—
水沟、电缆槽盖板	—	C30	—	—

洞门建筑材料　　　　　表 4-5

材料种类 工程部位	混凝土	钢筋混凝土
端墙	C25	C30
顶帽	C25	C30
洞口挡、翼墙	C25	C30
侧沟、截水沟	C20	—
护坡	C20	—

注：护坡材料也可采用 C20 喷射混凝土、M10 水泥砂浆砌片石。

2）明洞填料的物理力学指标，当无试验资料时，可按表 4-6 采用。常用建筑材料的标准重度或计算重度应按表 4-7 的规定采用。

明洞填料的物理力学指标　　　　　　　　　　　　表 4-6

填料名称	重度（kN/m³）	计算摩擦角 φ_c
干砌片石	20	50°
回填土石	19	35°

常用建筑材料的标准重度或计算重度　　　　　　表 4-7

材料名称	混凝土	钢筋混凝土（配筋率在 3% 以内）	喷射混凝土	钢材	浆砌片石	浆砌块石	浆砌粗料石
重度（kN/m³）	23	25	22	78.5	22	23	25

注：钢筋混凝土配筋率大于 3% 时，其重度为混凝土自重（扣除钢筋体积的混凝土重量）加钢筋自重。

3）混凝土和钢筋混凝土结构中混凝土的极限强度应按表 4-8 采用。

混凝土的极限强度（MPa）　　　　　　　　　　表 4-8

强度种类	符号	混凝土强度等级						
		C20	C25	C30	C35	C40	C45	C50
抗压	R_a	15.5	19.0	22.5	26	29.5	33	36.5
弯曲抗压	R_w	19.4	23.8	28.1	32.5	36.9	41.2	45.6
抗拉	R_l	1.7	2.0	2.2	2.4	2.7	2.9	3.1

注：表中弯曲抗压极限强度按 $R_w = 1.25 R_a$ 换算。

4）混凝土的弹性模量应按表 4-9 采用。混凝土的剪切模量可按表 4-9 数值乘以 0.4 采用。混凝土的泊松比可采用 0.2。

混凝土的弹性模量 E_e（GPa）　　　　　　　　表 4-9

混凝土强度等级	C20	C25	C30	C35	C40	C45	C50
弹性模量 E_e	28	30	31.5	32.5	33.5	34.5	35.5

5）喷射混凝土力学性能指标应符合表 4-10 的规定。

喷射混凝土力学性能指标　　　　　　　　　　　表 4-10

喷射混凝土强度等级	轴心抗压极限强度（MPa）	弯曲抗压极限强度（MPa）	抗拉极限强度（MPa）	弹性模量（MPa）	轴心抗压设计强度（MPa）	弯曲抗压设计强度（MPa）	抗拉设计强度（MPa）
C25	17	18.5	2.0	2.3×10^4	12.5	13.5	1.3
C30	20	22	2.2	2.5×10^4	15	16.5	1.5

注：1. 喷射混凝土的强度等级指采用喷射大板切割法，制作成边长为 10cm 的立方体试块，在标准条件下养护 28d，用标准试验方法测得的极限抗压强度乘以 0.95 的系数。

2. 喷射混凝土与围岩黏结强度试验可采用预留试件拉拔法或钻芯拉拔法，并满足《岩土锚杆与喷射混凝土支护工程技术规范》GB 50086—2015 的要求。

6）砌体工程所用的石材应符合下列规定：

（1）石材应质地坚硬、不易风化、无裂纹，表面的污渍应予清除。

（2）在最冷月平均气温低于−15℃或−15℃～−5℃的地区使用的石材，其抗冻性指标应分别符合冻融循环 25 次或 15 次的要求，且表面无破坏现象。

（3）浸水或潮湿地区主体工程的石材软化系数不得小于 0.8。砌体的弹性模量可采用 10～15GPa，砌体的剪切模量宜采用砌体弹性模量的 0.4 倍。

（4）砌体的极限强度应按表 4-11 采用。

砌体的极限强度（MPa）　　　　　　　　表 4-11

强度种类		抗压 R_a			抗剪 R_j
砌体种类		片石砌体	块石	粗料石	
砂浆强度等级	M7.5	3.0	—	—	0.35
	M10	3.5	5.5	8.0	0.40
	M15	4.0	6.0	9.0	0.50

4.5　隧道的防水与排水

4.5.1　隧道防、排水原则

隧道防、排水设计标准为：衬砌不滴水，安装设备的孔眼不渗水；在有冻害地段的隧道，除拱部和边墙不渗水外，衬砌背后也不积水；隧道防排水应根据"防、排、截、堵结合，因地制宜，综合治理"的原则，采取切实可靠的设计、施工措施，达到防水可靠、排水畅通、经济合理的目的。

1."防"

"防"，即要求隧道衬砌结构具有一定的防水能力，能防止地下水渗入，如采用防水混凝土或塑料防水板等。

1）防止地表水的下渗。当隧道地表的沟谷、坑洼积水对隧道有影响时，宜采取疏导、勾补、铺砌和填平等措施，对废弃的坑穴、钻孔等应填实封闭，防止地表水下渗。

2）隧道附近水库、池沼、溪流、井泉的水，当有可能渗入隧道，影响农田灌溉及生活用水时，应采取措施处理。

3）混凝土衬砌抗渗等级不得低于 P6，若必要可采用防水混凝土（不小于 P8）。

4）施工缝、变形缝应采用可靠的堵水措施。

5）围岩破碎、含水、易坍塌地段，宜采用注浆加固围岩和防水措施。

6）在初期支护与二次衬砌之间，宜设置防水板或设系统盲（管）沟。当隧道底部有涌水时，应采用封闭式防水板。

7）有侵蚀性地下水时，应针对侵蚀类型，采用抗侵蚀性混凝土以及压注抗侵蚀浆液，铺设防水、防蚀层等措施。

8）最冷月平均气温低于−15℃地区和高海拔地区，对地下水的处理应以堵为主。

2."排"

"排"，即隧道应有排水设施并充分利用，以减小渗水压力和渗水量；但必须注意大量排水后引起的后果，如围岩颗粒流失、降低围岩稳定性或造成当地农田灌溉和生活用水困难等，应事先妥善处理。"排"是利用盲沟、泄水管、渡槽等将衬砌背后的地下水排入隧道内，再经由洞内水沟排走，以免造成隧道病害。

1）隧道内纵向应设排水沟，横向应设排水坡。

2）遇围岩地下水出露处所，宜在衬砌背后设竖向盲沟或排水管（槽）、集水钻孔等予以引排，对于颗粒易流失的围岩，不宜采用集中疏导排水。

3）根据工程地质和水文地质条件，应在衬砌外设环向盲沟、纵向盲沟和隧底排水盲沟、组成完整的排水系统，保证道床不积水。

4）当地下水发育，含水层明显，又有长期补给来源，洞内水量较大时，可利用辅助坑道或设置泄水洞等作为截、排水设施。

3. "截"

"截"，是指截断地表水和地下水流入隧道的通路。隧道顶部如有地表水易于渗漏处所或有坑洼积水，应设置截、排水沟和采取消除积水的措施。为了防止地表水渗入地层内，主要采取以下措施：

1）在洞口仰坡外缘 5m 以外，设置天沟，并加以铺砌。当岩石外露，地面坡度较陡时可不设天沟。仰坡上可种植草皮、喷抹灰浆或加以铺砌。

2）对洞顶天然沟槽加以整治，使山洪宣泄畅通。

3）对洞顶地表的陷穴、深坑加以回填，对裂缝进行堵塞。处理隧道地表水时，要有全局观点，不应妨碍当地农田水利规划，做到因地制宜，一改多利，各方满意。

4）在地表水上游设截水导流沟，地下水上游设泄水洞，洞外井点降水或洞内井点降水。

4. "堵"

"堵"，是指在隧道施工过程中，有渗漏水时，可采用注浆、喷涂等方法堵住；运营后渗漏水地段也可采用注浆、喷涂或用嵌填材料、防水抹面等方法堵水，即堵住地下水从衬砌背后渗入隧道内。

当围岩有大面积裂隙渗水，且水量、压力较小时，可结合初期支护采用喷射混凝土堵水。但应注意此时需加大速凝剂用量，进行连续喷射，且在主裂隙处不喷射混凝土，使水流能集中于主裂隙流入盲沟，通过盲沟排出。

普通混凝土的抗渗性较差，要堵水需采用防水模筑混凝土，并注意以下几点：

（1）防水混凝土的抗渗等级不得小于 P8，抗压强度应满足设计要求，水泥用量不得少于 320kg/m³，当掺用活性粉细料时，不得少于 280kg/m³。

（2）防水模筑混凝土衬砌施工必须采用机械振捣。施工缝、沉降缝及伸缩缝则可以采用中埋式塑料或橡胶止水带，或采用背贴塑料止水带止水。

（3）防水层。防水层种类很多，大致可归纳为两类：一类为粘贴式防水层，如用沥青将油毡（或麻片）粘贴在衬砌的外表面（适用于明挖修建的隧道），复合式衬砌在初期支护与二次模筑衬砌之间可粘贴软聚氯乙烯薄膜、聚异丁烯片、聚乙烯片等防水卷材；另一类为喷涂式防水层，如"881"涂膜防水胶、阳离子乳化沥青等防水剂。

（4）压浆。向衬砌背后压注水泥砂浆，用以填充衬砌与围岩之间的空隙，以堵住地下水的通路，并使衬砌与围岩形成整体，改善衬砌受力条件。采用压浆分段堵水，使地下水集中在一处或几处后再引入隧道内排出，此法可取得良好的防水效果。

4.5.2 隧道排水设施

1. 排水沟

除了长度在 100m 以下，且常年干燥无水的隧道以外，一般的隧道均应设置排水沟，使渗漏到洞内的水和从道床涌起的地下水，沿着带有流水坡的排水沟，顺着线路方向引出洞外。排水沟的断面大小依排水量而定，一般底宽不应小于 40cm，深度不小于 35cm。沟底纵向坡度宜与线路坡度一致为好，如此沟深可以保持不变。不得已时，沟底纵坡也不应小于 1‰，同时，道床底面的横坡不应小于 2‰。水沟上面应有预制的钢筋混凝土盖板，平时成为人行道。盖板顶面应与避车洞底面平齐。排水沟在一定长度上应设检查井，以便随时清理残渣。

排水沟有两种方式。一种是侧式水沟，如图 4-34 所示，它设在线路的两侧或一侧，视流量大小而定。当为一侧时，应设在来水的一侧；如为曲线隧道，则应设在曲线内侧。双侧水沟隔一定距离应设一横向联络沟，以平衡不均匀的水流量。这种排水沟便于检查而不受行车的干扰。另一种是中心式水沟，如图 4-35 所示。隧道采用整体道床时，水沟设在线路中线的下方；采用双线隧道时，水沟设在两线之间。它是用混凝土砌筑的，维修工作量较小，但一旦需要清理或维修时，必须在行车间隔的时间内进行，不方便。

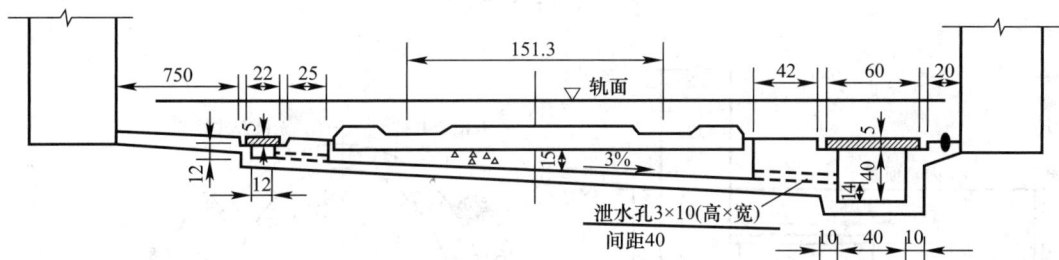

图 4-34　侧式水沟（cm）

在严寒地区，为了不使流水冻结而堵死沟身，应施加防寒措施。一般可修筑浅埋保温水沟，即将水沟沟身加深，用轻质混凝土做成上、下两层，各自设有钢筋混凝土盖板。上层用保温材料密实填充，厚度不小于 70cm，可保流水不冻，如图 4-36 所示。但当浅埋保温水沟不足以防止冻害时，可设置中心深埋渗水沟，如图 4-37 所示，即利用地温本身的作用，达到保温防冻害之目的。当隧道内冻结深度较深，用明挖法会影响边墙稳定时，可采用暗挖法修筑泄水洞。

2. 盲沟

在衬砌背后，用片石、卵石或埋管修成一道环向或竖向可供流水的盲沟，以汇集衬砌周围的地下水。盲沟先是沿着纵向每隔一定距离而设置的，再用竖直盲沟把水向下引到墙脚外侧，通过预埋的水管流入隧道内的侧沟中。由于水沟内的流水阻力比岩体小，所以水沿着盲沟流动，引水效果很好，但需定时清理。

现在我国普遍采用的是柔性盲沟，它是由工厂加工制造的。柔性盲沟具有现场安装方便，布置灵活，连接容易，接头不易被混凝土阻塞，过水效果良好，成本也不太高等优点。其构造形式有以下几种：

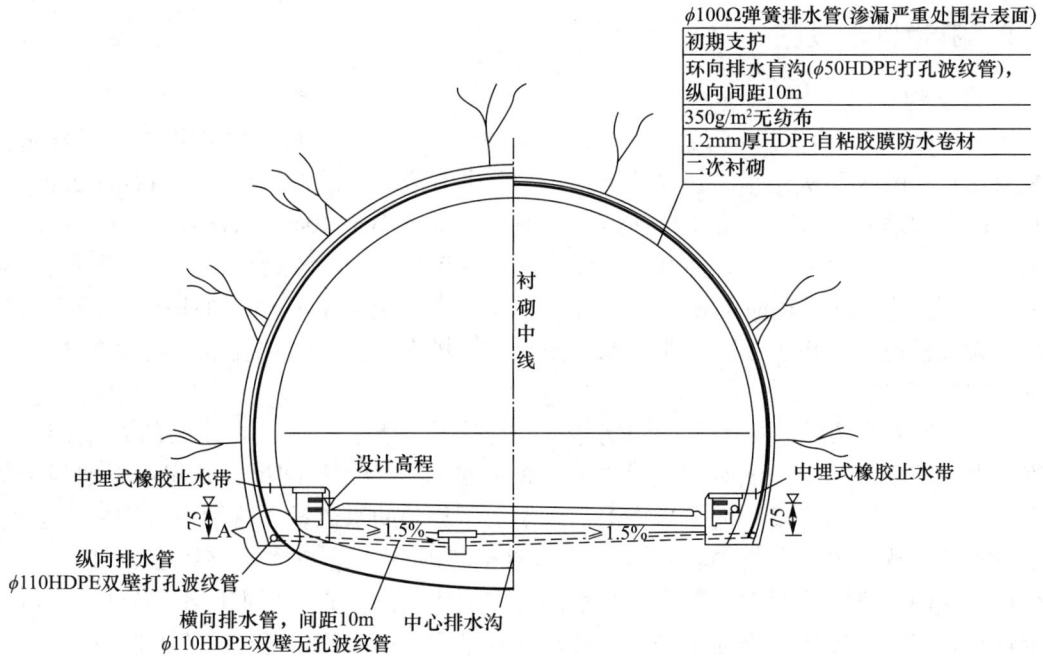

图 4-35   中心式水沟

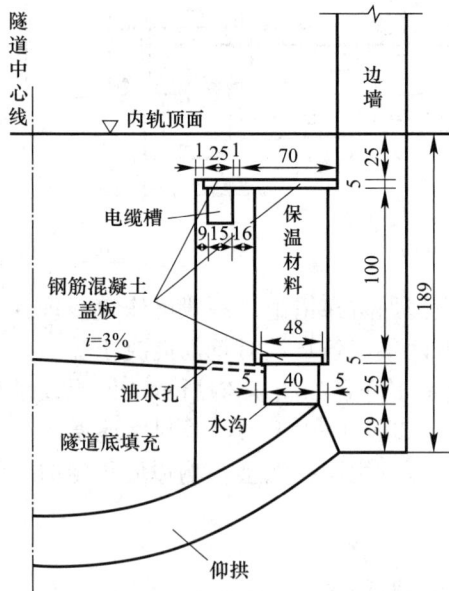

图 4-36   浅埋保温水沟（cm）

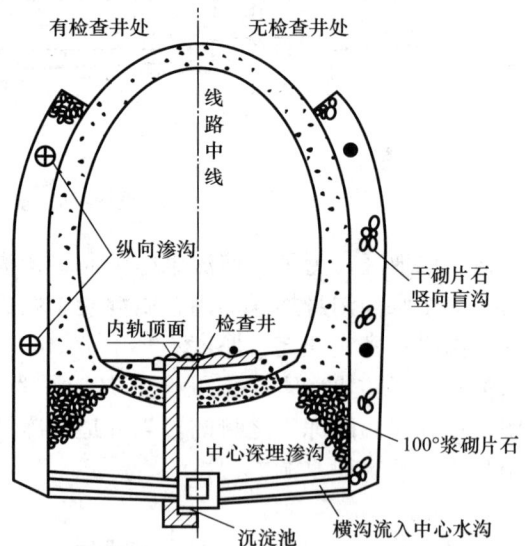

图 4-37   中心深埋渗水沟

（1）弹簧软管盲沟。这种盲沟一般是采用 10 号铁丝缠成直径 5～8cm 的圆柱形弹簧或采用硬质又具有弹性的塑料丝缠成半圆形弹簧，或带孔塑料管，以此作为过水通道的骨架，安装时外覆塑料薄膜和铁窗纱，从渗流水处开始沿环向铺设并接入泄水孔，如图 4-38 所示。

（2）化学纤维渗滤布盲沟。这种盲沟是以结构疏松的化学纤维布作为水的渗流通道，其单面有塑料敷膜，安装时使敷膜朝向混凝土一面，可以阻止水泥浆渗入滤布。这种渗滤布盲沟质量轻，便于安装和连续加垫焊接，宽度和厚度也可以根据渗排水量的大小进行调整，是一种较理想的渗水盲沟，如图 4-39 所示。

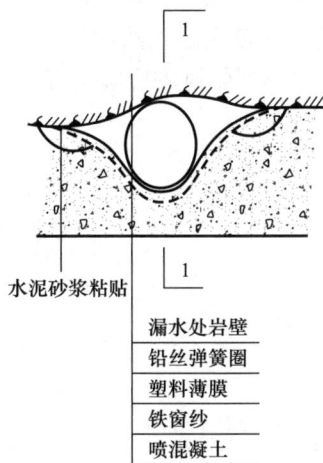

图 4-38　弹簧软管盲沟　　　　图 4-39　化学纤维渗滤布盲沟

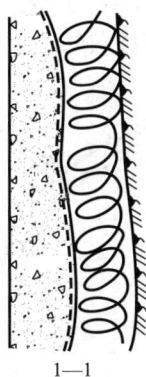

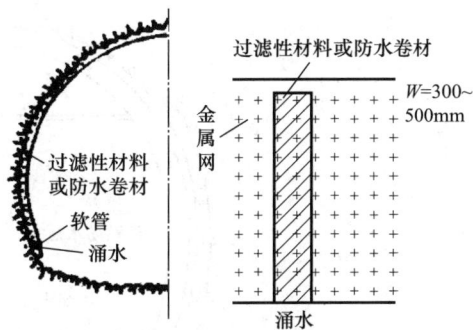

（3）初期支护内部的 Ω 型弹簧排水管在拱墙部设置，与纵向的 110HDPE 排水波纹管连通。隧道二次衬砌与初期支护之间铺无纺土工布、1.2mm 厚 HDPE 自粘胶膜防水卷材，隧道二次衬砌混凝土（包括仰拱混凝土）采用抗渗等级不低于 P8 的防水混凝土。环向排水采用 ϕ50 打孔波纹管，全隧道除明洞地段不设置外，其余地段均按 10m 的纵向间距设置。ϕ50 打孔波纹管与预埋在边墙外的纵向 ϕ110HDPE 打孔波纹管以及纵、横向排水管均采用三通连接。HDPE 管打孔大小 ϕ3@30mm，环向排水管打孔范围 270°，纵向排水管打孔范围 180°，透水孔应均匀分布，要求机械打孔及外裹无纺土工布，以防淤塞。施工时应保证纵、横向排水管不被压碎和堵塞，以确保排水系统畅通。Ω 型弹簧排水管适用范围：原则上在渗漏水较集中处铺设，施工中可根据实际漏水情况做适当调整。在地下水较丰富地段，环向的 ϕ50 打孔波纹管纵向间距可适当加密，如图 4-40 所示。

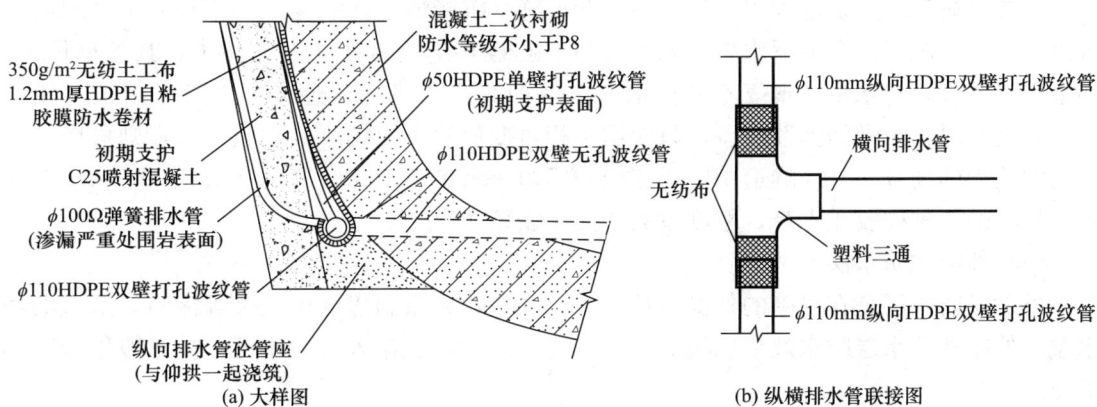

图 4-40　环向 ϕ50HDPE 打孔波纹管固定示意图

3. 渡槽

在隧道衬砌的内表面，每隔一定的距离开凿一道竖向的环形凹槽，如图 4-41 所示。槽的大小依水量而定，槽内填以卵石，槽的外表面仍以混凝土封盖。环槽下端连到预留的水管，通到侧排水沟。地下水从外方流到隧道衬砌的周边，便进入到渡槽，自顶上沿两侧流到槽底，然后经水管排到边沟去。这种排水方式多用于已成隧道漏水较大已无法用其他防水措施解决时，用以整治漏水病害；虽然它可以取得较好效果，但是会削弱衬砌边墙的强度。

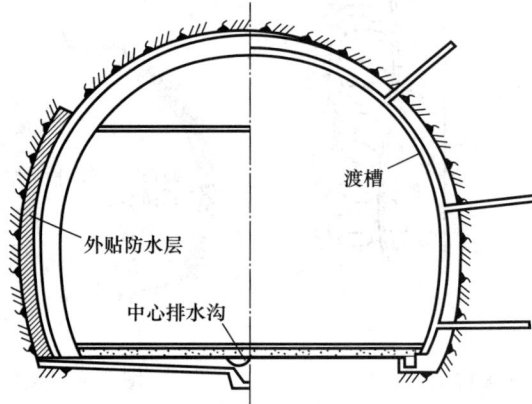

图 4-41　渡槽

4. 防水层

为保证隧道衬砌、通信信号、供电线路和轨道等设备正常使用，隧道衬砌应根据要求采取防水措施。设置防水措施一般有以下几种途径：

（1）注浆

注浆，即压注水泥浆及化学浆液，是指将按一定组合成分配制而成的浆液压入衬砌背后围岩或衬砌与围岩间的空隙中，经凝结，硬化后起到防水和加固的作用。

（2）防水混凝土衬砌

衬砌采用防水混凝土灌筑。防水混凝土是指以调整配合比或掺用外加剂的方法增加混凝土的密实性，以提高混凝土自身抗渗性能的一种混凝土。

（3）衬砌各类缝隙防水

在隧道衬砌的灌筑过程中，施工缝、变形缝（沉降缝、伸缩缝）必须经防水处理后方可进行下阶段施工。在地下水较丰富的地区，衬砌接缝处常用止水带防水，其类型很多，如金属（铜片）止水带、聚氯乙烯止水带以及橡胶止水带等，金属止水带已经很少使用了；聚氯乙烯止水带的弹性较差，只能用于相对变形较小的场所；橡胶止水带则可用于变形幅度较大的场合。水底隧道中广泛使用的钢边止水带，是在两侧镶有 0.6～0.7mm 厚的钢片翼缘的一种橡胶止水带，刚度较高，便于安装。

（4）外贴式防水层

外贴式防水层是在衬砌的外侧粘贴沥青、油毡，或涂刷焦油聚氨酯等涂料，形成的隔水层。外贴式防水层防水效果比较好，但是施作困难，工作人员易中毒，故一般用于明洞的防水。

（5）内贴式防水层

内贴式防水层是在衬砌的内侧施作防水层。一般采用喷水泥砂浆、防水砂浆抹面或喷涂阳离子乳化沥青胶乳等涂料施作内贴式防水层。

（6）复合式衬砌中间防水层

在复合式衬砌的内、外层衬砌之间设防水层，是一种效果良好的防水形式，防水层可以用软聚氯乙烯薄膜、聚异丁烯片、聚乙烯片等防水卷材，或用喷涂乳化沥青等做防水剂，如图 4-42 所示。

图 4-42 HDPE 防水卷材

5. 洞顶防排水

隧道围岩内的水，主要由洞顶地表水补给时，可根据实际情况对地表进行处理，以隔断水源。另外，为防止地表水冲刷仰坡，流入隧道，一般应在洞口边、仰坡上方设置天沟，以便引流地表水。如果隧道设有明洞，那么一定要做好明洞顶的防排水。

6. 洞门排水

洞门的端墙、翼墙和边、仰坡上均应设有相应的排水设施，以便引流地表水。另外在洞口处还应设有洞内、外水沟的衔接过渡设施。

4.6 其他附属结构

4.6.1 隧道的内装

内装在铁路隧道中的应用偏少，而在公路隧道及城市中的地下铁道或其他地下洞室中最为常见，这类洞室为了增加美观、提高能见度、吸收噪声和改善隧道内的环境，内部装饰是必不可少的。

1. 内装

1）内装的作用

包括美化洞室、使衬砌漏水不露出墙面、防尘蚀与烟蚀、隐藏各种管线、提高照明和通风效果、吸收噪声等。

2）内装的材料

他们应具有耐火性，不怕水，不易污染、易清洗、耐刷；便于更换或修复；表面应该光滑、平整和明亮；吸收噪声等。

3）内装的方法

（1）粉刷

洞室内粉刷应根据使用要求，综合考虑防潮、防腐、吸声、保温以及照明、防火等问题。供一般使用的干燥洞室，可不做粉刷；在承受动荷载的洞室顶棚，不应抹灰，以防振塌；对于公路隧道，为增加洞内光线，可用大白浆喷白处理。

（2）装饰材料

装饰材料主要有以下几种：①天然石及人造石：花岗石、大理石等；②金属：钢材、铝合金、不锈钢等；③玻璃及陶瓷：普通玻璃、有机玻璃、钢化玻璃等；④砖类：地砖、缸砖、釉面砖、无釉砖和玻璃砖等；⑤板材：水泥压力板、矿棉板、石膏板、木材和超细玻璃棉板等。

2. 降噪设施

根据洞室的使用要求，当洞室内的噪声级超过允许值时，就应该采取适当的措施加以处理。降低噪声的方法有以下几种：

1）降低声源噪声

（1）选择低噪声设备

尽量用低转速设备代替高转速设备；液压设备代替风动设备；卧式机械代替立式机械；封闭式设备代替开敞式设备等；采用风机时，也要优先考虑使用压头低、转速慢、效率高的通风机，并使风机大多时间在高效点附近工作。

（2）注意在通风管道中所产生的噪声

严格控制风管内及风口的气流速度，以避免风管及风口噪声；尽量避免风管弯头、三通和各种死角引起的涡流所产生的噪声。

2）隔声措施

（1）将产生噪声的设备用罩子封闭起来。

（2）地下建筑设计可以把噪声源控制在一个局部范围内。

（3）对于洞室内由于通风等原因不能对空间进行隔断时，还可以在噪声源周围设立屏障，以取得一定的效果。

3）洞室内吸声处理措施

（1）优先采用对中、高频声吸收有效的材料，如纤维板、微孔砖、膨胀珍珠岩制品、矿棉、玻璃棉等多孔材料。

（2）将吸声材料布置在最容易接触声波和反射次数最多的表面。

目前地下建筑中最常采用于墙、顶面上的吸声处理措施有两种：一种是在墙面铺贴或涂刷多孔吸声材料，另外也可采用薄板共振吸声或穿孔板空腔吸声处理。

3. 顶棚

顶棚的反射率对提高照明效果有利，经过顶棚的反射光使路面产生二次反射，能明显的增加路面亮度。顶棚用漫反射材料可以避免产生眩光，其颜色的明亮程度直接影响到路面亮度，所以应该是浅色的，但是又应有别于墙面，在色调和饱和度上可以有所不同。

顶棚是背景的一部分，特别是在有坡度处和变坡点附近对识别障碍物和察觉隧道内异常现象颇有帮助。

美国在改造早期修建的旧隧道时，为了提高隧道内的亮度水平，曾在顶棚上用瓷砖镶面。其结果是一方面产生严重的闪烁现象，另一方面顶棚很快变脏，清洗工作又很不方便。由于脏的过程很快，所以不能获得稳定的反射亮度，这是需要今后进一步探索的问题。

顶棚可以美化隧道，特别是与整齐排列的灯具相互衬托，更可以起到美化的效果，并有明显的诱导作用。

根据实际需要可以把顶棚做成平顶或者拱顶。在自然通风或诱导通风时，可以用拱顶。在半横向或横向通风时可以用平顶。顶棚以上可以作为通风道和供管理人员使用的通道。

4. 路面

隧道内路面应具有足够强度和耐久性。对于公路路面有以下特殊要求：

1）路面材料应具有抵御水的冲刷和含有化学物质的水的侵蚀的能力。尤其地下水可能为承压水时，更为突出。路面的坡度应能迅速排除清洗用水。

2）因为车辆在隧道内的减速及制动次数较高，横向抗滑要求更高，以确保车体横向稳定。

3）容易修补。

4）路面漫反射率高，颜色明亮，才能获得良好的照明效果。路面作为发现障碍物的背景，比墙面和顶棚有更大的、更关键性的作用。

路面材料主要有两种，即混凝土和沥青混凝土。由于混凝土的反射率较沥青混凝土路面高，横向抗滑性好，是过去广泛使用的材料。其最大缺点是产生裂缝时不容易修补，更换时要停止交通。在高寒地区还要受到防滑链的损害，必须考虑设置磨耗层。沥青路面的反射率较低，为了改善路面亮度，需要在面层加入石英和铝的混合物，有的加入浅色石子和氧化钛做填充料。

路面与车道分隔线等交通标志之间应保证有明显的亮度对比和鲜明的颜色对比。隧道内的路基应具有足够的承载力，尤其是在有丰富地下水的条件下也能满足要求，这就要求有良好的排水设施。衬砌背后应设置盲沟和导水管，在车道板下面铺设透水性好的路基材料，必要时设置仰拱。在确定隧道纵坡时保证排水沟排水顺畅，保证路面有1%～1.5%的横坡等。

4.6.2　避车系统

重载铁路隧道、设计速度小于或等于160km/h的客货共线铁路隧道，应设置大避车洞和小避车洞。对全封闭、实施大机养护、采用综合维修线路上的隧道及隧道特殊衬砌结构地段，可不设置小避车洞。避车洞应交错设置在隧道两侧边墙上，大避车洞之间设置小避车洞，其间距和尺寸应符合表4-12的规定。

1）隧道长度为300～400m时，可在隧道中部设一个大避车洞；长度小于300m时，可不设大避车洞。

2）洞口紧接桥或路堑，当桥上无避车台、路堑侧沟无平台时，应与隧道一并考虑布置避车洞。

3）设计速度为160km/h的隧道内，避车洞内应沿洞壁设置高1.2m的钢制扶手。

避车洞的间距和尺寸（m）　　　　　　　　　　　　　表 4-12

名称	一侧间距		尺寸		
			宽度	深度	中心高度
大避车洞	有砟轨道	300	4.0	2.5	2.8
	无砟轨道	420			
小避车洞	有砟轨道	60	2.0	1.0	2.2
	无砟轨道				

注：双线隧道小避车洞每侧间距按30m设置。

1. 大避车洞

设置大避车洞的主要目的是停放线路工作小车或堆放一些必要的材料和工具。大避车洞的净空尺寸为：宽 4m，凹入边墙深 2.5m，中心高 2.8m。在碎石道床的隧道内，每侧相隔 300m 布置一个大避车洞，在混凝土宽枕道床或整体道床的隧道内，因人员躲避行车较方便，且线路维修工作量较小，需每侧相隔 420m 布置一个大避车洞。

2. 小避车洞

设置小避车洞的主要目的是人员待避。小避车洞的净空尺寸为：宽 2m，凹入边墙深 1m，中心高 2.2m，如图 4-43 所示。无论是在碎石道床，还是在整体道床的隧道内，每侧边墙上应在大避车洞之间间隔 60m（双线隧道按 30m）布置一个小避车洞。如隧道邻近有农村市镇，或曲线半径小，视距较短时，小避车洞可适当加密。

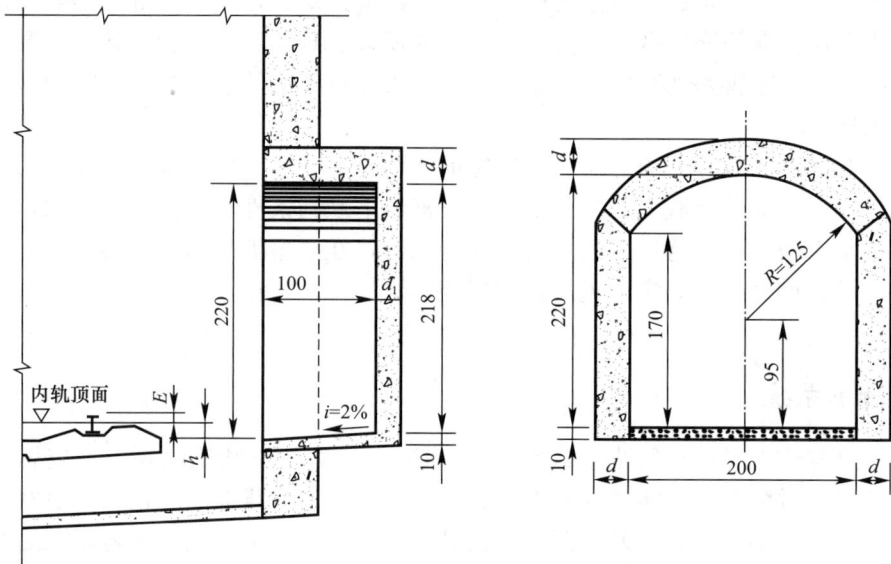

图 4-43　小避车洞（cm）

大、小避车洞应在隧道全长范围内，在两侧边墙上交错设置，大、小避车洞平面布置的方法如图 4-44 所示。

3. 避车洞的建筑要求

为了使避车洞与隧道衬砌整体联结，避车洞应用与衬砌同级混凝土并与衬砌同时修筑。由于避车洞的修建使得衬砌构造变为复杂，所以避车洞不宜设在衬砌的伸缩缝或沉降缝的断面上，也不宜设在衬砌断面变化的衔接处。避车洞的底面应与道床、人行道或侧水沟的盖板面等高齐平，以使行人、小车等躲避火车，避免事故发生。

4.6.3　通风与照明

为了保证隧道与地下结构能够正常使用，确保车辆安全通过，除了安全避让设备、防排水设备和电力及通信信号的安放设备外，隧道内还应安装通风和照明设施。

1. 通风

1）污染的形成

（1）施工期间：爆破、施工设备、瓦斯。

(a) 正面图

(b) 平面图

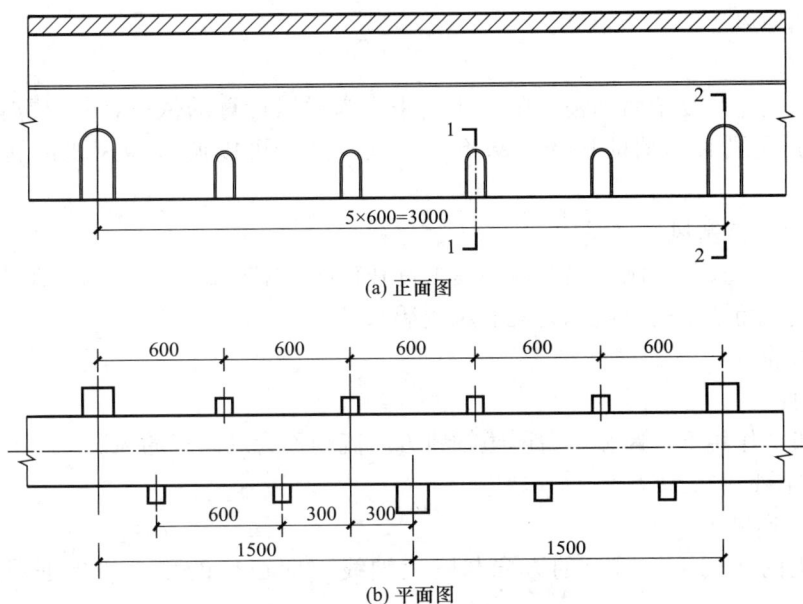

图 4-44　大、小避车洞平面布置（cm）

（2）公路隧道或内燃机铁路隧道运营期间：车辆排放出的废气、CO 和烟雾。

（3）隧道内的突发事件：火灾、消防、交通混乱。

2）改善隧道内污染的途径

（1）消除污染源：改造汽车（公路隧道）、电力牵引（铁路隧道）。

（2）滤毒滤烟设备，还原被污染空气。

（3）将污染空气稀释到容许浓度值以下。

（4）突发事件应急措施研究、隧道结构研究、路面结构研究。

3）隧道通风设计要考虑的主要问题

（1）空气中有害物质的容许浓度：人的忍受程度、行车安全视距。

（2）需风量计算：考虑交通量、排放量。

（3）通风方式及通风设备选择：经济性和耐久性。

4）隧道通风方式

隧道运营期间洞内通风根据成因不同大致分为自然通风和机械通风，如图 4-45 所示。

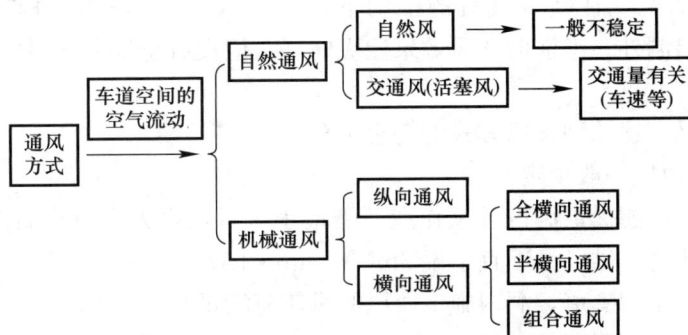

图 4-45　隧道通风方式

（1）自然通风

① 自然风

自然风的变化是复杂而不稳定的，用它来作为通风计算的依据，其可靠性自然很差；但是作为机械通风时的辅助作用，却不应忽视，至少可以调节通风机的转数，有利于节能。

② 交通风（活塞风）

隧道是一个狭长的孔洞，当车辆在其中行驶犹如活塞在缸体里运动，在此过程中带动洞内的空气流动而产生的风被称为交通风或活塞风。

（2）机械通风

① 纵向通风

在通风机的作用下，风流沿着隧道轴线方向流动称为纵向式通风。

② 横向通风

a. 全横向通风

在通风机的作用下，风流的方向与隧道轴线方向正交的称为横向通风，如图 4-46 所示。

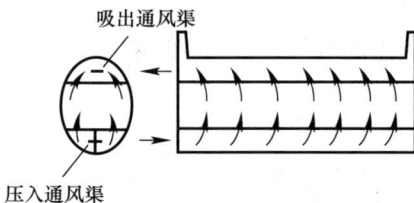

图 4-46　全横向通风

在隧道的截面内让出一部分面积，做成沿洞身轴线的通风渠。通风机送入的新鲜空气首先送入压入通风渠，并沿着通风渠流到隧道全长范围内。压入通风渠设有系列的出风口，把新鲜空气以均匀的间隔吹到隧道中去，而隧道内的污浊空气则从吸出通风渠的系列进风口吸出洞外。横向通风系统能将新鲜空气沿隧道全长范围内均匀吹入，而污浊气体无需沿隧道全长范围流过，就地直接被进风口吸出。所以通风效果较好，只是它占用了隧道的净空面积，结构上也较费事。在公路隧道中使用最相宜。

b. 半横向通风

半横向通风系统的工作原理如图 4-47 所示，这种通风系统是在隧道的顶部设置进风管，并在进风管的下部，沿隧道的长度方向每隔一定距离开一通风口，气流则沿通风口流向隧道内，然后隧道内的空气在新鲜气流的推动下，沿隧道的纵向排出洞外。半横向通风效果比纵向好，但没有全横向通风能力强。

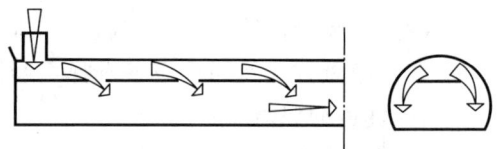

图 4-47　半横向通风

c. 组合通风

组合式通风是上述几种通风方式的任意组合。

5）铁路隧道通风一般规定

隧道施工通风应能提供洞内各项作业所需最小风量，每人应供应新鲜空气 $3m^3/min$，采用内燃机械作业时，供风量不宜小于 $3m^3/(min \cdot kW)$。

（1）钻爆法施工的隧道，洞内施工通风的风速应满足：

① 全断面开挖时不应小于 0.15m/s，分部开挖时不应小于 0.25m/s。

② 瓦斯隧道的微瓦斯、低瓦斯工区不应小于 0.25m/s，高瓦斯工区、瓦斯突出工区

最低风速宜适当加大。

③ 瓦斯易于积聚处应实施局部通风，消除瓦斯积聚的风速不应小于1m/s。

（2）掘进机隧道施工通风，工作面的风量应满足排尘风速要求及掘进机组设备散热、冷却、人员舒适度要求，如图4-48所示，并不低于掘进机后配套设计风量，设计最低风速不低于0.5m/s。

（3）运营通风设计应根据牵引种类、隧道长度、线路平面与纵断面、道床类型、行车速度和密度、气象条件及两端洞口地形条件等因素综合确定，并符合下列规定：

① 电力机车牵引，长度大于20km的高速铁路隧道及长度大于15km的货运专线、客货共线铁路隧道应设置机械通风。

② 内燃机车牵引，长度大于2km的铁路隧道宜设置机械通风。

③ 有特殊要求的铁路隧道应设置机械通风。

（4）隧道防灾通风应与防灾疏散救援工程及应急疏散方案紧密结合，根据疏散点位置、人员疏散路线及疏散方向进行防排烟气流组织设计。

（5）瓦斯隧道运营期间，当瓦斯涌出浓度达到0.4%时，应启动风机进行定时通风，保证隧道内瓦斯浓度不大于0.5%；当瓦斯浓度降到0.3%以下时，可停止通风。

2. 照明

铁路隧道应根据需要设置正常照明、应急照明及照明插座箱等，并应符合下列规定：

1）设计速度160km/h及以下的客货共线铁路、货运专线铁路隧道，长度3000m及以上的可设置正常照明。

2）高速铁路、城际铁路、设计速度200km/h的客货共线铁路隧道，长度500m及以上的应设置正常照明，如图4-49所示。

图4-48 隧道通风　　　　　　　　　　图4-49 隧道照明

3）5000m及以上或设有紧急出口的隧道应设置应急照明和疏散指示标志。

4）长度500m以下的隧道可根据需要设置照明插座箱，设有正常照明的隧道可同时设置照明插座箱。

5）隧道照明应采用高效率、防腐蚀、防潮、防振、抗风压的灯具，其防护等级不宜低于《外壳防护等级（IP代码）》GB/T 4208—2017的IP65级。其中，时速200km以上铁路隧道的照明灯具，还应选用通过风洞效应测试的隧道灯具。

6）在可能有瓦斯泄出的隧道内，照明灯具应具有防爆性能。

7）隧道内照明设备布置严禁侵入铁路建筑限界，且不应妨碍司机对信号的瞭望。具体照明设置尚应符合相关国家标准的规定。

4.6.4　防灾疏散救援

1) 通行旅客列车的隧道应进行防灾疏散救援工程设计。

2) 防灾疏散救援工程设计应遵循以人为本、自救为主、安全疏散、方便救援的原则。

3) 防灾疏散救援工程设计应根据隧道（群）长度、结构形式、施工辅助坑道条件等，设置紧急出口、避难所、紧急救援站等疏散救援设施，并根据需要设置防灾通风、应急照明、供电、应急通信消防等配套设施。

4) 防灾疏散救援工程的设计应包括以下主要内容：

(1) 总体设计方案，确定防灾疏散救援工程设置形式、规模和数量。

(2) 确定土建工程的技术参数：疏散通道尺寸、横通道的间距、断面尺寸、紧急救援站、紧急出口、避难所、防护门等相关技术参数。

(3) 与疏散救援设施配套的通风、应急照明、供电、应急通信、设备监控、消防等设备系统设计。

(4) 疏散救援设施及设备的接口设计。

(5) 应急预案。

思考题

1. 整体衬砌、复合式及喷锚衬砌各自有什么特点？
2. 洞门有哪些形式，各适用于什么地质条件？
3. 明洞基础和顶土需要满足什么条件？
4. 在什么情况下隧道施工要考虑采用斜井和竖井？
5. 水对隧道的危害有哪些？
6. 如何做好隧道的防水与排水？

第 5 章　隧道工程结构设计与计算

隧道结构是不同于地面结构的建筑物，作用在这些结构物上的荷载也不同于地面建筑。隧道结构是由周边围岩和支护结构两者组成共同的，并相互作用的结构体系。各种围岩都是具有不同程度自稳能力的介质，即周边围岩在很大程度上是隧道结构承载的主体，对其承载能力必须加以充分利用，隧道衬砌的设计计算必须结合围岩自承能力。隧道衬砌除必须有足够的净空外，还要求有足够的强度，以保证在使用寿限内结构物有可靠的安全度，对不同型式的衬砌结构物应该用不同的方法进行强度计算。

5.1　隧道衬砌荷载

围岩压力与结构自重力是隧道结构计算的基本荷载，对于明洞及明挖法施工的隧道，填土压力与结构自重力是结构的主要荷载。《铁路隧道设计规范》TB 10003—2016 中在对隧道结构进行计算时列出了荷载类型，并按其可能出现的最不利组合考虑，如表 5-1 所示。由于

荷 载 分 类　　　　　　　　　　　　　　　　　　表 5-1

荷载分类			荷载名称
永久荷载	主要荷载	恒载	结构自重
			结构附加恒载（包括设备荷载）
			围岩（地层）压力
			土压力
			浅埋隧道上部及破坏棱体范围内的设施及建筑物荷载
			混凝土收缩和徐变的影响
			静水压力及浮力
			基础变位影响力
可变荷载		活载	与隧道立交的铁路列车荷载及其动力作用
			与隧道立交的公路车辆荷载及其动力作用
			隧道内列车荷载及其制动力
			渡槽流水压力（设计渡槽明洞时）
	附加荷载		隧道内列车冲击力
			温度变化的影响
			灌浆压力
			冻胀力
			风荷载
			雪荷载
			气动力
	特殊荷载		施工荷载（施工阶段的某些外加力）

荷载分类		荷载名称
偶然荷载	附加荷载	落石冲击力
	特殊荷载	人防荷载
		地震荷载
		沉船、抛锚或疏浚河道产生的撞击力

注：1. 围岩弹性抗力不作为设计荷载。
　　2. 当围岩为膨胀岩（土）时，应考虑所处水环境变化产生的膨胀力。
　　3. 其他未列荷载，应根据其对隧道结构的影响特征考虑。

隧道设计中贯彻了"早进晚出"的原则，洞口接长明洞的边坡都做得很高，加之落石多为滚滑、跳跃落下，直接砸落在明洞上者极少。而当遇有大量落石和堕落高度较大的石块，可设法避开或者采取清除危石加固坡面等措施，故一般情况下落石冲击力可不考虑。

当有落石危害须检算冲击力时，则只计洞顶实际填土重力（不包括坍方堆积土石重力）和落石冲击力的影响。对于落石冲击力的计算，目前研究还不深入，实测资料也很少，故对其计算未做规定，具体设计时可通过现场量测或有关计算验证。

作用在衬砌上的荷载，按其性质也可以分为主动荷载与被动荷载。主动荷载是主动作用于结构、并引起结构变形的荷载；被动荷载是因结构变形压缩围岩而引起的围岩被动抵抗力，即弹性抗力，它对结构变形起限制作用。

主动荷载包括主要荷载（指长期及经常作用的荷载，有围岩压力、回填土荷载、衬砌自重、地下静水压力等）和附加荷载（指非经常作用的荷载，有灌浆压力、冻胀压力、混凝土收缩应力、温差应力以及地震作用等）。计算荷载应根据这两类荷载同时存在的可能性进行组合，在一般情况下可仅按主要荷载进行计算；特殊情况下才进行必要的组合，并选用相应的安全系数检算结构强度。

被动荷载主要指围岩的弹性抗力，它只产生在被衬砌压缩的那部分周边上，其分布范围和图式一般可按工程类比法假定，通常可作简化处理。

作用在支护结构上的主动荷载（作用），其中最重要的是围岩的松动压力，支护结构自重可按预先拟定的结构尺寸和材料重度计算确定。在含水地层中，静水压力可按最低水位考虑，因静水压力使支护结构中的轴力加大，对抗弯性能差的混凝土支护结构来说，相当于改善了它的受力状态，故应按不利情况考虑。在没有仰拱的支护结构中，车辆活载直接传给地层。当在有仰供的支护结构中，仰拱一般要迟作一段时间．因而车辆活载对支护结构上部的影响不大，据文献记载：车辆活载引起拱顶最大拉应力为 0.39MPa，边墙内表面最大剪应力为 0.49MPa，一般可略去不计。

采用概率极限状态法设计隧道结构时，隧道结构的作用应根据不同的极限状态和设计状况进行组合。一般情况可按作用的基本组合进行设计，即结构自重＋围岩压力或土压力。

采用破损阶段法或容许应力法设计隧道结构时，计算荷载应根据表 5-1 所列的荷载同时存在并就其最不利组合的情况计算。一般来说，按基本组合（仅考虑主要荷载）进行计算最有意义。只有在特殊情况（如 7 级以上地震区、严寒地区冻胀性土壤的洞口段衬砌）才有必要按特殊组合（主要荷载＋附加荷载）来验算，此时可采用较低的安全系数。

设计山岭公路和铁路隧道建筑物时，一般不需考虑列车活载及公路车辆活载，只有当隧道结构构件承受公路车辆活载及列车活载才按有关规定进行计算。

5.2 隧道结构设计模型与计算方法

5.2.1 隧道结构设计模型

1. 隧道衬砌结构受力变形特点

隧道衬砌在围岩压力作用下产生变形，如图 5-1 所示。在隧道拱顶，其变形背向围岩，不受围岩的约束而自由地变形，这个区域称为"脱离区"；而在隧道的两侧及底部，结构产生朝向围岩的变形，受到围岩的约束作用，因而围岩对隧道衬砌结构产生了约束反力（弹性抗力），这个区域称为"抗力区"。由此可见，围岩对隧道衬砌结构的变形起双重作用：既产生主动围岩压力使衬砌结构变形，又产生被动的抗力阻止衬砌结构变形。这种效应的前提条件是围岩与隧道衬砌必须全面紧密地接触。而实际的接触状态是相当复杂的，受到围岩性质、施工方法、衬砌类型等因素的影响。为了便于计算，一般予以简化，即假定衬砌结构与围岩是全面紧密地接触的。

对于主动荷载加围岩弹性约束类模型，除了上述的主动荷载外，尚需解决围岩的弹性抗力问题。正如上面所述，所谓弹性抗力就是指由于支护结构发生向围岩方向的变形而引起的围岩的被动抵抗力。在围岩上引起的弹性抗力的大小，目前常用以温克列尔（Winkler）假定为基础的局部变形理论来确定。它认为应力（σ_i）和变形（δ_i）之间呈直线关系，即 $\sigma_i = k\delta_i$，k 为围岩弹性抗力系数，如图 5-2（a）所示。这一假定相当于认为围岩是一组各自独立的弹簧，每个弹簧表示一个小岩柱。虽然实际的弹性体变形是互相影响的，施加于一点的荷载会引起整个弹性体表面的变形，即共同变形，如图 5-2（b）所示，但温克列尔假定能反映出衬砌的应力与变形的关系，且计算简便实用，可以满足工程设计的需要。应当指出，弹性抗力系数 k 并非常数，它取决于很多因素，如围岩的性质、衬砌的形状和尺寸，以及荷载类型等。不过对于深埋隧道，k 可以视为常数。

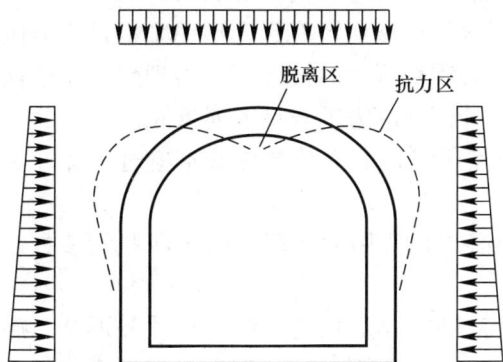

图 5-1 隧道衬砌结构受力变形图

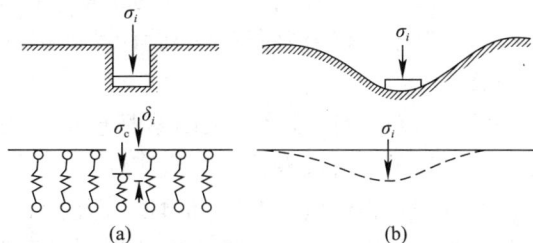

图 5-2 整体变形和局部变形示意图

共同变形理论把围岩视为弹性半无限体，考虑相邻质点之间变形的相互影响。它用纵向变形系数 E 和横向变形系数 μ 表示地层特征，并考虑黏结力 c 和内摩擦角 φ 的影响。但这种方法所需围岩物理力学参数较多，而且计算颇为繁杂，计算模型也有严重缺陷，另外还假定了施工过程中对围岩不产生扰动等，这更是与实际情况不符，因而我国很少采用。

弹性抗力的大小和分布形态取决于支护结构的变形，而支护结构的变形又和弹性抗力有关，所以，按主动荷载加围岩弹性约束类模型计算支护结构的内力是个非线性问题，必须采用迭代解法或某些线性化的假定，例如，假设弹性抗力的分布形状为已知，或采用弹性地基梁的理论，或用弹性支承代替弹性抗力等。于是，支护结构内力分析的问题就变成了通常的超静定结构求解问题。

2. 隧道结构体系计算模型建立的原则

对于均匀介质中的圆形隧道，当它处于平面轴对称状态时，我们将围岩与支护结构的相互作用问题抽象为支护需求曲线和支护补给曲线的收敛-约束关系，从而求出围岩与支护结构达到平衡时的支护阻力，有了这个值就可以计算出围岩和支护结构的应力状态。由此可以看出，即使对于如此理想的问题，也需要事先将研究对象的几何形状、初始应力状态、开挖和支护过程、岩体和支护结构的物理力学特性等条件转换为数学力学模型，然后运用数学力学方法求出模型，作为设计标准的特征值（如应力、位移或极限荷载等）。

一个理想的隧道工程的数学力学模型应能反映下列问题：

1）必须能描述有裂隙和破坏带，以及由于开挖面形状变化所形成的三维几何形状。

2）对围岩的地质状况和初始应力场，不仅要能说明当时的状态，而且还要包括将来可能出现的状态。

3）应包括对围岩应力重分布有影响的岩石和支护材料的非线性特性，而且还要能准确地测定出反映这些特性的参数。

4）如果要知道所设计的支护结构和开挖方法能否获得成功，即想评估其安全度，则必须将围岩、锚杆和混凝土等材料的局部破坏和整体失稳的判断条件纳入模型中。当然，条件必须满足现行设计规范的有关规定。

5）要经得起实际的检验，这种检验不能只是偶然巧合，而是需要保证系统的一致性。

这样的理想模型对于科学研究是十分必要的，因为只有准确地模拟围岩性质和施工过程，才能更好地了解围岩与支护结构的实际工作状态，做出符合实际的决策。然而这种理想模型的参数太多又不易精确测定，将各种影响因素都机械地转换到模型中来也是十分困难的。因此，理想模型还不宜直接用于设计实践，必须在可能的情况下，由理想模型推演出一些较简单的计算模型，或称为工程师模型。这种模型应力求满足下列条件：

1）应能体现经济而安全的设计，即按这种模型所设计的支护结构既不应过于保守也不应冒险。

2）应该尽可能地将有关因素都包括进去，但必须是实用的，即模型所涉及的参数都是能够决定的，并具有公认的真实性。

3）应具有普通应用的可能性，即能用于较大范围的地质状况、洞室尺寸和形状、施工程序和支护类型。而且还必须认识到模型都有它本身的局限性，事实上没有一个模型是普遍适用的。

4）必须对照试验和实例正确地对模型进行标定，而这些试验和实例必须具有代表性。

一般来说根据模型所得的计算结果和实地量测值是不会完全一致的，大部分情况下都是计算值偏小，这是因为模型都在偏于安全方面做了简化。即使量测结果证实了计算结果偏小，也未必就意味着按模型所设计的支护结构会遭到破坏，因为有些模型有意地略去了一些次要因素，如温度影响等，而这些次要因素在结构进入极限状态后会自动消失。这一切都说明，在设计实践中我们不是验算"实际"情况，而是验算在力学上基本能代表实际情况的模型，当然，这个模型必须是经过实际检验的。

理论分析必须依赖事先建立的模型，经验设计也是建立在力学模型基础上的，即便那模型很含糊或仅属一种暗示。

3. 隧道结构体系的计算模型类型

国内工程界对地下结构的设计较为注重理论计算，除了确有经验可供类比的一些工程外，在地下结构的设计过程中一般都要进行受力计算分析。各种设计模型或方法各有其适用的场合，也各有其自身的局限性。由于地下结构的设计受到各种复杂因素的影响，即使内力分析采用了比较严密的理论，其计算结果往往也需要通过经验类比来加以判断和补充。以测试为主的实用设计方法为现场人员所接受，因为它能提供直观的材料，以便更确切地估计地层和地下结构的稳定性和安全程度。理论计算方法可用于进行无经验可循的新型工程设计，因而基于结构力学模型和连续介质力学模型的计算理论成为一种特定的计算手段为人们所重视。当然，工程技术人员在设计地下结构时往往要同时进行多种设计方法的比较，以做出较为经济合理的设计。

国际隧道协会在 1987 年成立了隧道结构设计模型研究组，收集和汇总了各会员国目前采用的地下结构设计方法，经过总结，国际隧道协会认为，目前采用的地下结构设计方法可以归纳为以下四种设计模型：

1）以参照过去隧道工程实践经验进行工程类比为主的经验设计法。

2）以现场量测和试验室试验为主的实用设计方法，例如以洞周位移量测值为根据的收敛-约束法。

3）作用与反作用模型，即荷载-结构模型，例如弹性地基圆环计算和弹性地基框架计算等计算法。

4）连续介质模型，包括解析法和数值法，数值法目前主要是有限单元法。

各种设计模型或方法各有其适用的场合，也各有自身的局限性。由于地下结构的设计受到各种复杂因素的影响，因此经验设计法往往占据一定的位置。即使内力分析采用了比较严密的理论，其计算结果往往也需要通过经验类比来加以判断和补充。以测试为主的实用设计方法常为现场人员所欢迎，因为它能提供直接的材料，以更确切地估计地层和地下结构的稳定性和安全程度。理论计算法可用于进行无经验可循的新型工程设计，因而基于作用与反作用模型和连续介质模型的计算理论成为一种特定的计算手段日益为人们所重视。当然，工程技术人员在设计地下结构时，往往要同时进行多种设计方法的比较，以做出较为经济合理的设计。

从各国的地下结构设计实践来看，目前在设计隧道的结构体系时，主要采用两类计算模型；第一类模型是以支护结构作为承载主体，围岩作为荷载主要来源，同时考虑其对支护结构的变形起约束作用；第二类模型则相反，是以围岩为承载主体，支护结构则约束和限制围岩向隧道内变形。

第一类模型又称为传统的结构力学模型。它将支护结构和围岩分开来考虑，支护结构是承载主体，围岩作为荷载的来源和支护结构的弹性支承，故又可称为荷载-结构模型（图 5-3a）。在这类模型中隧道支护结构与围岩的相互作用是通过弹性支承对支护结构施加约束来体现的，而围岩的承载能力则在确定围岩压力和弹性支承的约束力时间接地考虑。围岩的承载能力越高，它给予支护结构的压力越小，弹性支承约束支护结构变形的抗力越大，相对来说，支护结构所起的作用就变小了。

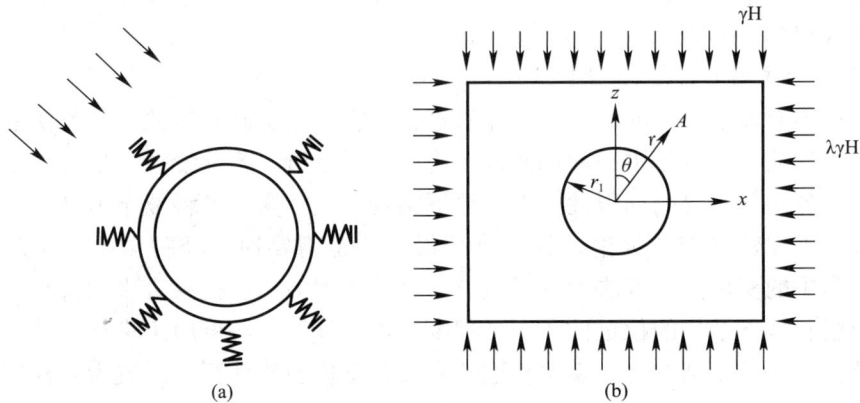

图 5-3　隧道计算模型

　　这一类计算模型主要适用于围岩因过分变形而发生松弛和崩塌，支护结构主动承担围岩松动压力的情况。所以说，利用这类模型进行隧道支护结构设计的关键问题，是如何确定作用在支护结构上的主动荷载。其中最主要的是围岩所产生的松动压力，以及弹性支承作用于支护结构的弹性抗力。一旦这两个问题解决了，剩下的就只是运用普通结构力学方法求出超静定体系的内力和位移了。由于这个模型概念清晰，计算简便，易于被工程师们所接受，故至今仍然通用，尤其是对模筑衬砌。

　　属于这一类模型的计算方法有：弹性连续框架（台拱形）法、假定抗力法和弹性地基梁（含曲梁和圆环）法等。当软弱地层对结构变形的约束能力较差时（或衬砌与地层间的空隙回填、灌浆不密实时），地下结构内力计算常用弹性连续框架法，反之，可用假定抗力法或弹性地基法。弹性连续框架法即为进行地面结构内力计算时的力法与变形法，假定抗力法和弹性地基梁法已经形成了一些经典计算方法。按所采用的地层变形理论不同，荷载结构法又可区分为两类：局部变形理论计算法和共同变形理论计算法。

　　第二类模型又称为现代的岩体力学模型。它是将支护结构与围岩视为一体，作为共同承载的隧道结构体系，故又称为围岩-结构模型或复合整体模型（图 5-3b）。在这个模型中围岩是直接的承载单元，支护结构只是用来约束和限制围岩的变形，这一点正好和第一类模型相反。复合整体模型是目前隧道结构体系设计中力求采用的或正在发展的模型，因为它符合当前的施工技术水平，采用快速和早强的支护技术可以限制围岩的变形，从而阻止围岩松动压力的产生。在围岩-结构模型中可以考虑各种几何形状、围岩和支护材料的非线性特性、开挖面空间效应所形成的三维状态以及地质中不连续面等。在这个模型中有些问题可以用解析法求解，或用收敛-约束法图解，但绝大部分问题，因数学上的困难必须依赖数值方法，尤其是有限单元法。

　　利用这个模型进行隧道结构体系设计的关键问题，是如何确定围岩的初始应力场以及表示材料非线性特性的各种参数及其变化情况。一旦这些问题解决了，原则上任何场合都可用有限单元法求出围岩与支护结构的应力、位移状态。

5.2.2 隧道结构计算方法

隧道结构体系的计算方法大致有：结构力学方法、岩石力学方法、以围岩分级为基础的经验设计方法、监控设计方法。

1. 结构力学方法

这种方法是以荷载-结构模型为基础的，事实证明，只要在施工过程中不能使支护结构与围岩保持紧密接触，有效地制止周围岩体变形松弛而产生松动压力，隧道的支护结构就应该按荷载-结构模型进行验算。一般来说，按此模型设计的隧道支护结构偏于保守。

2. 岩体力学方法

由于现代隧道施工技术的发展，可在隧道开挖后及时地给围岩以必要的约束，抑制其变形，阻止围岩松弛，不使其因变形过度而产生松动压力。此时，开挖隧道而释放的围岩应变能由围岩和支护结构所组成的结构体系共同承担，隧道结构体系产生应力重新分布而达到新的平衡状态。

在隧道结构体系中，一方面围岩本身由于支护结构提供了一定的支护抗力，从而引起围岩的应力调整，达到新的稳定；另一方面由于支护结构阻止围岩变形，也必然要受到围岩给予的反作用力而发生变形。这种反作用力和围岩的松动压力极不相同，它是支护结构和围岩共同变形过程中对支护施加的压力，故可称为"形变压力"。显然，这种形变压力的大小和分布规律不仅与围岩的特性有关，而且还取决于支护结构的变形特性：刚度。要研究这种情况下围岩的三次应力场和支护结构中的内力和位移，就必须采用整体复合模型（地层-结构模型），其中围岩是主要承载单元，支护结构是镶嵌在围岩孔洞上的加劲环。

目前对于这种模型求解方法有解析法、数值法、特征曲线法三种。

1）解析法

该方法根据所给定的边界条件，对问题的平衡方程、几何方程和物理方程直接求解。这是一个弹塑性力学问题，求解时假定围岩为无限介质，初始应力作用在无穷远处，并假定支护结构与围岩密贴，即其外径与隧道的开挖半径相等，且与开挖同时瞬间完成。由于数学上的困难，现在只能对少数几种问题（例如圆形隧道）给出具体解答。

2）数值法

对于几何形状和围岩初始应力状态都比较复杂的隧道，一般需要采取数值方法，尤其是需要考虑围岩的各种非线性特性时。该方法主要是指有限单元法。有限单元法是把围岩和支护结构都划分为单元，然后根据能量原理建立起整个系统的虚功方程，也称刚度方程，从而求出系统上各节点的位移以及单元的应力。

隧道结构体系有限元分析的一般步骤为：结构体系离散化（包括荷载的离散化）、单元分析（形成单元刚度矩阵）、整体分析（形成总体刚度短阵）、求解刚度方程（求节点位移）、求单元应力。

3）特征曲线法

特征曲线法也称为"收敛-约束"法，它用围岩的支护需求曲线和支护结构的补给曲线来求得达到稳定状态时支护结构的内力。特征曲线法的基本原理是：隧道开挖后，如无支护，围岩必然产生向隧道内的变形（收敛）。施加支护以后，支护结构约束了围岩的变形，此时围岩与支护结构一起共同承受围岩挤向隧道的变形压力。对于围岩而言，它承受

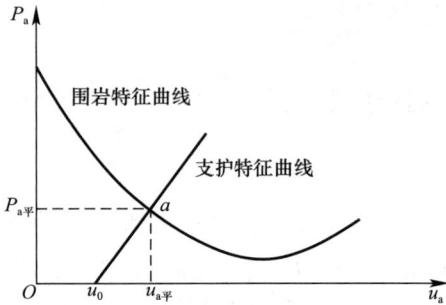

图5-4 支护体系的平衡条件

支护结构的约束力；对支护结构而言，它承受围岩维持变形稳定而给予的压力。当两者处于平衡状态时，隧道就处于稳定状态。所以，特征曲线法就是通过支护结构与隧道围岩的相互作用，求解支护结构在荷载作用下的变形和围岩在支护结构约束下的变形之间的协调平衡，即利用围岩特征曲线与支护结构的特征曲线交会的办法来确定支护体系的最佳平衡条件（图5-4），从而求得为了维持坑道稳定所需的支护阻力，也就是作用在支护结构上的围岩的形变压力，之后，就可按普通结构力学方法计算支护结构内力。

3. 以围岩分级为基础的经验设计方法

在大多数情况下，隧道支护体系还是依赖"经验设计"的，并在实施过程中，依据具体信息加以修改和验证。

经验设计的前提是要正确地对隧道围岩进行分级，然后在分级的基础上编制支护结构系统的基本图示。

4. 监控设计方法

由于地下结构的受力特点极其复杂，自20世纪50年代以来，国际上就开始通过对铁路隧道的量测来监视围岩和支护结构的状态，并应用现场监测结果修改设计、指导施工。近年来，现场量测又与工程地质、力学分析紧密结合，正在逐渐形成一整套监控设计（或称信息设计）的原理与方法。它的特点是能较好地反映隧道开挖后围岩的实际受力和变形状态，使得设计和施工与围岩的实际动态相匹配。尽管这一方法目前还不完善，但无疑会是今后隧道工程设计的发展方向。岩体力学和测试技术的发展以及电子计算机的广泛应用将会进一步促进隧道监控设计方法的完善。

监控设计原理是通过现场监测获得围岩力学动态和支护结构工作状态的信息（数据），再通过必要的力学分析，以修改和确定支护结构系统的设计和施工对策。

监控设计通常包括两个阶段：施工前预设计阶段和修正设计阶段。施工前预设计是在认真研究勘测资料和地质调查成果的基础上，应用工程类比法进行的；修正设计则是根据现场监控量测所得到的信息，进行理论解析与数值分析，对围岩与支护结构的稳定性做出综合判断，得出最终合理的设计参数与施工对策。

监控设计的主要环节包括现场监测、数据处理、信息反馈三个方面。现场监测包括制定监测方案、确定测试内容、选择测试手段、实施监测计划；数据处理包括原始数据的整理、明确数据处理的目的、选择处理方法、提出处理结果；信息反馈包括反馈方法（理论反馈与经验反馈）和反馈的作用（修改设计与指导施工）。

5.3 围岩压力

5.3.1 围岩压力及其分类

1. 围岩压力

围岩压力是指引起地下开挖空间周围岩土体和支护结构变形或破坏的作用力，它包括由地应力引起的围岩应力以及围岩变形受阻而作用在支护结构上的作用力。因此，从广义来理解，围岩压力既包括围岩有支护的情况，也包括围岩无支护的情况，既包括作用在普通的传统支护，如架设的支撑或施作的衬砌上所显示的力学性态，也包括在喷锚和压力灌浆等现代支护结构中所显示的力学性态；从狭义来理解，围岩压力是指围岩作用在支护结构上的压力，在工程中一般研究狭义的围岩压力。

2. 围岩压力分类

围岩压力按作用力发生的形态，一般可分为如下几种类型：

1）松动压力

由于开挖而松动或坍塌的岩体，以重力的形式直接作用在支护结构上的压力称为松动压力。松动压力按作用在支护上的力的位置不同，分为竖向压力和侧向压力。松动压力常通过以下三种情况发生：

（1）在整体稳定的岩体中，可能出现个别松动掉块的岩石。

（2）在松散软弱的岩体中，坑道顶部和两侧边帮冒落。

（3）在节理发育的裂隙岩体中，围岩某些部位沿软弱面发生剪切破坏或拉坏等局部塌落。

2）形变压力

形变压力是由于围岩变形受到与之密贴的支护结构（如喷锚支护等）的抑制，而使围岩与支护结构在共同变形的过程中，围岩对支护结构施加的接触压力。所以形变压力除与围岩应力状态有关外，还与支护时间和支护刚度有关。

3）膨胀压力

当岩体具有吸水、应力解除等膨胀性特征时，由于围岩膨胀所引起的压力称为膨胀压力。它与形变压力的基本区别在于，它是由吸水、应力解除等膨胀引起的。

4）冲击压力

冲击压力是在围岩中积累了大量的弹性变形能以后，由于隧道的开挖，围岩的约束被解除，能量突然释放所产生的压力。

由于冲击压力是岩体能量的积累与释放问题，所以它与高地应力和完整硬岩直接相关。弹性模量较大的岩体，在高地应力作用下，易于积累大量的弹性变形能，此时一旦破坏原始平衡条件，它就会突然猛烈地大量释放。

3. 影响围岩压力的因素

影响围岩压力的因素很多，通常可分为两大类：一类是地质因素，它包括初始应力状态、岩石力学性质、岩体结构面等；另一类是工程因素，它包括施工方法、支护设置时间、支护刚度、坑道形状等。

例如在隧道开挖过程中，由于受到开挖面的约束，使其附近的围岩不能立即释放全部瞬时弹性位移，这种现象称为开挖面的"空间效应"。如在"空间效应"范围（一般为1～1.5倍洞径）内设置支护，就可减少支护前的围岩位移值，所以当采用紧跟开挖面支护的施工方法时，支护时间的迟或早必然大大地影响围岩的稳定和围岩压力的数值。因此，一般宜尽快地施作支护，封闭岩层，待围岩变形基本稳定后再施作二次衬砌，减小二次衬砌的围岩压力。

5.3.2　围岩松动压力的形成和确定方法

1. 围岩松动压力的形成

开挖隧道所引起的围岩松动和破坏的范围有大有小，有的可达地表，有的则影响较小。对于一般裂隙岩体中的深埋隧道，其波及范围仅局限在隧道周围一定深度，所以作用在支护结构上的围岩松动压力远远小于其上覆岩层自重所造成的压力，这可以用围岩的"成拱作用"来解释。下面以水平岩层中开挖一个矩形坑道来说明坑道开挖后围岩由形变到坍塌成拱的整个变形过程，如图 5-5 所示。

1）隧道开挖后，在围岩应力重分布过程中，顶板开始沉陷，并出现拉断裂纹，如图 5-5（a）所示，可视为变形阶段。

2）顶板的裂纹继续发展并且张开，由于结构面切割等原因，逐渐转变为松动，如图 5-5（b）所示，可视为松动阶段。

3）顶板岩体视其强度的不同而逐步塌落，如图 5-5（c）所示，可视为塌落阶段。

4）顶板塌落停止，达到新的平衡，此时其界面形成一近似的拱形，如图 5-5（d）所示，可视为成拱阶段。

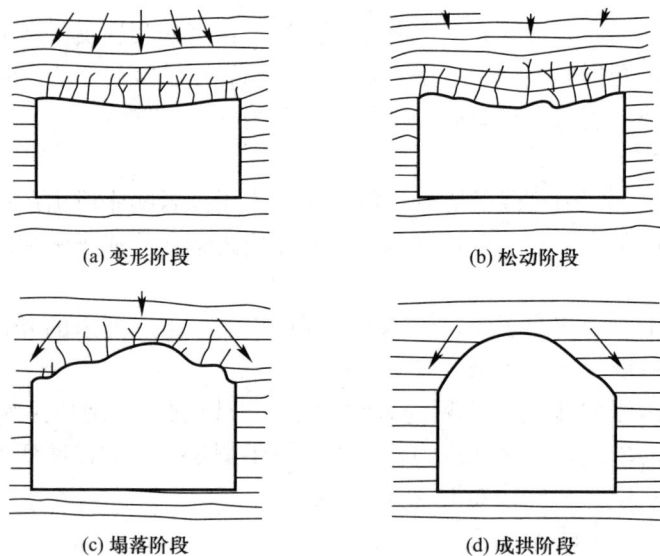

(a) 变形阶段　　　　　　　　　　　(b) 松动阶段

(c) 塌落阶段　　　　　　　　　　　(d) 成拱阶段

图 5-5　松动压力的形成

实践证明，自然拱范围的大小除了受上述的围岩地质条件、支护结构架设时间、刚度，以及它与围岩的接触状态等因素影响，还取决于以下因素：

1）隧道的形状和尺寸。隧道拱圈越平坦，跨度越大，则自然拱越高，围岩的松动压力也越大。

2）隧道的埋深。从实践中得知，只有当隧道埋深超过某一临界值时，才有可能形成自然拱。习惯上，将这种隧道称为深埋隧道，否则称为浅埋隧道。由于浅埋隧道不能形成自然拱，所以它的围岩压力的大小与埋置深度直接相关。

3）施工因素。如爆破的影响，爆破所产生的震动常常是引起塌方的重要原因之一，会造成围岩压力过大；又如分部开挖多次扰动围岩，也会引起围岩失稳，加大自然拱范围。

2. 围岩松动压力的确定方法

围岩松动压力的确定目前常有以下三种方法：

1）直接量测法

直接量测法是一种切合实际的方法，对隧道工程而言，也是研究的方向，但由于受量测设备和技术水平的制约，目前还不能普遍采用。

2）经验法或工程类比法

此方法是根据大量以前工程的实际资料进行统计和总结，按不同围岩分级提出围岩压力的经验数值，作为后建隧道工程确定围岩压力的依据的方法，这是目前使用较多的方法。

3）理论估算法

理论估算法是在实践的基础上从理论上研究围岩压力的方法。由于地质条件的不确定性，影响围岩压力的因素多，试图建立一种完备和适合各种实际情况的通用围岩压力理论估算法是非常困难的。

5.3.3　围岩压力计算方法

1. 隧道深浅埋判定

如何确定深埋与浅埋，目前很难从理论上给出答案。一般认为，浅埋和深埋隧道的分界可按荷载等效高度值，结合地质条件、施工方法等因素综合判定。按荷载等效高度的判定可按式（5-1）和式（5-2）计算。当地表水平或接近水平，且隧道覆盖厚度 H 小于 H_P 要求时，应按浅埋隧道设计；当隧道覆盖厚度 H 大于或等于 H_P 时属于深埋隧道。

$$H_P = (2 \sim 2.5) h_q \tag{5-1}$$

$$h_q = \frac{q}{\gamma} \tag{5-2}$$

式中　H_P——隧道拱顶以上覆盖层厚度（m）；

h_q——深埋隧道垂直荷载计算高度（m）；

q——深埋隧道均布竖向压力（kN/m^3），按式（5-5）计算；

γ——围岩的重度（kN/m^3）。

在钻爆法或浅埋暗挖法施工的条件下，Ⅳ～Ⅵ级围岩取 2.5 的系数，式（5-1）可写为式（5-3）。

$$H_P = 2.5 h_q \tag{5-3}$$

Ⅰ～Ⅲ级围岩取 2.0 的系数，式（5-1）可写为式（5-4）。

$$H_P = 2 h_q \tag{5-4}$$

2. 深埋隧道围岩压力计算方法

1）我国《铁路隧道设计规范》TB 10003—2016 所推荐的方法

根据以往铁路隧道的坍方资料统计所反映的围岩松动范围的大小，对坍方资料进行统计分析，从而获得围岩松动压力的经验估算公式。当然，坍方资料的背景不同或统计分析的前提假定不同，所得经验公式也不同。例如，对于在不产生显著偏压力及膨胀性压力的围岩中用钻爆法开挖的、高跨比小于 1.7 的隧道，经过对 417 个坍方数据库的统计与回归，可以得到铁路双线隧道围岩竖向均布松动压力的计算表达式（式 5-5）。

$$q = \gamma h_1 \tag{5-5}$$

式中　q——均布竖向压力（kN/m^2）；

$\quad\quad\gamma$——围岩的重度（kN/m^3）；

$\quad\quad h_1$——围岩压力计算高度（m），其取值为 $h_1 = 0.45 \times 2^{s-1}\omega$；

$\quad\quad s$——围岩级别；

$\quad\quad\omega$——宽度影响系数，即 $\omega = 1 + i(B-5)$；

$\quad\quad i$——洞室宽度 B 每增减 1m 时的围岩压力增减率，当 $B<5m$ 时，取 $i=0.2$；当 $B>5m$ 时，取 $i=0.1$。

上述公式适用于采用破损阶段法或容许应力法设计的隧道衬砌结构计算，当采用概率极限状态法设计隧道时，深埋单线隧道围岩竖向均布松动压力可按式（5-6）计算。

对单线隧道：$\quad\quad\quad\quad h_1 = 0.41 \times 1.79^s \tag{5-6}$

这是根据全国 1046 座铁路隧道得出的经验公式。

围岩水平均布压力计算公式如表 5-2 所示，不过该表只适用于不产生显著偏压及膨胀力的一般围岩。

围岩水平均布压力计算公式　　　　　　　　　　　　　表 5-2

围岩级别	Ⅰ、Ⅱ	Ⅲ	Ⅳ	Ⅴ	Ⅵ
水平均布压力	0	$<0.15q$	$(0.15\sim0.30)q$	$(0.30\sim0.50)q$	$(0.50\sim1.00)q$

2）普氏理论

普氏理论又称为自然平衡拱理论，是由俄罗斯学者普罗托奇雅柯诺夫于 1907 年提出的。他假定洞室周围岩体为散粒体，洞室开挖后，洞顶有一部分岩石将因松动而坍落，坍落到一定程度又进入新的平衡状态，形成一自然平衡拱（压力拱）。这块拱形坍落体作用在支护物上形成围岩压力。

（1）洞室开挖后，其上方会形成一个抛物线型的平衡压力拱，作用在支护结构上的围岩压力就是自然平衡拱与支护结构之间的松动岩体的重力，而与拱外围岩及洞室埋深无关。

（2）所有的岩体都可以视为散粒体，均不同程度地被节理、裂隙所切割，但岩体又不同于一般的散粒体，其结构面上存在着不同程度的黏聚力，为考虑黏聚力，采用增大摩擦系数的办法来弥补，即所谓的岩体坚固系数 f（又叫似摩擦系数）。

自然压力拱的跨度在坚硬岩体中就是洞室的宽度，在松散和破碎岩体中，洞室的侧壁受扰动而滑移，自然压力拱的半跨度也相应加大（图 5-6），即：

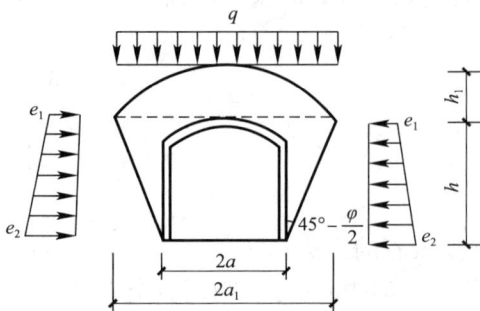

图 5-6　普氏理论压力拱

$$a_1 = a + h \tan\left(45° - \frac{\varphi_a}{2}\right) \tag{5-7}$$

自然压力拱的高度与反映岩体特征的普氏系数 f 值有关，其表达式为：

$$h_1 = \frac{a_1}{f} \tag{5-8}$$

于是，围岩竖向的均布松动压力为：

$$q = \gamma h_1 = \frac{\gamma}{f}\left[a + h\tan\left(45° - \frac{\varphi_a}{2}\right)\right] \tag{5-9}$$

围岩水平侧压力按朗肯公式计算，即：

$$e_1 = \gamma h_1 \tan^2\left(45° - \frac{\varphi_a}{2}\right) \tag{5-10}$$

$$e_2 = \gamma(h_1 + h)\tan^2\left(45° - \frac{\varphi_a}{2}\right) \tag{5-11}$$

由式（5-9）可知，普氏压力与洞室的埋深无关，但对于浅埋洞室，不能形成压力拱，因此普氏理论只能适用于深埋洞室。

由于普氏理论计算围岩松动压力的公式比较简单，使用方便，而且经过修正后的 f 值也能在一定程度上反映真实情况，所以，国内、外都曾采用过。一般来说，普氏理论比较适用于松散、破碎的围岩，而在坚硬的围岩中所得压力偏大。

3）太沙基理论

太沙基（K. Terzaghi）理论也是假定岩石为散粒体，但考虑方式与普氏理论不同，它是从应力传递概念出发，从而推出作用于洞室顶部的垂直围岩压力。洞室开挖引起上覆岩柱趋向下沉，出现了近似平面的滑动面。滑动面与垂直面间的夹角为 $\left(45° - \frac{\varphi}{2}\right)$，如图5-7所示。考察微分单元体的平衡，推导出洞室顶部垂直围岩压力公式为式（5-12）。

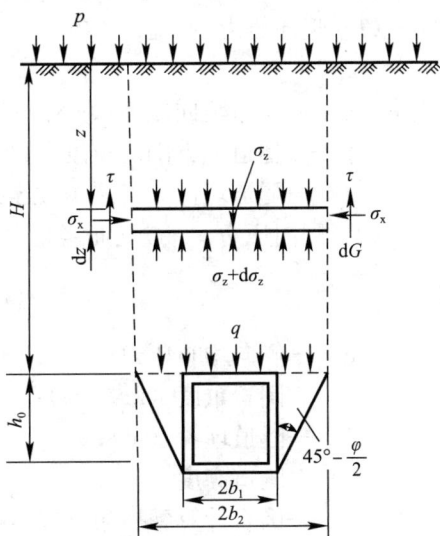

图5-7 用太沙基理论计算围岩压力示意图

$$q = \frac{b_2\gamma - c}{\lambda\tan\varphi}\left(1 - e^{-\tan\varphi\frac{H}{b_2}}\right) + p\,e^{-\lambda\tan\varphi\frac{H}{b_2}} \tag{5-12}$$

式中 b_2——压力拱跨度的一半（m），$b_2 = b_1 + h_0\tan\left(45° - \frac{\varphi}{2}\right)$；

b_1——洞室跨度的一半（m）；

c——岩石黏聚力（MPa）；

γ——岩石重度（kN/m³）；

φ——岩石内摩擦角（°）；

λ——岩石的静止侧压力系数，$\lambda = \dfrac{\sigma_x}{\sigma_z}$；

H——洞室埋深（m）。

当洞室埋深较大时，即 $H \rightarrow \infty$，则：

$$q = \frac{b_2 \gamma - c}{\lambda \tan\varphi} \tag{5-13}$$

若 $c = 0$，则式（5-13）变为：

$$q = \frac{b_2 \gamma}{\lambda \tan\varphi} \tag{5-14}$$

由此可见，在深埋情形下，太沙基理论的计算与普氏理论计算的结果实质上是一致的。太沙基理论考虑了洞室尺寸、埋深及岩石的凝聚力和内摩擦角对岩体稳定性的影响，一般认为，太沙基理论适用于洞室埋深较浅的情形。

3. 浅埋隧道围岩压力计算方法

隧道工程实践表明，当隧道埋深不大时，开挖的影响将波及地表，无法形成"天然拱"。因此，上述估计深埋隧道围岩松动压力的公式对浅埋隧道是不适用的。

1）超浅埋隧道

当埋深小于或等于等效荷载高度 h_q 时，便属于超浅埋隧道。

（1）竖向压力

$$q = \gamma H \tag{5-15}$$

式中　q——均布竖向压力（kN/m²）；

　　　γ——隧道上方围岩重度（kN/m³）；

　　　H——隧道埋深，指隧道顶至地面的距离（m）。

（2）侧向压力 e，按均布考虑时，其值为：

$$e = \gamma \left(H + \frac{1}{2} H_t\right) \tan^2 \left(45 - \frac{\varphi_c}{2}\right) \tag{5-16}$$

式中　e——侧向均布压力；

　　　γ——围岩重度（kN/m³）；

　　　H——隧道埋深（m）；

　　　H_t——隧道高度（m）；

　　　φ_c——围岩计算摩擦角（°），可查有关规范。

目前，这种超浅埋隧道围岩压力计算方法仅出现在公路隧道的相关设计规范中。

2）我国《铁路隧道设计规范》TB 10003—2016 所推荐的方法

《铁路隧道设计规范》TB 10003—2016 从楔体极限平衡状态理论，给出了浅埋隧道衬砌松动压力的计算方法。如图 5-8 所示，该方法与岩柱理论一样，考虑了洞室顶部下滑岩体两侧楔形体对其的挟持约束作用 T，不同的是下滑岩体计算宽度仅取洞室跨度。

垂直压力 q 为：

$$q = \gamma h \left(1 - \frac{\lambda h \tan\theta}{B}\right) \tag{5-17}$$

$$\lambda = \frac{\tan\beta - \tan\varphi_c}{\tan\beta [1 + \tan\beta (\tan\varphi_c - \tan\theta) + \tan\varphi_c \tan\theta]} \tag{5-18}$$

$$\tan\beta = \tan\varphi_c + \sqrt{\frac{(\tan^2\varphi_c + 1)\tan\varphi_c}{\tan\varphi_c - \tan\theta}} \tag{5-19}$$

式中　B——坑道跨度（m）；

$\quad\quad h$——洞顶离地面高度（m）；

$\quad\quad \gamma$——围岩重度（kN/m³）；

$\quad\quad \lambda$——侧压力系数；

$\quad\quad \varphi_c$——围岩计算摩擦角（°）；

$\quad\quad \beta$——产生最大推力时的破裂角（°）；

$\quad\quad \theta$——顶板岩柱两侧摩擦角（°），此为经验数值，当为超浅埋隧道时，取 $\theta=0°$。

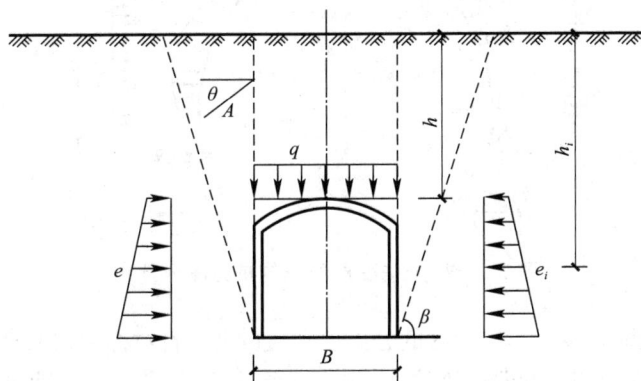

图 5-8　浅埋隧道衬砌松动压力

水平侧压力为：

$$e_i = \gamma h_i \lambda \tag{5-20}$$

式中　h_i——内、外侧任意点至地面的距离（m）。

当 $H<H_q$（H_q 为深埋隧道垂直荷载计算高度）时，取 $\theta=0$，属超浅埋隧道。

当 $H>2.5H_q$（H_q 为深埋隧道垂直荷载计算高度）时，式（5-17）不适用。

5.4　隧道衬砌结构计算

5.4.1　结构力学法

这种方法是以荷载-结构模型为基础的，事实证明，只要在施工过程中不能使支护结构与围岩保持紧密接触，有效地制止周围岩体变形松弛而产生松动压力，隧道的支护结构就应该按荷载-结构模型进行验算。一般来说，按此模型设计的隧道支护结构偏于保守。曲墙式衬砌计算和直墙式衬砌计算是比较传统的隧道衬砌结构计算方法，且手工计算繁杂，容易出错，目前已经逐渐被利用电子计算机程序进行计算的隧道衬砌结构矩阵位移法所取代。

1. 曲墙式衬砌计算（假设镰刀法）

在衬砌承受较大的垂直方向和水平方向的围岩压力时，常常采用曲墙式衬砌。它由拱圈、曲边墙和底板组成，在有向上的底部压力时设仰拱。曲墙式衬砌常用于Ⅲ～Ⅵ类围岩中，拱圈和曲边墙作为一个整体按无铰拱计算。

1）计算图式

在主动荷载作用下，顶部衬砌向隧道内变形而形成脱离区，两侧衬砌向围岩方向变形，引起围岩对衬砌的被动弹性抗力，形成抗力区。抗力图形分布规律按结构变形特征做出以下假定（图 5-9）。

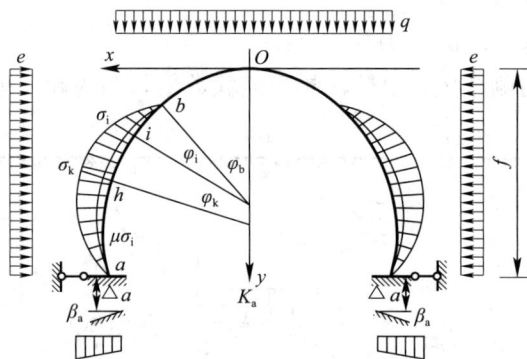

图 5-9　按结构变形特征的抗力图形分布

（1）上零点 b（即脱离区与抗力区的分界点）与衬砌垂直对称中线的夹角假定为 $\varphi_b = 45°$。

（2）下零点 a 在墙脚。墙脚处摩擦力很大，无水平位移，故弹性抗力为零。

（3）最大抗力点 h 假定发生在最大跨度处附近，计算时一般取 $ah \approx \dfrac{2}{3} ab$，为简化计算可假定在分段的接缝上。

（4）抗力图形的分布按以下假定计算。

拱部 bh 段抗力按二次抛物线分布，任一点的抗力 σ_i 与最大抗力 σ_h 的关系为：

$$\sigma_i = \frac{\cos^2 \varphi_b - \cos^2 \varphi_i}{\cos^2 \varphi_b - \cos^2 \varphi_h} \sigma_h \tag{5-21}$$

边墙 ha 段的抗力为：

$$\sigma_i = \left[1 - \left(\frac{y'_i}{y'_h} \right)^2 \right] \sigma_h \tag{5-22}$$

式中　φ_i、φ_b、φ_h——i、b、h 点所在截面与垂直对称轴的夹角（°）；

$\quad\quad\quad y'_i$——i 点所在截面与衬砌外轮廓线的交点至最大抗力点 h 的距离（m）；

$\quad\quad\quad y'_h$——墙底外缘至最大抗力点 h 的垂直距离（m）。

ha 段边墙外缘一般都为直线形，且比较厚，因刚度较大，故抗力分布也可假定为与高度呈直线关系；若 ha 段的一部分外缘为直线形，则可将其分为两部分分别计算，即曲边墙段按式（5-22）计算，直边墙段按直线关系计算。

两侧衬砌向围岩方向的变形引起弹性抗力，同时也引起摩擦力 s_i，其大小等于弹性抗力和衬砌与围岩间的摩擦系数的乘积：

$$s_i = \mu \sigma_i \tag{5-23}$$

式中　μ——围岩间的摩擦系数。

计算表明，摩擦力影响很小，可以忽略不计，而忽略摩擦力的影响是偏于安全的。墙脚弹性地固定在地基上，可以发生转动和垂直位移。如前所述，在结构和荷载均对称时，垂直位移对衬砌内力不产生影响。因此，若不考虑仰拱的作用，可将计算简图表示为图 5-10 的形式。

2) 主动荷载作用下的力法方程和衬砌内力

取基本结构如图 5-11 所示，未知力为 X_{1p}、X_{2p}，根据拱顶截面相对变位为零的条件，可以列出力法方程式：

$$X_{1p}\delta_{11} + X_{2p}\delta_{12} + \Delta_{1p} + \beta_{ap} = 0$$
$$X_{1p}\delta_{21} + X_{2p}\delta_{22} + \Delta_{2p} + f\beta_{ap} + u_{ap} = 0 \tag{5-24}$$

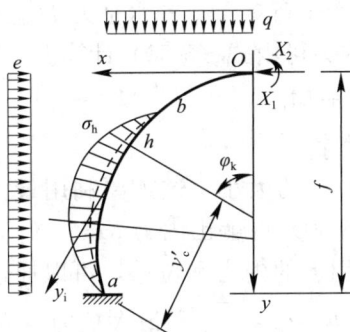

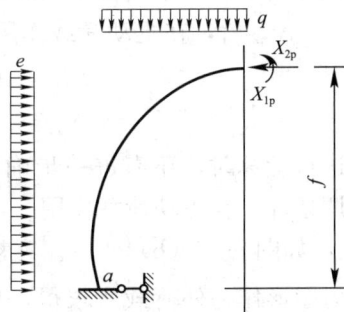

图 5-10 计算简图　　　　　　图 5-11 基本结构图

式中 β_{ap}、u_{ap} 为墙底位移。分别计算 X_{1p}、X_{2p} 和外荷载的影响，然后按照叠加原理相加得到：

$$\beta_{ap} = X_{1p}\bar{\beta}_1 + X_{2p}(\bar{\beta}_2 + f\bar{\beta}_1) + \beta_{ap}^0 \tag{5-25}$$

式中　$\bar{\beta}_2$——均匀沉陷时墙底截面的转角，$\bar{\beta}_2 = 0$；

β_{ap}^0——基本结构墙底的荷载转角（°），可参照式（5-24）计算。

由于墙底无水平位移，故 $u_{ap} = 0$，代入式（5-24）整理可得：

$$X_{1p}(\delta_{11} + \bar{\beta}_1) + X_{2p}(\delta_{12} + f\bar{\beta}_1) + \Delta_{1p} + \beta_{ap} = 0$$
$$X_{1p}(\delta_{21} + f\bar{\beta}_1) + X_{2p}(\delta_{22} + f^2\bar{\beta}_1) + \Delta_{2p} + f\beta_{ap} = 0 \tag{5-26}$$

式中　δ_{ik}、Δ_{ip}（$i, k = 1, 2$）——基本结构的单位位移和主动荷载位移，可由式（5-27）求得。

$$\delta_{ik} = \int \frac{\overline{M}_i \overline{M}_k}{EJ} \mathrm{d}s \tag{5-27}$$

$$\Delta_{ip} = \int \frac{\overline{M}_i M_p^0}{EJ} \mathrm{d}s$$

式中　$\overline{M}_i$——基本结构在 $\overline{X}_i = 1$ 作用下所产生的弯矩；

$\overline{M}_k$——基本结构在 $\overline{X}_k = 1$ 作用下所产生的弯矩；

M_p^0——基本结构在外荷载作用下所产生的弯矩；

EJ——结构的刚度。

$\bar{\beta}_1$——墙底单位转角（°），可参照式（5-28）计算。

$$\bar{\beta}_1 = \frac{\delta_1}{\dfrac{h_a}{2}} = \frac{12}{k_a b h_a} = \frac{1}{k_a J_a} \tag{5-28}$$

式中　h_a——墙底截面厚度（m）；

　　　k_a——墙底围岩基底弹性抗力系数；

　　　J_a——墙底截面惯性矩；

　　　b——墙底截面纵向单位宽度（m），取 1m；

　　　δ_1——墙底内（外）缘的最大沉陷，$\delta_1 = \dfrac{\sigma_1}{k_a} = \dfrac{6}{k_a b h_a^2}$。

$$\beta_{ap}^0 = M_{ap}^0 \overline{\beta}_1 + H_{ap}^0 \overline{\beta}_2 = M_{ap}^0 \overline{\beta}_1 \tag{5-29}$$

在外荷载作用下，基本结构中墙底中线点 a 处产生弯矩 M_{ap}^0 和水平力 H_{ap}^0。

求得 X_{1p}、X_{2p} 后，在主动荷载作用下，衬砌内力可由式（5-30）计算。

$$\begin{aligned} M_{ip} &= X_{1p} + X_{2p} y_i + M_{ip}^0 \\ N_{ip} &= X_{2p} \cos\varphi_i + N_{ip}^0 \end{aligned} \tag{5-30}$$

在具体进行计算时，还需进一步确定被动抗力 σ_h 的大小，这需要利用最大抗力点 h 处的变形协调条件。在主动荷载作用下，通过式（5-30）可解出内力 M_{ip}、N_{ip}，并求出 h 点的位移 δ_{hp}，如图 5-12（b）所示。在被动荷载作用下的内力和位移，可以通过 $\overline{\sigma}_h = 1$ 的单位弹性抗力图形作为外荷载所求得，任一截面内力 $\overline{M}_{i\sigma}$、$\overline{N}_{i\sigma}$ 和最大抗力点 h 处的位移 $\delta_{h\sigma}$ 如图 5-12（c）所示，同时可利用叠加原理求出 h 点的最终位移：

$$\delta_h = \delta_{hp} + \sigma_h \delta_{h\sigma} \tag{5-31}$$

由温克尔假定可以得到 h 点的弹性抗力与位移的关系：$\sigma_h = k\delta_h$，代入式（5-31）可得：

$$\sigma_h = \frac{k\delta_{hp}}{1 - k\delta_{h\sigma}} \tag{5-32}$$

图 5-12（c）中 $\overline{\sigma}_{h1}$ 表示的是单位弹性抗力作为外荷载时 h 点的弹性抗力。

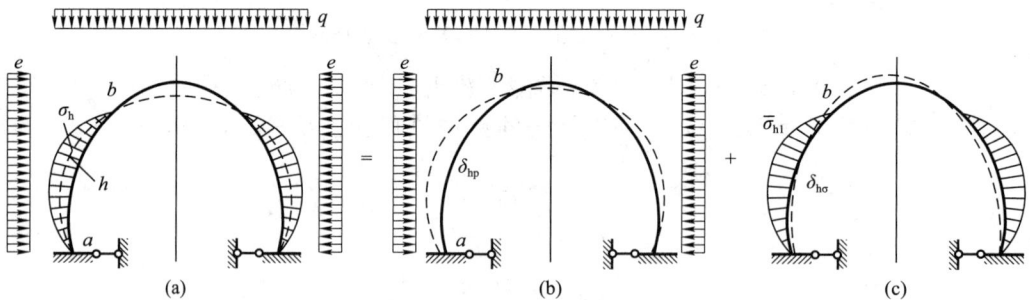

图 5-12　结果图

3）最大抗力值的计算

由式（5-32）可知，欲求 σ_h 则应先求出 δ_{hp} 和 $\delta_{h\sigma}$。变位由两部分组成，即结构在荷载作用下的变位和因墙底变位（转角）而产生的变位之和。前者按结构力学方法，先画出 M_{ip}、$N_{i\sigma}$ 图，如图 5-13（a）、（b）所示，再在 h 点处的所求变位方向上加一单位力 $p=1$，绘出 M_{ih} 图，如图 5-13（c）所示，墙底变位在 h 点处产生的位移可由几何关系求出，如图 5-13（d）所示。位移可以表示为：

$$\delta_{hp} = \int \frac{M_p \overline{M}_h}{EJ} ds + y_{ah}\beta_{ap} \approx \frac{\Delta s}{E} \sum \frac{M_p \overline{M}_h}{J} + y_{ah}\beta_{ap}$$

(5-33)

$$\delta_{h\sigma} = \int \frac{M_\sigma \overline{M}_h}{EJ} ds + y_{ah}\beta_{a\sigma} \approx \frac{\Delta s}{E} \sum \frac{M_\sigma \overline{M}_h}{J} + y_{ah}\beta_{a\sigma}$$

式中　　β_{ap}——因主动荷载作用而产生的墙底转角（°）；

　　　　$\beta_{a\sigma}$——因单位抗力作用而产生的墙底转角（°）；

　　　　y_{ah}——墙底中心 a 至最大抗力截面的垂直距离（m）；

　　　　M_p——在外荷载作用下产生的弯矩（kN·m）；

　　　　M_σ——在弹性抗力作用下结构产生的弯矩（kN·m）；

　　　　$\overline{M}_h$——单位力作用在 h 点时结构产生的弯矩（kN·m）。

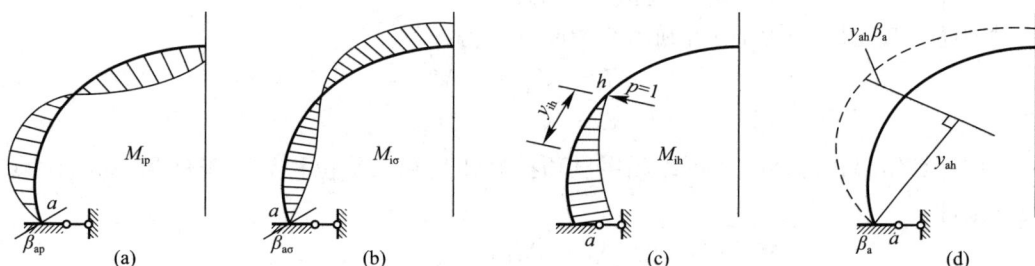

图 5-13　结果图

当 h 点所对应的 $\varphi_h = 90°$ 时，该点的径向位移和水平位移相差很小，故可视为水平位移。又由于结构与荷载对称时，拱顶截面的垂直位移对 h 点径向位移的影响可以忽略不计，因此计算该点水平位移时，可以取如图 5-14 所示的结构，使计算得到简化。按照结构力学方法，在 h 点加一单位力 $p=1$，可以求得 δ_{hp} 和 $\delta_{h\sigma}$。

$$\delta_{hp} = \int \frac{M_p(y_h - y)}{EJ} ds \approx \frac{\Delta s}{E} \sum \frac{M_p}{J}(y_h - y)$$

(5-34)

$$\delta_{h\sigma} = \int \frac{M_\sigma(y_h - y)}{EJ} ds \approx \frac{\Delta s}{E} \sum \frac{M_\sigma}{J}(y_h - y)$$

式中　　y_h、y——h 点和任一点的垂直坐标。

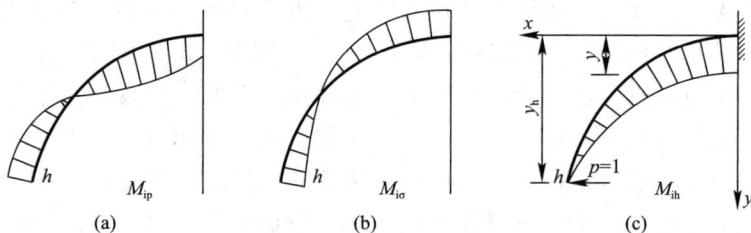

图 5-14　计算简图

4）在单位抗力作用下的内力

将 $\overline{\sigma}_h = 1$ 抗力图视为外荷载单独作用时，未知力 $X_{1\sigma}$ 及 $X_{2\sigma}$ 可以参照 X_{1p} 及 X_{2p} 的求法得出。参照式（5-26）可以列出力法方程：

$$X_{1\sigma}(\delta_{11}+\overline{\beta}_1)+X_{2\sigma}(\delta_{12}+f\overline{\beta}_1)+\Delta_{1\sigma}+\beta^0_{a\sigma}=0$$

$$X_{1\sigma}(\delta_{21}+f\overline{\beta}_1)+X_{2\sigma}(\delta_{22}+f^2\overline{\beta}_1)+\Delta_{2\sigma}+f\beta^0_{a\sigma}=0 \tag{5-35}$$

式中　$\Delta_{1\sigma}$、$\Delta_{2\sigma}$——单位抗力图为荷载所引起的基本结构在 $X_{1\sigma}$ 及 $X_{2\sigma}$ 方向的位移（m）；

$\beta^0_{a\sigma}$——单位抗力图为荷载所引起的基本结构墙底转角（°），$\beta^0_{a\sigma}=M^0_{a\sigma}\overline{\beta}_1$；

其余符号意义同前。

解出 $X_{1\sigma}$ 及 $X_{2\sigma}$ 后，即可求出衬砌在单位抗力图里荷载单独作用下任一截面的内力：

$$M_{i\sigma}=X_{1\sigma}+X_{2\sigma}y_i+M^0_{i\sigma}$$

$$N_{i\sigma}=X_{2\sigma}\cos\varphi_i+N^0_{i\sigma} \tag{5-36}$$

式中　$M_{i\sigma}$、$N_{i\sigma}$——在单位抗力里荷载单独作用下任一截面的内力。

5）衬砌最终内力计算及校核计算结果的正确性

衬砌任一截面最终内力值可利用叠加原理求得：

$$M_i=M_{ip}+\sigma_h M_{i\sigma}$$

$$N_i=N_{ip}+\sigma_h N_{i\sigma} \tag{5-37}$$

校核计算结果正确性时，可以利用拱顶截面转角和水平位移为零条件和最大抗力点 h 的位移条件：

$$\int\frac{M_i\mathrm{d}s}{EJ}+\beta_a\approx\frac{\Delta s}{E}\sum\frac{M_i}{J}+\beta_a=0$$

$$\int\frac{M_i y_i\mathrm{d}s}{EJ}+f\beta_a\approx\frac{\Delta s}{E}\sum\frac{M_i y_i}{J}+f\beta_a=0 \tag{5-38}$$

$$\int\frac{M_i y_{ih}\mathrm{d}s}{EJ}+y_{ah}\beta_a\approx\frac{\Delta s}{E}\sum\frac{M_i y_{ih}}{J}+y_{ah}\beta_a=\frac{\sigma_h}{k}$$

式中　β_a——墙底截面最终转角（°），$\beta_a=\beta_{ap}+\sigma_h\beta_{a\sigma}$。

2. 直墙式衬砌计算（弹性地基梁法）

直墙式衬砌的计算方法很多，如力法、位移法及链杆法等，本节仅介绍力法。这种直墙式衬砌可用于公路隧道和单线铁路隧道，它由拱圈、直边墙和底板组成。计算时仅计算拱圈及直边墙，底板不进行衬砌计算，需要时按道路路面结构计算。

1）计算原理

拱圈按弹性无铰拱计算，拱脚支承在边墙上，边墙按弹性地基上的直梁计算，并考虑边墙与拱圈之间的相互影响，如图 5-15 所示。由于拱脚并非直接固定在岩层上，而是固定在直墙顶端，所以拱脚弹性固定的程度取决于墙顶的变形。拱脚有水平位移、垂直位移和角位移，墙顶位移与拱脚位移一致。当结构对称、荷载对称时，垂直位移对衬砌内力没有影响，计算中只需考虑水平位移与角位移。边墙支承拱圈并承受水平围岩压力，可看作置于侧向弹性抗力系数为 k 的弹性地基上的直梁。有展宽基础时，其高度一般不大，可以不计其影响。由于边墙高度远大于底部宽度，对基础的作用可以看作是置于基底弹性抗力系数为 k_a 的弹性地基上的刚性梁。

衬砌结构在主动荷载（围岩压力和自重等）的作用下，拱圈顶部向坑道内部产生位移，如图 5-16 所示，这部分结构能自由变形，没有围岩弹性抗力。拱圈两侧压向围岩，形成抗力区，引起相应的弹性抗力。在实际施工中，拱圈上部间隙一般很难做到回填密实，因而拱圈弹性抗力区的范围一般不大。弹性抗力的分布规律及大小与多种因素有关。由于拱圈是弹性地基上的曲梁，尤其是曲梁刚度改变时，其计算非常复杂，因而仍用假定抗力分布图形法。直墙式衬砌拱圈变形与曲墙式衬砌拱圈变形近似，计算时可用曲墙式衬砌关于拱部抗力图形的假定，认为按二次抛物线形状分布。上零点 φ_b 位于 $45°\sim 55°$ 之间，最大抗力 σ_h 在直边墙的顶面（拱脚）c 处，b、c 间任一点 i 处的抗力为 φ_i 的函数，即：

$$\sigma_i = \frac{\cos^2\varphi_b - \cos^2\varphi_i}{\cos^2\varphi_b - \cos^2\varphi_h}\sigma_h \tag{5-39}$$

当 $\varphi_b = 45°$，$\varphi_h = 90°$ 时，可以简化为：

$$\sigma_i = (1 - 2\cos^2\varphi_i)\sigma_h \tag{5-40}$$

弹性抗力引起的摩擦力，可由弹性抗力乘以摩擦系数 μ 求得，但通常可以忽略不计。弹性抗力 σ_i（或 σ_h）为未知数，但可根据温克尔假定建立变形条件，增加一个 $\sigma_i = k\delta_i$ 的方程式。

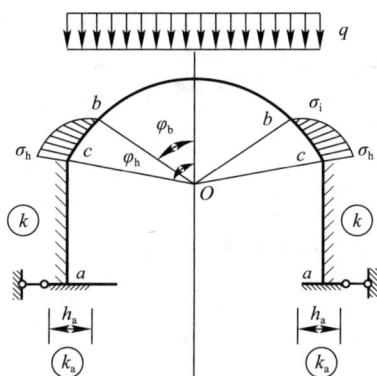

图 5-15　计算简图

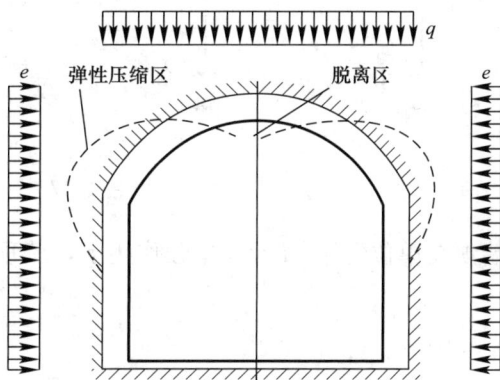

图 5-16　衬砌结构变形图

由上述可以看出，直墙式衬砌的拱圈计算原理与本章曲墙式衬砌计算相同，可以参照相应公式计算。

2）边墙的计算

由于拱脚不是直接支承在围岩上，而是支承在直边墙上，所以直墙式衬砌的拱圈计算中的拱脚位移，需要考虑边墙变位的影响。直边墙的变形和受力状况与弹性地基梁相类似，可以作为弹性地基上的直梁计算。墙顶（拱脚）变位与弹性地基梁（边墙）的弹性特征值及换算长度 αh 有关，按 αh 可以分为三种情况：边墙为短梁（$1 < \alpha h < 2.75$）、边墙为长梁（$\alpha h \geqslant 2.75$）、边墙为刚性梁（$\alpha h \leqslant 1$）。

（1）边墙为短梁（$1 < \alpha h < 2.75$）

短梁的一端受力及变形对另一端有影响，计算墙顶变位时，要考虑到墙脚的受力和变形的影响。

设直边墙（弹性地基梁）c 端作用有拱脚传来的力矩 M_c、水平力 H_c、垂直力 V_c 以及作用于墙身的按梯形分布的主动侧压力。求墙顶所产生的转角 β_{cp}^0 及水平位移 u_{cp}^0，然后即可按以前方法求出拱圈的内力及位移。由于垂直力 V_c 对墙变位仅在有基底加宽时才产生影响，而目前直墙式衬砌的边墙基底一般均不加宽，所以不需考虑。根据弹性地基上直梁的计算公式可以求得边墙任一截面的位移 y、转角 θ、弯矩 M 和剪力 H，再结合墙底的弹性固定条件，得到墙底的位移和转角。这样就可以求得墙顶的单位变位和荷载（包括围岩压力及抗力）变位。由于短梁一端荷载对另一端的变形有影响，墙脚的弹性固定状况对墙顶变形必然有影响，所以计算公式的推导是复杂的，下面仅给出结果，如图 5-17 所示。

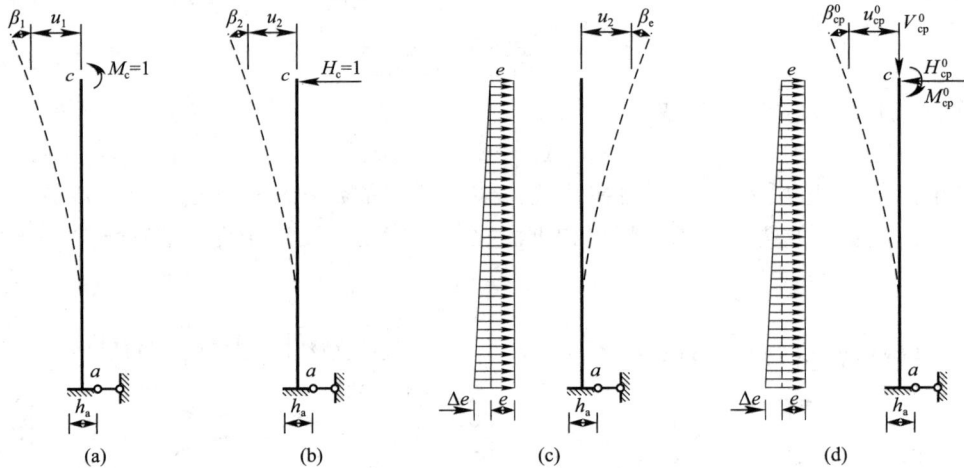

图 5-17　计算结果图

墙顶在单位弯矩 $\overline{M}_c=1$ 单独作用下，墙顶的转角 $\overline{\beta}_1$ 和水平位移 $\overline{u}_1$ 为：

$$\overline{\beta}_1=\frac{4\alpha^3}{c}(\phi_6+\phi_7 A)$$

$$\overline{u}_1=\frac{2\alpha^2}{c}(\phi_8+\phi_6 A)$$

墙顶在单位水平力 $\overline{H}_c=1$ 单独作用下，墙顶位移为 $\overline{\beta}_2$ 和 $\overline{u}_2$ 为：

$$\overline{\beta}_2=\overline{u}_1=\frac{2\alpha^2}{c}(\phi_8+\phi_6 A)$$

$$\overline{u}_2=\frac{2\alpha}{c}(\phi_{10}+\phi_8 A)$$

在主动侧压力（梯形荷载）作用下，墙顶位移 β_e、u_e 为：

$$\beta_e=-\frac{\alpha}{c}(\phi_4+\phi_3 A)e-\frac{\alpha}{c}\left[\left(\phi_4-\frac{\phi_9}{\alpha h}\right)+\left(\phi_3-\frac{\phi_{10}}{\alpha h}\right)A\right]\Delta e$$

$$u_e=-\frac{1}{c}(\phi_9+\phi_{10}A)e-\frac{1}{c}\left(\frac{\phi_2}{2\alpha h}-\phi_1+\frac{\phi_4}{2}A\right)\Delta e$$

式中　$\alpha=\sqrt[4]{\dfrac{k}{4EJ}}$ ；

$A=\dfrac{k\beta_a}{2\alpha^3}=\dfrac{6}{nh_a^3\alpha^3}$ ；

$c=k\ (\phi_{11}+\phi_5 A)$ ；

k ——基底弹性抗力系数；

k ——侧向弹性抗力系数；

β_a——基底作用有单位力矩时所产生的转角（°），$\beta_a = 1/k_0 J_a$；

h——边墙的侧面高度；

$\phi_1 = \mathrm{ch}\alpha x \cos\alpha x$；

$\phi_2 = \mathrm{ch}\alpha x \sin\alpha x + \mathrm{sh}\alpha x \cos\alpha x$；

$\phi_3 = \mathrm{sh}\alpha x \sin\alpha x$；

$\phi_4 = \mathrm{ch}\alpha x \sin\alpha x - \mathrm{sh}\alpha x \cos\alpha x$；

$\phi_5 = \dfrac{1}{2}(\mathrm{sh}\alpha x \,\mathrm{ch}\alpha x - \sin\alpha x \cos\alpha x)$；

$\phi_6 = \dfrac{1}{2}(\mathrm{sh}\alpha x \,\mathrm{ch}\alpha x + \sin\alpha x \cos\alpha x)$；

$\phi_7 = \dfrac{1}{2}(\mathrm{ch}^2\alpha x - \sin^2\alpha x)$；

$\phi_8 = \dfrac{1}{2}(\mathrm{ch}^2\alpha x + \sin^2\alpha x)$；

$\phi_9 = \dfrac{1}{2}(\mathrm{ch}\alpha x - \cos\alpha x)^2$；

$\phi_{10} = \dfrac{1}{2}(\mathrm{sh}\alpha x + \sin\alpha x)(\mathrm{ch}\alpha x - \cos\alpha x) \quad \phi_{11} = \dfrac{1}{2}(\mathrm{ch}^2\alpha x + \cos^2\alpha x)$。

墙顶单位变位求出后，由基本结构传来的拱部外荷载包括主动荷载及被动荷载使墙顶产生的转角及水平位移，即不难求出。当基础无展宽时，墙顶位移为：

$$\beta_{cp}^0 = M_{cp}^0 \bar{\beta}_1 + H_{cp}^0 \bar{\beta}_2 + e\bar{\beta}_e = 0$$
$$u_{cp}^0 = M_{cp}^0 \bar{u}_1 + H_{cp}^0 \bar{u}_2 + e\bar{u}_e = 0 \tag{5-41}$$

墙顶截面的弯矩 M_c、水平力 H_c、转角 β_c 和水平位移 u_c 为：

$$M_c = M_{cp}^0 + X_1 + X_2 f$$
$$H_c = H_{cp}^0 + X_2$$
$$\beta_c = X_1 \bar{\beta}_1 + X_2(\bar{\beta}_2 + f\bar{\beta}_1) + \beta_{cp}^0$$
$$u_c = X_1 \bar{u}_1 + X_2(\bar{u}_2 + f\bar{u}_1) + u_{cp}^0 \tag{5-42}$$

以 M_c、H_c、β_c 及 u_c 为初参数，即可由初参数方程求得到墙顶距离为 x 的任一截面的内力和位移。若边墙上无侧压力作用，即 $e=0$ 时，则：

$$M = -u_c \frac{k}{2\alpha^2}\phi_3 + \beta_c \frac{k}{4\alpha^3}\phi_4 + M_c\phi_1 + H_c \frac{1}{2\alpha}\phi_2$$
$$H = -u_c \frac{k}{2\alpha}\phi_2 + \beta_c \frac{k}{2\alpha^2}\phi_3 - M_c\alpha\phi_4 + H_c\phi_1$$
$$\beta = u_c\alpha\phi_4 + \beta_c\phi_1 - M_c \frac{2\alpha^3}{k}\phi_2 - H_c \frac{2\alpha^2}{k}\phi_3 \tag{5-43}$$
$$u = u_c\phi_1 - \beta_c \frac{1}{2\alpha}\phi_2 + M_c \frac{2\alpha^2}{k}\phi_3 + H_c \frac{\alpha}{k}\phi_4$$

（2）边墙为长梁（$\alpha h \geqslant 2.75$）

换算长度 $\alpha h \geqslant 2.75$ 时，可将边墙视为弹性地基上的半无限长梁（简称长梁）或柔性梁，近似看作为 $\alpha h = \infty$。此时边墙具有柔性，可认为墙顶的受力（除垂直力外）和变形对墙底没有影响。这种衬砌应用于较好围岩中，不考虑水平围岩压力作用。由于墙底的固定情况对墙顶的位移没有影响，故墙顶单位位移可以简化为：

$$\bar{\beta}_1 = \frac{4\alpha^3}{k}$$

$$\bar{u}_1 = \bar{\beta}_2 = \frac{2\alpha^2}{k}$$

$$\bar{u}_2 = \frac{2\alpha}{k} \tag{5-44}$$

$$\beta_e = -\frac{\alpha}{c}(\phi_4 + \phi_3 A)$$

$$u_e = -\frac{1}{c}(\phi_9 + \phi_{10} A)$$

（3）边墙为刚性梁（$\alpha h \leqslant 1$）

换算长度 $\alpha h \leqslant 1$ 时，可近似作为弹性地基上的绝对刚性梁，近似认为 $\alpha h = 0$（即 $EJ = \infty$）。若认为边墙本身不产生弹性变形，在外力作用下只产生刚体位移，则只产生整体下沉和转动。由于墙底摩擦力很大，所以不产生水平位移。当边墙向围岩方向位移时，围岩将对边墙产生弹性抗力，墙底处为零，墙顶处为最大值 σ_h，中间呈直线分布。墙底面的抗力按梯形分布，如图 5-18 所示。

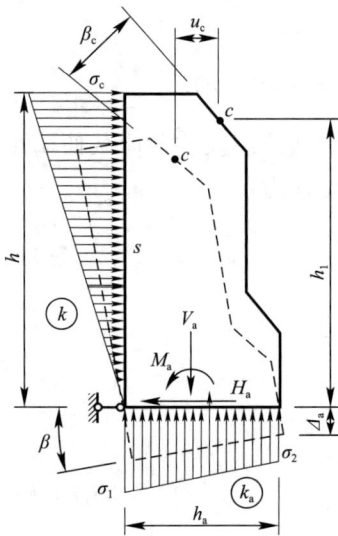

图 5-18　边墙受力图

由静力平衡条件，对墙底中点 a 取矩，可得：

$$M_a - \left[\frac{\sigma_h h^2}{3} + \frac{(\sigma_1 - \sigma_2)h_a^2}{12} + \frac{s h_a}{2} \right] = 0 \tag{5-45}$$

式中　s——边墙外缘由围岩弹性抗力所产生的摩擦力，$s = \mu \dfrac{\sigma_h h}{2}$；

　　　　μ——衬砌与围岩间的摩擦系数；

　　　　σ_1、σ_2——墙底两边沿的弹性应力（MPa）。

由于边墙为刚性，故底面和侧面均有同一转角 β，二者应相等，所以：

$$\beta = \frac{\sigma_1 - \sigma_2}{k_a h_a} = \frac{\sigma_h}{kh} \tag{5-46}$$

$$\sigma_1 - \sigma_2 = n\sigma_h \frac{h_a}{h} \tag{5-47}$$

式中　$n = k_a / k$，对同一围岩，因基底受压面积小，压缩得较密实，可取为 1.25。

将式（5-47）代入式（5-45）得：

$$\sigma_h = \frac{12 M_a h}{4h^3 n h_a^3 + 3\mu h_a h^2} = \frac{M_a h}{J_a'} \tag{5-48}$$

式中　J_a'——刚性墙的综合转动惯量，$J_a' = \dfrac{4h^3 n h_a^3 + 3\mu h_a h^2}{12}$。

墙侧面的转角为：

$$\beta = \frac{\sigma_h}{kh} = \frac{M_a}{kJ'_a} \tag{5-49}$$

由此可求出墙顶（拱脚）处的单位位移及荷载位移。

$M_c=1$ 作用于 c 点时，$M_a=1$，故：

$$\overline{\beta}_1 = \frac{1}{kJ'_a}$$

$$\overline{u}_1 = \overline{\beta}_1 h_1 = \frac{h_1}{kJ'_a} \tag{5-50}$$

式中　h_1——墙底至拱脚 c 点的垂直距离（m）。

$H_c=1$ 作用于 c 点时，$M_a=h_1$，故：

$$\overline{\beta}_2 = \frac{h_1}{kJ'_a} = \overline{\beta}_1 h_1$$

$$\overline{u}_2 = \overline{\beta}_2 h_1 = \frac{h_1^2}{kJ'_a} = \overline{\beta}_1 h_1^2 \tag{5-51}$$

主动荷载作用于基本结构时，$M_a = M_{ap}^0$，故：

$$\beta_{cp}^0 = \frac{M_{ap}^0}{kJ'_a} = \overline{\beta}_1 M_{ap}^0$$

$$u_{cp}^0 = \beta_{cp}^0 h_1 = \frac{M_{ap}^0 h_1}{kJ'_a} \tag{5-52}$$

由此不难进一步求出拱顶的多余未知力和拱脚（墙顶）处的内力，以及边墙任一截面的内力。

3. 矩阵位移法

1）基本原理

矩阵位移法又叫直接刚度法，该方法以结构节点位移作为基本未知量。联结在同一节点的各单元的节点位移应该相等，并等于该点的结构节点位移（变形协调条件）；同时作用于某一结构节点的荷载必须与该节点上作用的各个单元的节点力相平衡（静力平衡条件）。

2）计算过程

（1）进行单元分析，确定单元节点力和单元节点位移的关系——单元刚度矩阵。

（2）进行整体分析，将每一个节点上有共同位移的各单元刚度矩阵元素简单地叠加起来，建立以节点静力平衡为条件的结构刚度方程。

（3）利用边界条件，由结构刚度方程求解出未知的结构各节点的位移，也就是解结构刚度方程。

（4）根据变形协调条件，求得交汇于该节点各单元的单元节点位移，进而求出单元节点力——衬砌内力。

直接刚度法计算过程规范，可以充分发挥电子计算机的自动化效能，有利于编制程序，是目前广为使用的一种方法。

3）计算简图和基本结构图示

（1）衬砌结构的处理

隧道衬砌属于实体的拱形结构，这种结构受弯矩和轴力的影响较大。因此要把衬砌沿其轴线离散化为一些同时能承受弯矩和轴力的梁单元。同时，假定单元是等厚度的，其计算厚度取为单元两端厚度的平均值。单元的数目视计算精度的需要而定。为了保证衬砌内力分析的精度要求，隧道衬砌一般划分为 30 个单元以上，但一般不超过 60 个单元。

隧道边墙的底端是直接放在岩层上的，故可以假设边墙底端是弹性固定的，即能产生转动和垂直下沉。但由于边墙底面和围岩之间摩擦力很大，一般不能产生水平位移，故应在边墙底面的水平方向上加以约束，如图 5-19（a）中的单元⑪和图 5-20（b）中的单元⑫。

对于一些特殊形式的衬砌，比如拱和边墙的轴线不连续（带耳墙的明洞）或者墙基需要展宽时，需要添加一个特殊单元——刚性单元，如图 5-19（b）中单元⑦。

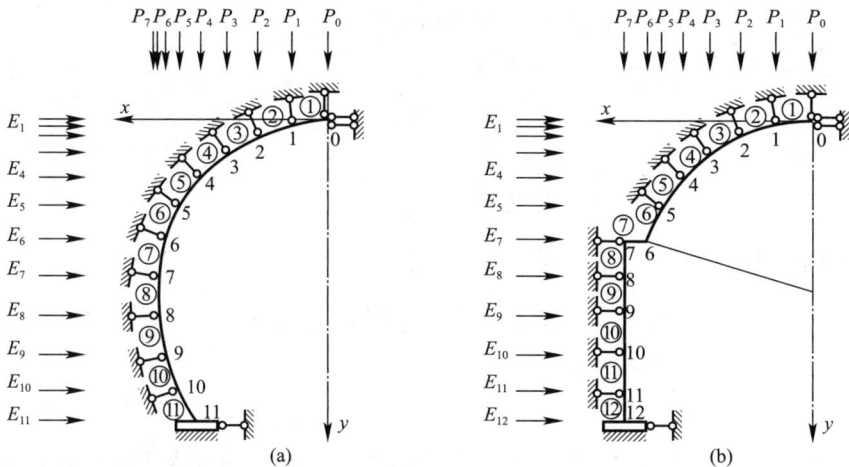

图 5-19　直接刚度法计算图示

当结构和荷载都对称时，可只取半跨进行计算，此时在拱顶截面处不允许有水平位移和转角位移，可在拱顶截面切开的位置设置两根水平链杆作为边界的约束条件（图 5-19）。对于结构对称而荷载不对称的情况，由于拱顶截面切开处不允许有相对垂直位移，因此要在拱顶截面切开处设一根竖向链杆以表示原结构的约束状态。

对于有仰拱的曲墙衬砌，由于仰拱一般是在拱圈和边墙受力变形基本稳定后才修建的，因此通常可忽略仰拱对衬砌内力的影响。如需要在计算中考虑仰拱的作用，可将仰拱也划分为梁单元，仰拱、边墙、拱圈三者一起考虑进行计算。

（2）等效节点荷载的处理

在实际工程结构中，主动荷载和结构自重一般不直接作用于节点上。为了配合衬砌的离散化，主动荷载和结构自重也要进行离散，也就是将作用在衬砌上的分布荷载置换成作用在节点上的等效节点荷载。按"静力等效"原则进行，即均布荷载所做的虚功应等于节点荷载所做的虚功。

荷载的转换按简支梁分配的原则进行，对于竖向或水平的分布荷载，其等效节点力分别近似地取为节点两相邻单元水平或垂直投影长度的一半乘以衬砌计算宽度这一面积范围内的分布荷载的总和。对于衬砌自重，其等效节点力可近似地取为节点两相邻单元质量的一半，对于隧道衬砌单元自重作用在单元上的等效荷载分量也可采用同样的方法求得。

（3）围岩弹性抗力的处理

隧道围岩弹性抗力的分布规律与大小同衬砌的刚度、形状、尺寸、围岩的力学性质、衬砌背后回填的密实程度及荷载情况等因素有关，这是一个非线性问题，在进行衬砌计算时，必须对弹性抗力进行简化处理。

具体的处理方法是：将弹性抗力作用范围内的连续围岩，离散为若干条彼此互不相关的矩形岩柱。矩形岩柱的一个边长是衬砌的纵向计算宽度，通常取为单位长度，另一个边长是两相邻的衬砌单元的长度的一半的和，岩柱的深度与传递轴力无关，故不予考虑。为了便于力学计算，用一些具有一定弹性性质的弹性支承（弹性链杆）来代替岩柱，并让它以铰接的方式支承在衬砌单元之间的节点上，所以它不承受弯矩，只承受轴力。弹性链杆的弹性特性即为围岩的弹性特性，用刚度系数表示。这种方法不假定弹性抗力分布范围与分布规律，比较接近实际情况，弹性链杆应服从局部变形的假定。

弹性链杆的设置方向，应按衬砌与围岩的接触状态而定。如两者黏结非常牢固，也就是说衬砌与围岩之间不仅能传递法向力而且还能传递剪切力，那么围岩就不仅能限制衬砌的法向位移，而且还能限制衬砌的切向位移，此时应设置两个弹性链杆，一根法向设置，代替围岩的法向约束；一根切向设置，代替围岩的切向约束（图 5-20a）。如衬砌与围岩之间没有足够的黏结力，只有当衬砌压向围岩时，围岩才能给予约束，也就是说两者之间只能传递法向压力，而不能传递法向拉力和剪切力，在不计衬砌与围岩接触面上的摩擦力时，弹性链杆可沿衬砌轴线的法向设置（图 5-20b）。如考虑摩擦力的影响，则弹性链杆将偏离衬砌轴线的法向一个摩擦角（图 5-20c）。为简化计算工作，也可将弹性链杆水平设置（图 5-20d）。后两种情况，其计算结果非常接近。对于墙脚的弹性固定，可以用一个能约束转动和垂直位移的弹性支座来模拟。

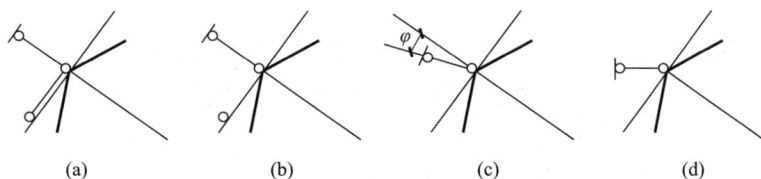

（a）   （b）   （c）   （d）

图 5-20 围岩弹性抗力链杆设置示意图

链杆的布置范围是由计算结果来确定的，开始计算时，通常是从拱部按单元节点布置到墙脚。

（4）基本结构计算图示

综合以上分析，可得隧道衬砌直接刚度法基本计算图式，如图 5-19 所示。

4）单元刚度矩阵

计算隧道衬砌结构所需的单元主要有三种：一种是代表衬砌结构能承受轴力和弯矩的直梁单元（衬砌单元），一种是模拟围岩对衬砌的约束作用的弹性支承链杆单元，还有一种是模拟墙脚弹性固定的弹性支座单元，另外还有特殊情况下采用的刚性单元。

（1）衬砌单元刚度矩阵

从图 5-19 中任取一个单元，其长度为 L，截面积为 A，截面惯性矩为 I，建立如图 5-21 所示的坐标系，规定杆轴的 $\bar{x}$ 方向为正方向，杆轴逆时针转 90° 后的方向为 $\bar{y}$ 轴的正方向，这个坐标系称为局部坐标系（以字母上划一横线为标志）。

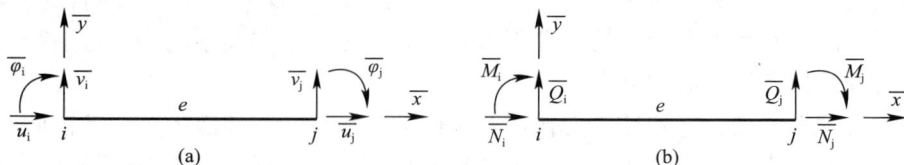

图 5-21　局部坐标系下的节点位移与节点力

每个衬砌单元在两端共有六个节点位移分量（轴向位移、横向位移、转角位移）和六个节点力分量（轴力、剪力和弯矩），写成矩阵形式有（局部坐标系下）：

单元节点位移：　　$\{\bar{\delta}\}^e = [\,\bar{\delta}_i\ \ \bar{\delta}_j\,]^T = [\,\bar{u}_i\ \ \bar{v}_i\ \ \bar{\varphi}_i\ \ \bar{u}_j\ \ \bar{v}_j\ \ \bar{\varphi}_j\,]^T$

单元节点力：　　$\{\bar{S}\}^e = [\,\bar{S}_i\ \ \bar{S}_j\,]^T = [\,\bar{N}_i\ \ \bar{Q}_i\ \ \bar{M}_i\ \ \bar{N}_j\ \ \bar{Q}_j\ \ \bar{M}_j\,]^T$

现在讨论节点力和节点位移之间的关系。根据结构力学中转角位移方程，可得梁单元两端的节点弯矩为：

$$\left.\begin{aligned}\overline{M}_i &= \frac{6EI}{l^2}\bar{v}_i + \frac{4EI}{l}\bar{\varphi}_i - \frac{6EI}{l^2}\bar{v}_j + \frac{2EI}{l}\bar{\varphi}_j \\ \overline{M}_j &= \frac{6EI}{l^2}\bar{v}_i + \frac{2EI}{l}\bar{\varphi}_i - \frac{6EI}{l^2}\bar{v}_j + \frac{4EI}{l}\bar{\varphi}_j\end{aligned}\right\} \tag{5-53}$$

根据胡克定律，梁单元两端节点轴向力为：

$$\left.\begin{aligned}\overline{N}_i &= \frac{EA}{l}\bar{u}_i - \frac{EA}{l}\bar{u}_j \\ \overline{N}_j &= -\frac{EA}{l}\bar{u}_i + \frac{EA}{l}\bar{u}_j\end{aligned}\right\} \tag{5-54}$$

再根据平衡条件：$\sum M_i = 0$ 和 $\sum M_j = 0$，可得节点剪力为：

$$\left.\begin{aligned}\overline{Q}_i &= \frac{12EI}{l^3}\bar{v}_i + \frac{6EI}{l^2}\bar{\varphi}_i - \frac{12EI}{l^3}\bar{v}_j + \frac{6EI}{l^2}\bar{\varphi}_j \\ \overline{Q}_j &= -\frac{12EI}{l^3}\bar{v}_i - \frac{6EI}{l^2}\bar{\varphi}_i + \frac{12EI}{l^3}\bar{v}_j - \frac{6EI}{l^2}\bar{\varphi}_j\end{aligned}\right\} \tag{5-55}$$

综合以上写成矩阵形式，可得局部坐标系（$\bar{x}$，$\bar{y}$）中直梁单元的刚度方程：

$$\begin{Bmatrix}\overline{N}_i \\ \overline{Q}_i \\ \overline{M}_i \\ \overline{N}_j \\ \overline{Q}_j \\ \overline{M}_j\end{Bmatrix} = \begin{bmatrix} \dfrac{EA}{l} & 0 & 0 & -\dfrac{EA}{l} & 0 & 0 \\[2mm] 0 & \dfrac{12EI}{l^3} & \dfrac{6EI}{l^2} & 0 & -\dfrac{12EI}{l^3} & \dfrac{6EI}{l^2} \\[2mm] 0 & \dfrac{6EI}{l^2} & \dfrac{4EI}{l} & 0 & -\dfrac{6EI}{l^2} & \dfrac{2EI}{l} \\[2mm] -\dfrac{EA}{l} & 0 & 0 & \dfrac{EA}{l} & 0 & 0 \\[2mm] 0 & -\dfrac{12EI}{l^3} & -\dfrac{6EI}{l^2} & 0 & \dfrac{12EI}{l^3} & -\dfrac{6EI}{l^2} \\[2mm] 0 & \dfrac{6EI}{l^2} & \dfrac{2EI}{l} & 0 & -\dfrac{6EI}{l^2} & \dfrac{4EI}{l} \end{bmatrix} \begin{Bmatrix}\bar{u}_i \\ \bar{v}_i \\ \bar{\varphi}_i \\ \bar{u}_j \\ \bar{v}_j \\ \bar{\varphi}_j\end{Bmatrix} \tag{5-56}$$

式（5-56）可缩写成：

$$\{\overline{S}\}^e=[\overline{K}]^e\{\overline{\delta}\}^e \tag{5-57}$$

式中　$[\overline{K}]^e$——局部坐标系中的单元刚度矩阵。

$[\overline{K}]^e$ 中每个元素代表单位节点位移引起的节点力。

为了进行整体分析，需将局部坐标系 $(\overline{x}，\overline{y})$ 中的单元刚度矩阵转换到总体坐标系 $(x，y)$ 中。图 5-22 表示单元 i 端的节点力在两种坐标系中的分量，由图 5-22 可得出：

$$\left.\begin{array}{l}\overline{N_i}=N_i\cos\alpha+Q_i\sin\alpha\\ \overline{Q_i}=-N_i\sin\alpha+Q_i\cos\alpha\end{array}\right\} \tag{5-58}$$

在两种坐标系中，弯矩都作用在同一平面上，是垂直于坐标平面的矢量，故不受坐标变换的影响，所以有：

$$\overline{M_i}=M_i \tag{5-59}$$

同理，对单元 j 端的节点力也可得出类似的关系式。

图 5-22　局部坐标与整体坐标转换

将以上式子用矩阵形式表示有：

$$\left\{\begin{array}{c}\overline{N_i}\\\overline{Q_i}\\\overline{M_i}\\\overline{N_j}\\\overline{Q_j}\\\overline{M_j}\end{array}\right\}=\left[\begin{array}{cccccc}\cos\alpha & \sin\alpha & 0 & 0 & 0 & 0\\-\sin\alpha & \cos\alpha & 0 & 0 & 0 & 0\\0 & 0 & 1 & 0 & 0 & 0\\0 & 0 & 0 & \cos\alpha & \sin\alpha & 0\\0 & 0 & 0 & -\sin\alpha & \cos\alpha & 0\\0 & 0 & 0 & 0 & 0 & 1\end{array}\right]\left\{\begin{array}{c}N_i\\Q_i\\M_i\\N_j\\Q_j\\M_j\end{array}\right\} \tag{5-60}$$

式（5-60）可缩写成：

$$\{\overline{S}\}^e=[T]\{S\}^e \tag{5-61}$$

式（5-61）就是在两种坐标系中单元节点力的转换式，其中 $[T]$ 称为坐标转换矩阵。显然，节点力之间的这种转换关系，对节点位移同样适用，因此有：

$$\{\overline{\delta}\}^e=[T]\{\delta\}^e \tag{5-62}$$

注意到坐标转换矩阵 $[T]$ 是一个正交矩阵，其逆矩阵等于其转置矩阵，即 $[T]^{-1}=[T]^T$。由式（5-57）、式（5-61）及式（5-62）有：

$$\{S\}^e=[T]^{-1}\{\overline{S}\}^e=[T]^T\{\overline{S}\}^e=[T]^T[\overline{K}]^e\{\overline{\delta}\}^e=[T]^T[\overline{K}]^e[T]\{\delta\}^e \tag{5-63}$$

令：

$$[K^e]=[T]^T[\overline{K}]^e[T] \tag{5-64}$$

式（5-65）就是梁单元刚度矩阵的转换公式，利用这一公式即可由局部坐标系中的单元刚度矩阵 $[\overline{K}]^e$ 和坐标转换矩阵 $[T]$ 求得在总体坐标系中的单元刚度矩阵 $[K^e]$。

由此，在总体坐标系中单元刚度方程式应为：

$$\{S\}^e=[K]^e\{\delta\}^e \tag{5-65}$$

对于梁单元，式（5-65）中的 $\{S\}^e$ 代表六个节点力，为便于建立节点的平衡方程，根据单元刚度矩阵的分块性质，可以将它写成 $\{[S_i \vdots S_j]^e\}^T$。同样，$\{\delta\}^e$ 代表两端六个

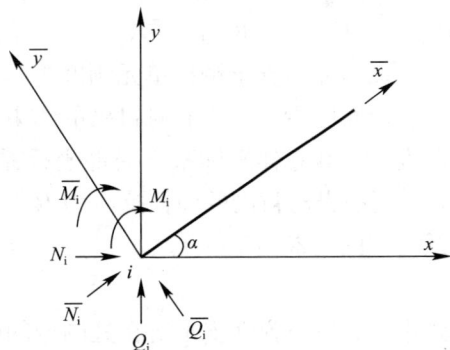

节点的位移，也可以写成 $\{\ [\delta_i \vdots \delta_j]^e\}^T$，这样式（5-60）成为：

$$\left[\frac{S_i}{S_j}\right]^e = \begin{bmatrix} K_{ii} & K_{ij} \\ K_{ji} & K_{jj} \end{bmatrix} \left[\frac{\delta_i}{\delta_j}\right]^e \tag{5-66}$$

式中　　　　　　　　$[S_i]^e$、$[S_j]^e$——单元 i 端和 j 端的节点力，包括轴力、剪力和弯矩；

　　　　　　　　　　$[\delta_i]^e$、$[\delta_j]^e$——单元 i 端和 j 端的节点位移，包括竖向、水平方向的线

　　　　　　　　　　　　　　　　　位移及转角；

$[K_{ii}]^e$、$[K_{ij}]^e$、$[K_{ji}]^e$、$[K_{jj}]^e$——单元刚度矩阵的子矩阵。

（2）弹性支承链杆单元刚度矩阵

前面已指出，围岩对衬砌的约束作用采用弹性链杆来模拟。若弹性支承链杆按水平方向设置，其总体坐标系与局部坐标系一致，设衬砌变形后第 i 个支承链杆的压缩位移为 u_i，而围岩对衬砌的弹性抗力为 R_{ix}。根据温克尔假定，其抗力与水平方向位移之间的关系为（图5-23）：

$$R_{ix} = (k_i b s_i) u_i \tag{5-67}$$

式中　k_i——弹性支承所在处围岩的弹性抗力系数；

　　　b——隧道计算宽度，一般取 1m；

　　　s_i——竖直投影长度，$s_i = \frac{1}{2}(l_i \sin\alpha_i + l_{i+1}\sin\alpha_{i+1})$。

式（5-67）写成矩阵形式为：

$$\{R_i\}^e = [K_R]^e \{\Delta_i\}^e \tag{5-68}$$

式中　$[K_R]^e$——支承链杆单元对总体坐标系的刚度矩阵，$[K_R]^e = k_i b s_i$。

（3）墙角弹性支座单元刚度矩阵

如图5-24所示，设沿线路方向取隧道计算宽度为 b，墙底承受的弯矩为：

$$M_B = \int_{-\frac{B}{2}}^{\frac{B}{2}} \sigma_x x b \, dx \tag{5-69}$$

式中　B——墙底宽度；

　　　σ_x——沿墙底宽度分布的弹性抗力。

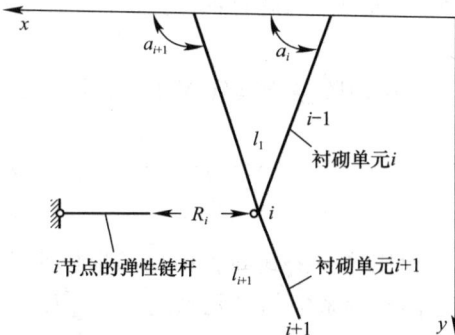

图5-23　弹性链杆单元示意图　　　　图5-24　墙角弹性支座单元示意图

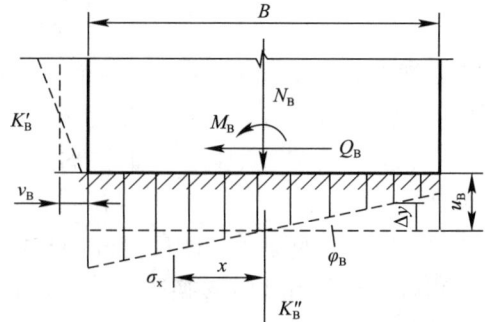

根据温克尔假定，又考虑到墙底变形微小，故有：

$$\sigma_x = \Delta y k_B^n = x \varphi_B k_B^n \tag{5-70}$$

所以有：

$$M_B = \frac{1}{12}B^3 b\varphi_B k_B^n \tag{5-71}$$

另有：

$$\left.\begin{array}{l} N_B = Bbk_B^n u_B \\ Q_B = Bbk_B^t v_B \end{array}\right\} \tag{5-72}$$

式中　u_B、v_B——由轴向力和切向力引起的墙底垂直和水平方向的位移；

$\qquad\varphi_B$——由弯矩引起的墙底转角位移；

$\qquad k_B^t$——墙底围岩的切向弹性抗力系数，因为不考虑它的横向位移，所以可取为一个任意大值；

$\qquad k_B^n$——墙底围岩的法向弹性抗力系数，通常取 $k_B^n = 1.2K$，K 为围岩侧向弹性抗力系数。

根据墙底的变形协调条件及力的传递作用，弹性支座单元的端点位移和端点力与墙底位移和墙底力相对应。由于弹性支座单元的局部坐标系与总体坐标系一致，因此总体坐标系一致，总体坐标系下墙脚弹性支座单元的位移与反力的关系可直接得到，写成矩阵形式为：

$$\begin{bmatrix} N_B \\ Q_B \\ M_B \end{bmatrix} = \begin{bmatrix} k_B^n bB & 0 & 0 \\ 0 & k_B^t bB & 0 \\ 0 & 0 & k_B^n bB^3/12 \end{bmatrix} \begin{bmatrix} u_B \\ v_B \\ \varphi_B \end{bmatrix} \tag{5-73}$$

式（5-73）可缩写成：

$$\{S_B\}^e = [K_B]^e \{\Delta_B\}^e \tag{5-74}$$

式中　$[K_B]^e$——墙底弹性支座单元的刚度矩阵。

（4）刚性单元

如前所述，对于隧道衬砌，当拱脚和墙顶衬砌轴线不连续或墙底需要展宽基础时，就要添加一个特殊的衬砌单元，即刚性单元。这种单元能承受部分垂直荷载和水平荷载的作用，其单元本身可看作刚性的，从理论上讲，单元的 EA 和 EI 均为无穷大。在实际数值计算中，刚度不可能取为无限大。一般两相邻杆件，当它们的刚度比超过 8～10 时，则刚度大的杆件可视为绝对刚性的。在实际运算中，通常取刚性单元的刚度为普通单元刚度的 30 倍左右。

5）建立结构刚度方程

（1）结构刚度方程的形成

对结构每个节点建立静力平衡方程式，将所有节点的平衡方程式集合在一起就是结构的刚度方程。例如在结构节点 i 处，作用有节点荷载，按总体坐标系考虑，它们是由于结构节点 $i-1$、i 和 $i+1$ 发生了位移 $\{\delta_{i-1}\}$、$\{\delta_i\}$ 和 δ_{i+1} 所引起的。根据变形协调条件，结构节点位移应等于单元节点位移，因此有：

$$\{S_i^i\} = [K_{i,i-1}^i]\{\delta_{i-1}\} + [K_{i,i}^i]\{\delta_i\} \tag{5-75}$$

$$\{S_i^{i+1}\} = [K_{i,i}^{i+1}]\{\delta_i\} + [K_{i,i+1}^{i+1}]\{\delta_{i+1}\} \tag{5-76}$$

此外，还有第 i 号弹性支承单元所提供的反力，弹性支承水平设置时，将其扩充为

3×3 阶，有：

$$\begin{Bmatrix} R_{ix} \\ R_{iy} \\ M_i^R \end{Bmatrix} = \begin{bmatrix} k_i bs_i & 0 & 0 \\ 0 & 0 & 0 \\ 0 & 0 & 0 \end{bmatrix} \begin{Bmatrix} u_i \\ v_i \\ \varphi_i \end{Bmatrix} \tag{5-77}$$

所有这些作用在结构节点 i 上的力应保持静力平衡，即 $\sum X_i = 0$，$\sum Y_i = 0$，$\sum M_i = 0$，所以有：

$$\{P_i\} = \{S_i^i\} + \{S_i^{i+1}\} + \{R_i\} \tag{5-78}$$

依次列出 $i = 0 \sim n$ 个节点的平衡条件，即可得到 $n+1$ 个方程式，集合在一起就是结构刚度方程：

$$\begin{Bmatrix} P_0 \\ P_1 \\ P_2 \\ P_3 \\ \vdots \\ P_{n-1} \\ P_n \end{Bmatrix} = \begin{bmatrix} K_{00} & [K_{01}^1] & & & & & \\ [K_{10}^1] & [K_{11}] & [K_{12}^2] & & & & \\ & [K_{21}^2] & [K_{22}] & [K_{23}^3] & & & \\ & & [K_{32}^3] & [K_{33}] & [K_{33}] & & \\ & & & \ddots & \ddots & \ddots & \\ & & & & [K_{n-1,n-2}^{n-1}] & K_{n-1,n-1} & [K_{n-1,n}^n] \\ & & & & & [K_{n,n-1}^n] & K_{n,n} \end{bmatrix} \begin{Bmatrix} \delta_0 \\ \delta_1 \\ \delta_2 \\ \delta_3 \\ \vdots \\ \delta_{n-1} \\ \delta_n \end{Bmatrix} \tag{5-79}$$

式（5-79）可缩写成：

$$\{P\} = [K]\{\delta\} \tag{5-80}$$

式中　$K_{00} = [K_{00}^1] + [K_0^0]_R$；

　　　$K_{11} = [K_{11}^1] + [K_{11}^2] + [K_1^1]_R$；

　　　…

　　　$K_{n-1,n-1} = [K_{n-1,n-1}^{n-1}] + [K_{n-1,n-1}^n] + [K_{n-1}^{n-1}]_R$；

　　　$K_{n,n} = [K_{n,n}^n] + [K_n]_B$

这里 $[K_n]_B$ 是墙脚弹性支座的刚度矩阵。

从上式可以看出，以节点为单位进行分块的结构总刚度矩阵 $[K]$ 的形成是非常有规律的。

① 只有汇交于节点 i 的单元才可能对结构刚度矩阵第 i 行的子阵提供维持节点平衡的杆端力，因此，在组成结构刚度矩阵第 i 行中的子阵时，只需考察共有节点 i 的各单元的影响。

② 各单元对结构刚度矩阵有影响的子阵的两个下标，与结构刚度矩阵中同一个子阵的两个下标完全相同，即其中的任一个子阵 K 由各单元下标相同的子阵 $[K_{ij}^i]$ 叠加而成。

这样，只要将在结构坐标系中每个单元的刚度矩阵的四个子阵按其下角标在以节点为单位进行分块的结构矩阵中就位，即所谓"对号入座"，就可得到结构总体刚度矩阵。

（2）结构刚度矩阵的特点

① 结构刚度矩阵是一个对称矩阵。利用对称性，可以只存储矩阵的上三角部分或下三角部分，这样既可以节省近一半的计算机存储容量，又可以减少运算时间。另外，利用这一性质还可以校对结构刚度矩阵的正确性。

② 结构刚度矩阵是一个高度稀疏的矩阵，矩阵内大多数元素为零，非零元素的个数一般只占元素总数的 5% 左右，并且都集中在主对角线周围的一个狭窄的带内，数学上把这种矩阵称为带状矩阵。利用结构刚度矩阵的稀疏性，设法只存储非零元素，可以大量节省计算机的存储容量。

③ 结构刚度矩阵的奇异性。用直接刚度法按所有节点都可能产生位移建立起来的结构刚度矩阵是奇异矩阵，也即矩阵的行列式等于零，它不存在逆矩阵。这是因为若只给定节点力，则节点位移并不能唯一确定，此时单元两端没有支承，除了杆体本身产生弯曲和轴向变形外，还可产生任意的刚体位移。所以在求解结构刚度方程时，必须有足够的边界约束条件以限制结构的刚体位移，才能使方程得到唯一的解。

6）未知节点位移的求解和弹性支承的调整

以上已经用直接刚度法建立了结构刚度方程（式 5-80），但这个方程式无法求解，只有在引入必要的边界条件，即位移约束后，才能对其进行求解。

引入位移约束条件的常用方法就是将结构刚度矩阵中对应于节点位移为零的行和列的全部元素置零，仅在主元素位置上置 1，同时将荷载项中与零位移分量相对应的荷载分量也置零。这样就相当于在求解未知节点位移分量的方程组中，加入一组已知其节点位移分量为零的方程式，求解的结果并不影响其唯一性和正确性，该方法在已知边界约束条件为零的条件下使用，对图 5-19 所示的计算图示，可以认定其 0 节点的 x 方向线位移和转角为零，即 $u_0 = \varphi_0 = 0$，同时墙脚 n 节点的 x 方向线位移也为零，即 $u_n = 0$。

对已进行边界约束处理的结构刚度方程求解，即可得出第一次近似的节点位移值。当计算出某点的水平位移分量 $u_i < 0$ 时，即表明衬砌是向着隧道内变形的，故应该将该点的弹性支承链杆 i 从计算图式中去掉，重新求解节点位移，直到凡布置有链杆支承处都符合 $u_i \geq 0$ 的条件为止。

7）衬砌内力的计算

求出最后的结构节点位移后，根据变形协调条件——结构节点位移与交汇于此节点的单元节点位移相等，从结构节点位移列阵 $\{\delta\}$ 中，即可找出各单元的节点位移，即：

$$\{\delta_i\}^e = \{\delta_i\} \tag{5-81}$$

而后，由单元刚度方程 $\{\overline{S}\}^e = [\overline{K}]^e \{\overline{\delta}\}^e$ 以及坐标转换矩阵 $[T]$，就可求出对应于单元局部坐标的单元节点力：

$$\{\overline{S}\}^e = [\overline{K}]^e [T] \{\delta\}^e = [B] \{\delta\}^e \tag{5-82}$$

式中 $[B]$——应力矩阵，$[B] = [\overline{K}]^e [T]$。

这里应注意，按上式所求得的是各单元端点的单元节点力，而前面已经提到衬砌内力是指衬砌节点上的轴力、弯矩和剪力，对于作用有节点外荷载的节点来说，汇交于该节点的各衬砌单元的节点力，尤其是轴力和剪力，显然各不相同，一种最简单的简化处理方法就是取上、下两个单元的平均值作为衬砌的内力。

8）直接刚度法计算流程图

采用直接刚度法进行衬砌结构计算的流程如图 5-25 所示。

为了保证衬砌结构的安全性，在计算出隧道结构衬砌的内力后，还要进行强度验算。衬砌的任一截面均应满足安全验算要求，否则必须修改衬砌形状和尺寸，重新计算，直到满足要求为止，具体方法可参考有关书籍。

```
┌─────────────────────────────┐
│       输入基本原始数据            │
└─────────────────────────────┘
              │
┌─────────────────────────────┐
│    计算单元几何参数及节点荷载        │
└─────────────────────────────┘
              │
┌─────────────────────────────┐
│ 形成各种单元在局部坐标系中的单元刚度矩阵 │
└─────────────────────────────┘
              │
┌─────────────────────────────┐
│ 将局部坐标系下单刚转换为整体坐标系下单刚 │
└─────────────────────────────┘
              │
┌─────────────────────────────┐
│ 单刚叠加，形成结构刚度方程，并进行边界处理 │ ◄──┐
└─────────────────────────────┘     │
              │                      │ 否
┌─────────────────────────────┐     │
│     解刚度方程组，求出节点位移        │     │
└─────────────────────────────┘     │
              │                      │
         ◇ 判断抗力链杆设置是否正确 ◇ ───┘
              │ 是
┌─────────────────────────────┐
│       求出各单元节点内力           │
└─────────────────────────────┘
              │
┌─────────────────────────────┐
│      进行衬砌结构内力检算          │
└─────────────────────────────┘
              │
┌─────────────────────────────┐
│           结束                │
└─────────────────────────────┘
```

图 5-25　直接刚度法计算流程图

5.4.2　双层隧道施工数值分析算例

1. 工程概述

某隧道工程因地质情况复杂，做一孔四车道隧道较困难；做分离式隧道，场地展不开；做连拱式隧道，施工难度与风险极大；出隧道后便要跨越河谷，拟建两层两车道桥梁。整个地段不长，但考虑到地形复杂，南北狭窄，为更好地利用该地段，提出了双层隧道穿越。

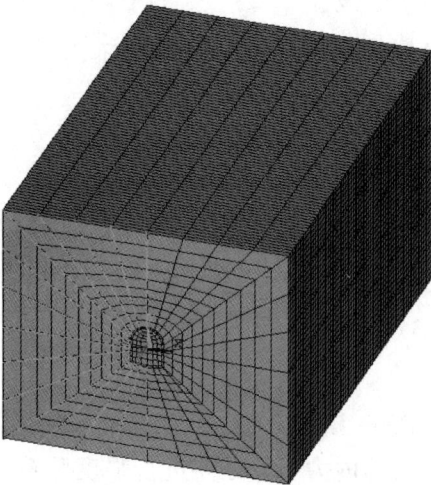

图 5-26　有限元模型网格

2. 有限元模型网格

利用大型有限元软件 Ansys 进行三维开挖分析，有限元模型尺寸为：长 150m、宽 100m、高 100m，经过优化后的网格如图 5-26 所示，共有 29,080 个单元、30,324 个节点，计算采用 Solid45 三维 8 节点等参单元。

计算模型约束条件为左、右两侧水平约束（即 x 方向），前、后两侧也施加水平方向（即 y 方向），下侧施加全约束，上侧为自由端，也就是地面。施加荷载为重力荷载，根据 Ansys 软件的规则，施加向上加速度。

3. 地层和材料参数

地层和材料具体参数如表 5-3 所示。

地层和材料参数　表 5-3

	γ (t/m³)	E (MPa)	μ	C (kPa)	φ (°)
Q₂ 黄土	2.0	160	0.42	90	27
初期支护	2.3	35,000	0.16	6000	60
二次衬砌	2.3	28,000	0.17	4000	60
加固区	2.1	1000	0.35	130	30

4. 开挖模拟

分别模拟了短台阶开挖法、分部开挖法和侧壁导坑法三种不同的施工方法。本构模型取各向同性弹塑性体，采用 Drucker-Prager 准则。

1）短台阶开挖法（方案 1）

第一步：开挖上层隧道上台阶（进尺长度 4m）。

第二步：开挖上层隧道下台阶（进尺长度 4m），并做上层隧道上台阶的初期支护和加固区。

第三步：开挖下层隧道上台阶（进尺长度 4m），并做上层隧道下台阶的初支、加固区和横隔板。

第四步：重复第一步的操作，并做下层隧道上台阶的初支和加固区。

第五步：重复进行第一步到第四步的操作，直到上层隧道和下层隧道上台阶全部挖到要求的位置后再开挖下层隧道下台阶。

第六步：开始开挖下层隧道下台阶（进尺长度 4m），并做前面的上层隧道下台阶的初支和加固区。

第七步：下层隧道下台阶再推进 4m，做第五步开挖部分的仰拱和隧道的二衬，并做第六步开挖部分的初支和加固区。

具体开挖示意如图 5-27 所示。

2）分部开挖法（方案 2）

第一步：开挖上层隧道上台阶（进尺长度 4m）。

第二步：开挖上层隧道下台阶（进尺长度 4m），并做上层隧道上台阶的初期支护和加固区。

第三步：开挖上层隧道上台阶（进尺长度 4m），并做上层隧道下台阶的初期支护、加固区和隧道横隔板。

第四步：重复进行第一步到第三步的操作，直到上层隧道开挖到要求的位置后，开始一次性施作上层隧道的二次衬砌。

第五步：开挖下层隧道右侧导坑（进尺长度 8m）。

第六步：开挖下层隧道左侧导坑（进尺长度 8m），并做第五步开挖部分的初期支护和加固区。

第七步：连续进行第五步到第六步的操作，直到下层隧道两侧开挖到要求的位置后，开始开挖下层隧道中间部分（进尺长度 8m）。

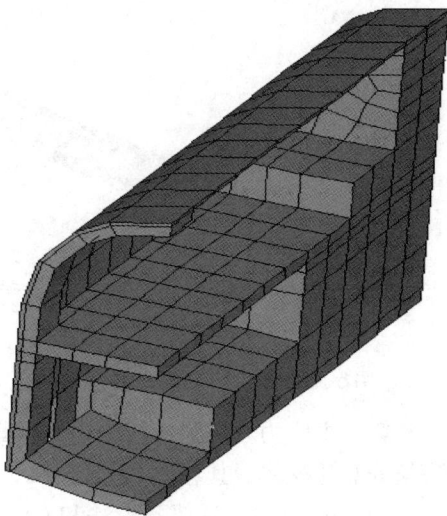

图 5-27　开挖示意图

第八步：做下层隧道的仰拱和二次衬砌（进尺长度 8m）。

3）CD 法（方案 3）

第一步：开挖上层隧道的左半部分（进尺长度 8m）。

第二步：做上层隧道左半部分的初期支护、加固区、横隔板和隧道中隔墙。

第三步：开挖上层隧道的右半部分（进尺长度 8m）。

第四步：开挖下层隧道的左半部分（进尺长度 8m），并做上层隧道右半部分的初期支护、加固区和隧道横隔板。

第五步：做下层隧道左半部分的初期支护、加固区和隧道中隔墙。

第六步：开挖下层隧道的右半部分（进尺长度 8m）。

第七步：下层隧道的左半部分再推进 8m，并做下层隧道右半部分的初期支护、加固区。

第八步：连续进行第一步到第七步的操作，直到隧道掌子面达到要求的位置后，开始一次性敲掉隧道的中隔墙并做隧道的仰拱和二次衬砌（进尺长度 8m）。

5. 结果比较

1）应力比较与分析

当隧道施工完毕后（即最后一个开挖时间步完成后），从应力和位移等几个方面来讨论开挖方案的合理性，并绘出了第一和第三主应力在 $z=-24m$（1 号截面）、$z=-72m$（2 号截面）处的横截面应力云图，从而对隧道合理开挖方案进行比较优选。

（1）短台阶法、分部开挖法和 CD 法的第一主应力（即最大拉应力）云图比较

短台阶法、分部开挖法和 CD 法的第一主应力等值线图分别为图 5-28、图 5-29 和图 5-30。

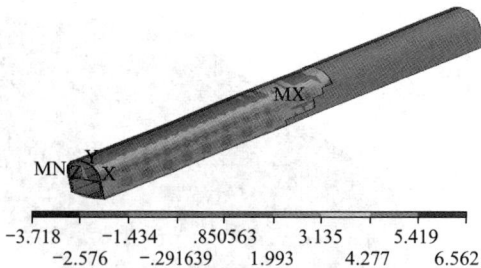

图 5-28　短台阶法第一主应力（MPa）

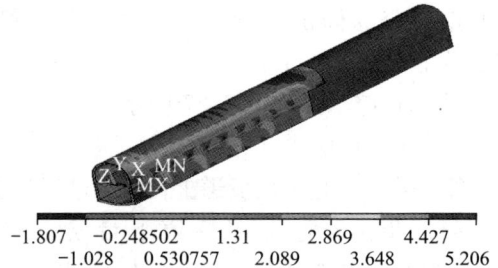

图 5-29　分部开挖法第一主应力（MPa）

第一主应力（即最大拉应力）从最小到大，依次为分部开挖法、短台阶法、CD 法。CD 法与分部开挖法，其相差 2.822MPa，并且最大值发生在横隔板与边墙交汇处的附近部位。

（2）短台阶、分部开挖法和 CD 法的第三主应力（即最大压应力）云图比较

短台阶法、分部开挖法和 CD 法的第三主应力等值线图分别为图 5-31、图 5-32 和图 5-33。

第三主应力（即最大压应力）从最小到大，依次为短台阶法、分部开挖法、CD 法。CD 法与短台阶法，其相差 2.58MPa，并且最大值发生在横隔板与台阶相接触的部位。

（3）三种方案的 1、2 号截面第一主应力云图比较

三种方案的 1 号截面第一主应力云图分别为图 5-34、图 5-35 和图 5-36；三种方案的 2 号截面第一主应力云图分别为图 5-37、图 5-38 和图 5-39。

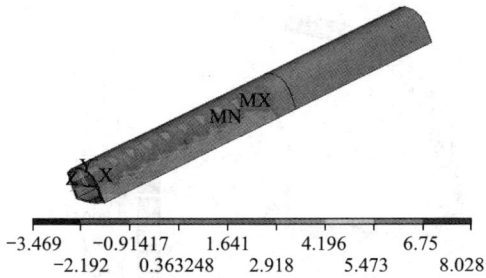

图 5-30 CD 法第一主应力（MPa）

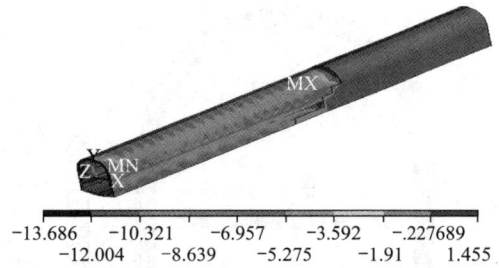

图 5-31 短台阶法第三主应力（MPa）

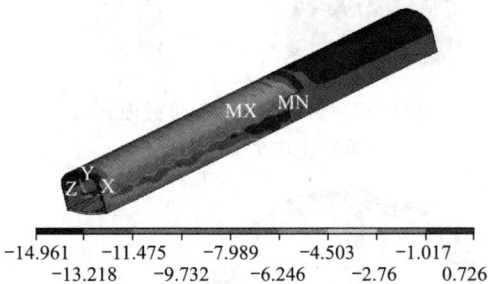

图 5-32 分部开挖法第三主应力（MPa）

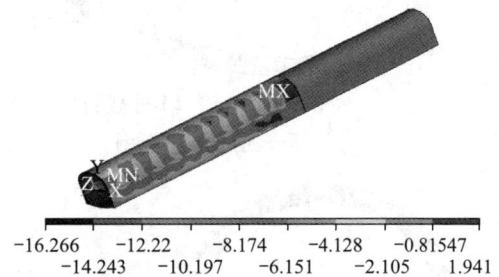

图 5-33 CD 法第三主应力（MPa）

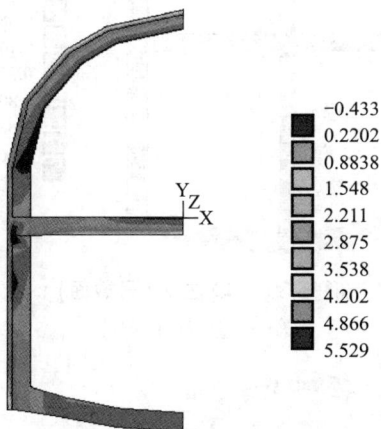

图 5-34 短台阶法（1 号截面）
第一主应力（MPa）

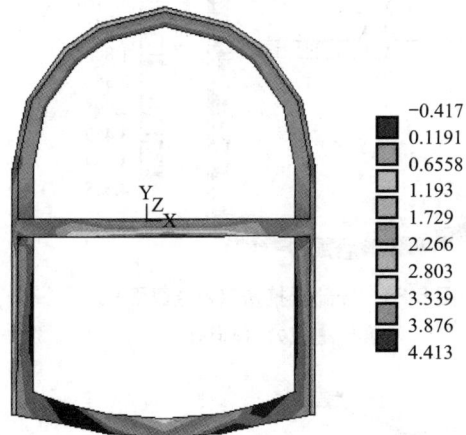

图 5-35 分部开挖法（1 号截面）
第一主应力（MPa）

1 号截面第一主应力（即最大拉应力）从最小到大，依次为分部开挖法、CD 法、短台阶法。短台阶法与分部开挖法相差 1.116MPa，且短台阶法与分部开挖法的最大值发生在横隔板中下部，而 CD 法的最大值却发生在横隔板左、右两侧的中上部位。

2 号截面第一主应力（即最大拉应力）从最小到大，依次为 CD 法、短台阶法、分部开挖法。CD 法与分部开挖法，其相差 0.228MPa，且最大值同样发生在横隔板中下部和初期支护的拱顶处。

（4）三种方案的 1、2 号截面第三主应力云图比较

三种方案的 1 号截面第三主应力云图分别为图 5-40、图 5-41 和图 5-42；三种方案的 2 号截面第三主应力云图分别为图 5-43、图 5-44 和图 5-45。

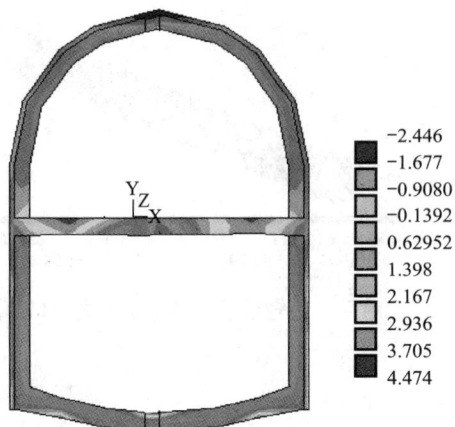

图 5-36　CD 法（1 号截面）
第一主应力（MPa）

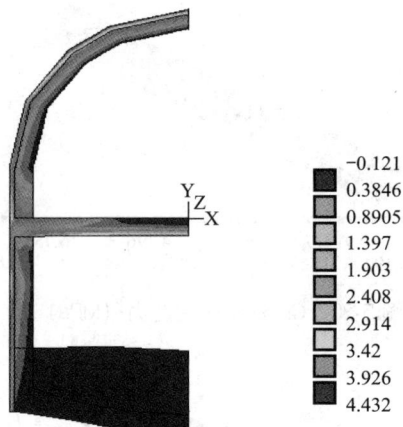

图 5-37　短台阶法（2 号截面）
第一主应力（MPa）

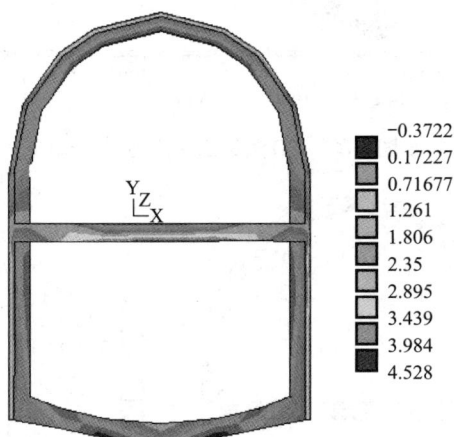

图 5-38　分部开挖法（2 号截面）
第一主应力（MPa）

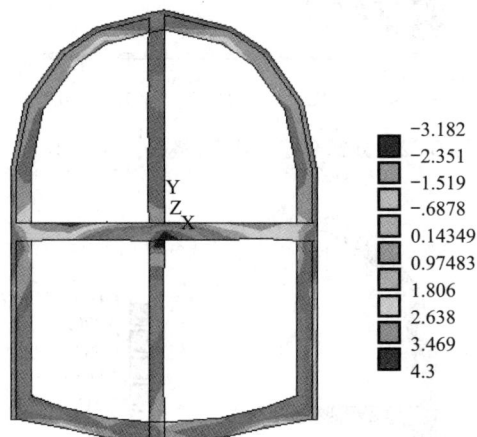

图 5-39　CD 法（2 号截面）
第一主应力（MPa）

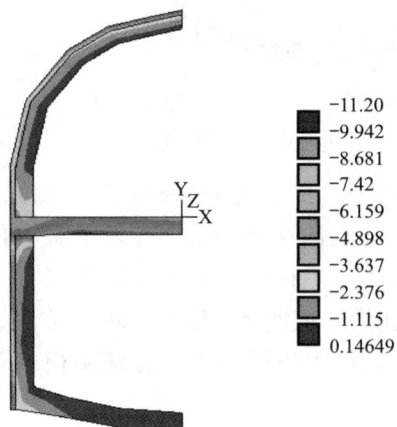

图 5-40　短台阶法（1 号截面）
第三主应力（MPa）

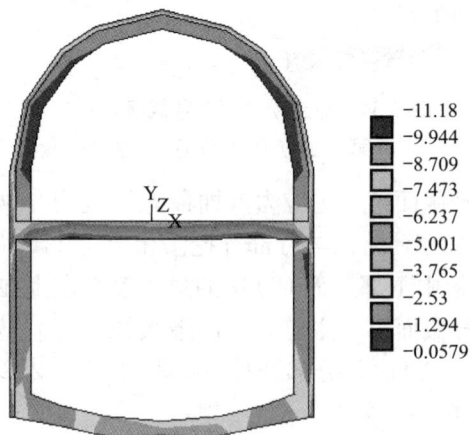

图 5-41　分部开挖法（1 号截面）
第三主应力（MPa）

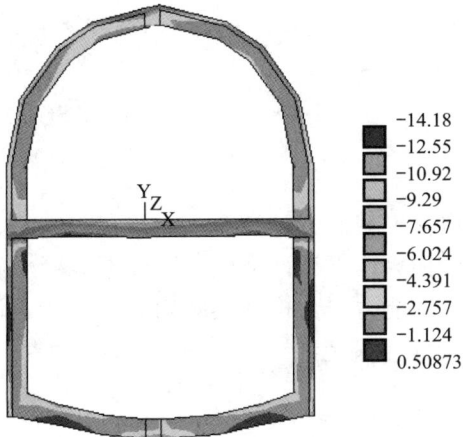

图 5-42 CD 法（1 号截面）
第三主应力（MPa）

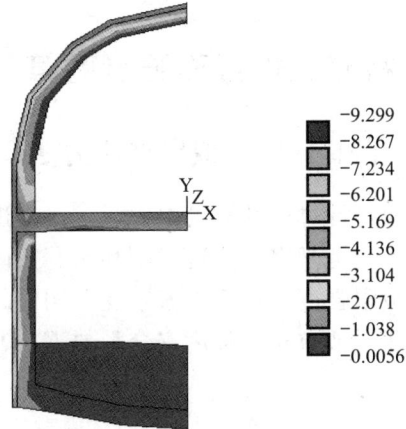

图 5-43 短台阶法（2 号截面）
第三主应力（MPa）

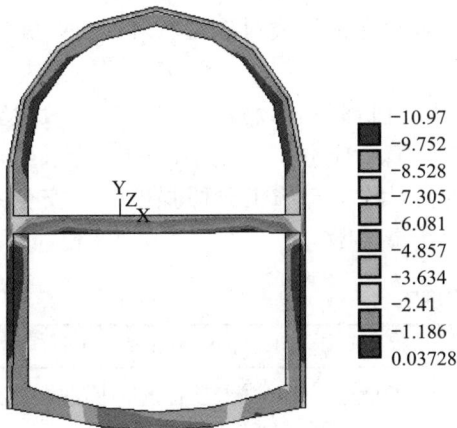

图 5-44 分部开挖法（2 号截面）
第三主应力

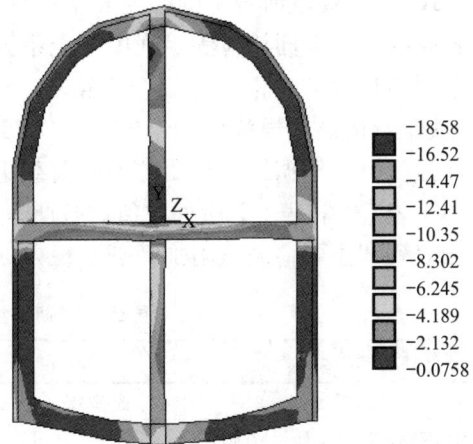

图 5-45 CD 法（2 号截面）
第三主应力

1 号截面第三主应力（即最大压应力）从最小到大，依次为分部开挖法、短台阶法、CD 法。分部开挖法与 CD 法，其绝对值相差 3.00MPa，且最大值发生在横隔板下部。

2 号截面第三主应力（即最大压应力）从最小到大，依次为短台阶法、分部开挖法、CD 法。短台阶法与 CD 法绝对值相差 9.281MPa，短台阶法和分部开挖法的最大压应力发生在横隔板的下部，而 CD 法的最大压应力却发生在上层隧道的中隔墙的上部，其他部位的压应力值都较小。

2）结论

根据上述数值计算可知，分部开挖法的应力值小，位移变化不大，对围岩扰动也较小，建议采用分部开挖法进行隧道开挖。当然，考虑到 CD 法能够有效地控制围岩变形，且注意到它的应力最值发生在隧道中隔墙上，而隧道的支护和横隔板上的应力值不是很大，所以也可以在某些条件（不允许发生过大的围岩变形）允许的情况下采用此方案。

5.5　衬砌结构截面强度验算

5.5.1　破损阶段法或容许应力法

当通过计算得到衬砌内力后，还须进行隧道衬砌截面强度核算。目前我国铁路、公路隧道设计规范规定，隧道衬砌和明洞按破坏阶段检算构件截面强度，即根据混凝土和石砌材料的极限强度，计算出偏心受压构件的极限承载能力，与构件实际内力相比较，计算截面的抗压（或抗拉）强度安全系数 K。检查是否满足规范所要求的数值，即：

$$K = \frac{N_{jx}}{N} \geqslant K_{gf} \tag{5-83}$$

式中　N_{jx}——截面的极限承载能力（kN）；

　　　N——截面的实际内力（轴向力）（kN）；

　　　K_{gf}——规范所规定的强度安全系数。

衬砌的任一截面均应满足强度安全系数要求，否则必须修改衬砌形状和尺寸，重新计算，直到满足要求为止。

《铁路隧道设计规范》TB 10003—2016 规定，隧道暗洞和明洞衬砌按破损阶段检算构件截面强度时，根据结构所受的不同荷载组合，在计算中应分别选用不同的安全系数，并不应小于表 5-4 和表 5-5 所列数值。按所采用的施工方法检算施工阶段强度时，安全系数可采用表列"主要荷载＋附加荷载"栏内数值乘以折减系数 0.9。

混凝土和砌体结构的强度安全系数　　　　　　　　　表 5-4

材料种类	混凝土		砌体	
荷载组合	主要荷载	主要荷载＋附加荷载	主要荷载	主要荷载＋附加荷载
混凝土或砌体达到抗压极限强度	2.4	2.0	2.7	2.3
混凝土达到抗拉极限强度	3.6	3.0	—	—

钢筋混凝土结构的强度安全系数　　　　　　　　　表 5-5

荷载组合	主要荷载	主要荷载＋附加荷载
钢筋达到设计强度或混凝土达到抗压或抗剪极限强度	2.0	1.7
混凝土达到抗拉极限强度	2.4	2.0

1. 素混凝土或石砌矩形截面强度验算

拱形隧道衬砌和明洞属偏心受压构件，其截面强度检算根据轴力偏心距，即 $e_0 = M/N$ 的大小，分两种情况：

1）抗压强度控制（$e_0 \leqslant 0.2d$）

混凝土和石砌矩形截面构件，当偏心距 $e_0 \leqslant 0.2d$ 时，按抗压强度控制承载能力计算。

混凝土和砌体构件的抗压强度应按式（5-84）计算。

$$KN \leqslant \varphi \alpha R_a bd \tag{5-84}$$

式中　K——《铁路隧道设计规范》TB 10003—2016 所规定的强度安全系数值，按表 5-4 及表 5-5 选；

N——截面的实际轴力（kN）；

φ——构件的纵向弯曲系数，对于隧道衬砌、明洞拱圈及墙背紧密回填的边墙，可取 $\varphi=1$；对于其他构件应根据其长细比从规范中选用；

R_a——混凝土或砌体的极限抗压强度（MPa），参见表5-6和表5-7；

b——截面宽度（计算长度）（m）；

d——截面厚度（衬砌厚度）（m）；

α——轴力偏心影响系数，按表5-8选用或按式（5-85）计算。

$$\alpha=1-1.5e/d \tag{5-85}$$

混凝土的极限强度（MPa）   表 5-6

强度种类	符号	混凝土强度等级						
		C20	C25	C30	C35	C40	C45	C50
抗压	R_a	15.5	19.0	22.5	26	29.5	33	36.5
弯曲抗压	R_w	19.4	23.8	28.1	32.5	36.9	41.2	45.6
抗拉	R_l	1.7	2.0	2.2	2.4	2.7	2.9	3.1

砌体的极限强度（MPa）   表 5-7

强度种类	抗压 R_a			抗剪 R_j
砌体种类	片石砌体	块石	粗料石	
砂浆强度等级 M7.5	3.0	—	—	0.35
M10	3.5	5.5	8.0	0.40
M15	4.0	6.0	9.0	0.50

偏心影响系数 α   表 5-8

e_0/h	α	e_0/h	α	e_0/h	α	e_0/h	α	e_0/h	α
0.00	1.000	0.10	0.954	0.20	0.750	0.30	0.480	0.40	0.236
0.02	1.000	0.12	0.923	0.22	0.698	0.32	0.426	0.42	0.199
0.04	1.000	0.14	0.886	0.24	0.645	0.34	0.374	0.44	0.170
0.06	0.996	0.16	0.845	0.26	0.590	0.36	0.324	0.46	0.142
0.08	0.979	0.18	0.799	0.28	0.535	0.38	0.278	0.48	0.123

注：1. 表中 e_0 为轴向力偏心距。

2. 表中 $\alpha=1.000+0.648\left(\dfrac{e_0}{h}\right)-12.569\left(\dfrac{e_0}{h}\right)^2+15.444\left(\dfrac{e_0}{h}\right)^3$。

2）抗拉强度控制（$e_0>0.2d$）

从抗裂角度要求，混凝土矩形截面偏心受压构件，当 $e_0>0.2d$ 时，按抗拉强度控制承载能力，并用式（5-86）计算。

$$KN\leqslant\frac{1.75R_l bd}{\dfrac{6e_0}{d}-1} \tag{5-86}$$

式中 R_l——抗拉极限强度（MPa），参见规范相应表格，即表5-6；

其余符号含义同前。

2. 钢筋混凝土矩形截面强度验算

1) 受弯构件截面强度验算

钢筋混凝土矩形截面的受弯构件，其截面强度计算应按式（5-87）进行强度验算（图 5-46）。

$$KQ \leqslant 0.3R_a bh_0 \tag{5-87}$$

式中　K——安全系数，按表 5-5 采用；

　　　Q——剪力（MN）；

　　　b——矩形截面的宽度或工字形截面的肋宽（m）；

　　　h_0——截面的有效高度（m），$h_0 = h - a$；

　　　R_a——混凝土或砌体的极限抗压强度（MPa），参见表 5-6 和表 5-7。

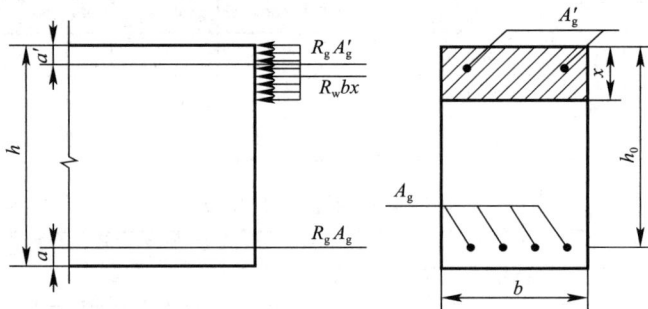

图 5-46　钢筋混凝土受弯构件截面强度计算图

2) 矩形截面强度受拉控制

钢筋混凝土矩形截面的大偏心受压构件（$x \leqslant 0.55h_0$），其截面强度应按式（5-88）计算（图 5-47）。

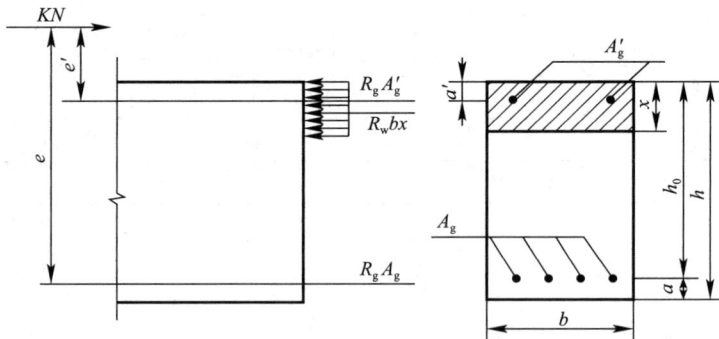

图 5-47　钢筋混凝土大偏心受压构件截面强度计算图

$$KN \leqslant R_w bx + R_g(A'_g - A_g) \tag{5-88}$$

式中　K——安全系数，按表 5-5 采用；

　　　N——轴力（kN）；

　　　R_w——混凝土弯曲抗压极限强度，$R_w = 1.25R_a$，按表 5-6 采用；

　　　R_g——钢筋的抗拉或抗压计算强度，按表 5-9 采用；

　　b——矩形截面的宽度或工字形截面的肋宽（m）；

　　x——混凝土受压区的高度（m）；

A_g、A'_g——受拉和受压区钢筋的截面面积（m^2）。

钢筋的强度和弹性模量（MPa）　　　　　　　　　表 5-9

钢筋种类	屈服强度（MPa）	抗拉极限强度（MPa）	弹性模量（GPa）	断后伸长率
HPB300	300	420	210	25%
HRB400	400	540	200	16%
HRB500	500	630	200	15%
CRMG600	600	750	—	—

注：钢筋抗拉或抗压计算强度 R_g 可取表中钢筋的屈服强度。

　　3）矩形截面强度受压控制

　　钢筋混凝土矩形截面的小偏心受压构件（$x > 0.55h_0$），其截面强度应按式（5-89）计算（图 5-48）。

$$KNe \leqslant 0.5R_abh_0^2 + R_gA'_g(h_0 - a') \tag{5-89}$$

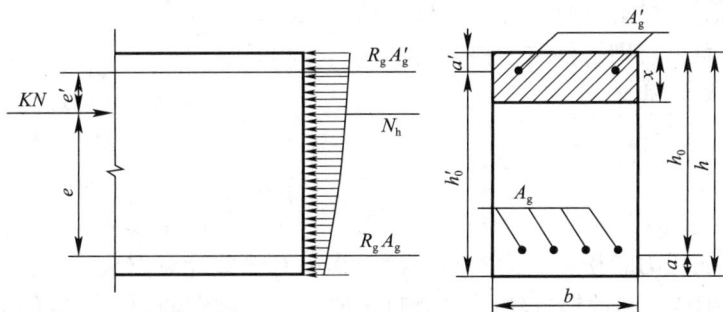

图 5-48　钢筋混凝土小偏心受压构截面强度计算图

5.5.2　概率极限状态法

　　根据极限状态法计算出地下结构所受作用的荷载组合，计算出的结构内力要以可靠指标度量结构构件的可靠度。该方法规定整个结构或结构的一部分超过某一特定状态就不能满足设计规定的某一功能要求，此特定状态称为该功能的极限状态，极限状态可以分为承载能力极限状态和正常使用极限状态。承载能力极限状态是指结构或构件达到最大承载能力或达到不适于继续承载的较大变形的极限状态；正常使用极限状态是指结构或构件达到使用功能上允许的某一限值的极限状态。

　　结构构件应根据上述两种极限状态的要求，分别进行承载力、稳定、变形、抗裂及裂缝宽度的验算。对于复合式衬砌的初期支护和喷锚衬砌，应根据围岩地质条件等因素和现场量测结果分析结构的稳定性。以上项目均应符合规范要求。

　　1. 承载能力极限状态计算

　　混凝土矩形截面中心及偏心受压构件，其受压承载力按式（5-90）计算。

$$\gamma_{Sc}N_k \leqslant \varphi abd f_{ck}/\gamma_{Rc} \tag{5-90}$$

式中　γ_{Sc}——混凝土衬砌构件抗压检算时的作用效应综合分项系数，按围岩级别选用；

　　　N_k——轴向力标准值（MPa），可由各种作用标准值计算得到；

　　　f_{ck}——混凝土衬砌轴心抗压强度标准值（MPa）；

　　　γ_{Rc}——混凝土衬砌构件抗压检算时的抗力分项系数；

　　　其余符号含义同前。

对于钢筋混凝土构件中的承载能力极限状态的计算，可查阅相关规范的内容，这里不再赘述。

2. 正常使用极限状态计算

对正常使用极限状态，结构应分别按荷载作用的短期效应组合、长期效应组合、短期效应组合并考虑长期效应组合的影响进行验算，并保证变形（受弯构件的挠度）、裂缝、应力等计算值不超过相应的规定限值。

对于不允许出现裂缝的混凝土矩形截面偏心受压构件，其抗裂承载力按式（5-91）计算。

$$\gamma_{St} N_K (6e_0 - d) \leqslant 1.75 \varphi b d^2 \frac{f_{ctk}}{\gamma_{Rt}} \tag{5-91}$$

式中　γ_{St}——混凝土衬砌构件抗裂检算时的作用效应综合分项系数，按围岩级别选用；

　　　f_{ctk}——混凝土衬砌轴心抗拉强度标准值（MPa）；

　　　γ_{Rt}——混凝土衬砌构件抗力检算时的抗力分项系数。

　　　其余符号含义同前。

思考题

1. 什么是形变压力和松动压力？在实际工程中有哪些计算方法？

2. 某隧道衬砌通过弹性链杆法得到初期支护和二次衬砌的内力计算结果，列于表 5-10 和表 5-11 中，请对它们进行衬砌强度安全检算。初期支护和二次衬砌的单元图分别为图 5-49 和图 5-50（其中初期支护喷射混凝土强度等级为 C25，厚度拟定为 20cm；二次衬砌混凝土强度等级为 C30，厚度拟定为 40cm；衬砌材料为钢筋混凝土，计算结果保留一位有效数字）。

初期支护内力计算结果　表 5-10

编号	N（kN）	Q（kN）	M（kN·m）
1	303.381	1613.860	1.030
2	301.435	575.542	−22.150
3	297.552	226.389	−35.711
4	293.677	−124.770	−39.917
5	289.812	−376.950	−34.768
6	286.588	−498.300	−20.423
7	283.891	−491.680	−5.240
8	279.744	−394.140	6.259
9	272.713	−233.630	14.597
10	261.882	−65.836	20.702

二次衬砌内力计算结果　表 5-11

编号	N（kN）	Q（kN）	M（kN·m）
1	335.916	10698.200	3.541
2	330.634	3320.680	−10.621
3	320.759	1649.990	−20.673
4	312.224	639.719	−26.540
5	304.848	56.768	−28.152
6	298.364	−248.010	−25.454
7	292.516	−362.870	−18.405
8	287.236	−147.690	−6.977
9	280.693	−113.810	1.587
10	270.791	−70.301	4.743

续表

编号	N (kN)	Q (kN)	M (kN·m)
11	250.336	31.809	15.018
12	243.835	59.766	4.071
13	237.748	70.998	2.996
14	224.469	58.488	0.994
15	209.611	6.178	−4.554
16	203.445	−57.030	−7.346
17	209.611	−74.898	−4.554
18	224.469	−56.578	0.994
19	237.748	−21.774	2.996
20	243.835	57.947	4.071
21	250.336	228.356	15.018
22	261.882	388.209	20.702
23	272.713	482.638	14.597
24	279.744	491.142	6.259
25	283.891	382.402	−5.240
26	286.588	139.675	−20.423
27	289.812	−220.060	−34.768
28	293.677	−555.470	−39.917
29	297.552	−818.210	−35.711
30	301.435	−909.700	−22.150
31	−303.380	33.932	−1.030

续表

编号	N (kN)	Q (kN)	M (kN·m)
11	258.901	3.316	5.520
12	246.028	111.124	14.843
13	228.430	156.397	9.952
14	203.010	127.479	2.284
15	177.446	13.152	−11.552
16	166.531	−122.820	−18.597
17	177.446	−162.120	−11.552
18	203.010	−115.870	2.284
19	228.430	−16.585	9.952
20	246.028	77.029	14.843
21	258.901	112.803	5.520
22	270.791	132.743	4.743
23	280.693	117.343	1.587
24	287.236	200.289	−6.977
25	292.516	−44.255	−18.405
26	298.364	−401.510	−25.454
27	304.848	−982.260	−28.152
28	312.224	−1939.700	−26.540
29	320.759	−3509.900	−20.673
30	330.634	−5404.500	−10.621
31	−335.920	29.855	−3.541

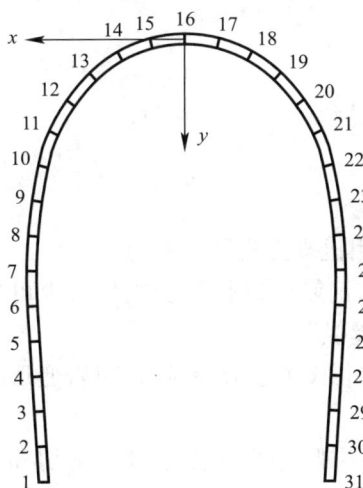

图 5-49　初期支护单元划分图

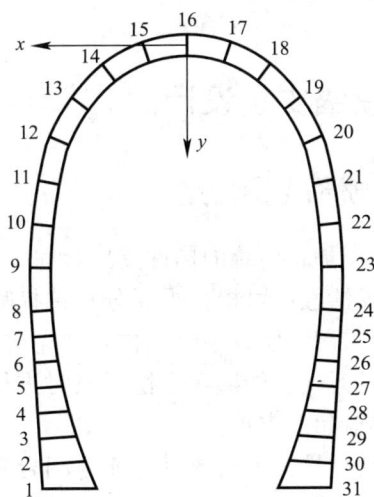

图 5-50　二次衬砌单元划分图

第 6 章　隧道工程喷锚支护设计

喷锚支护是一种符合岩体加固原理的积极支护方法，加固体具有良好的物理力学性能，即它能及时地支护和加固围岩，与围岩密贴并封闭岩体的张性裂隙和节理，加固围岩结构面，有效地发挥和利用岩块间的镶嵌咬合和自锁作用，从而提高岩体自身的强度、自承能力和整体性。喷锚支护结构柔性好，能同围岩共同变形，构成一个共同工作的承载体系。在变形过程中，它能调整围岩应力，抑制围岩变形的发展，避免岩体坍塌的产生，防止过大的松散压力出现。喷锚支护技术不再把围岩仅仅视作荷载（松散压力），同时还把它视为承载结构的组成部分。

喷锚支护应配合光面爆破等控制爆破技术，使开挖断面轮廓平整、准确，便于喷锚成型，并减小回弹量；减轻爆破对围岩的松动破坏，维护围岩强度和自承能力，使其受力良好。目前，喷锚支护结构的设计和施工，已积累了不少经验。喷锚支护结构设计和施工除了计算之外，还依赖于"经验类比"。还有很多需要进一步研究的问题，例如支护结构设计理论、支护形式和时间的合理确定、施工控制、低温下喷混凝土的成型等问题。此外，喷锚支护的使用也是有一定条件的，在围岩的自承能力差、有涌水及大面积淋水处、地层松软处就很难成型。

6.1　喷锚支护设计

6.1.1　喷锚支护特点

喷锚支护较传统的构件支撑，在施工工艺和作用机理上有如下特点：

1）灵活性：可根据需要分别选择喷层、锚杆和钢筋网进行组合支护，也可根据需要局部单独采用。所以喷锚支护是"先柔后刚，按需提供"。

2）及时性：能够在开挖后及时进行，较早地提供支护抗力，限制围岩变形，还能采用锚杆进行超前支护。

3）密贴性：喷射混凝土能与围岩紧密粘贴，可以阻止岩块沿节理的剪切和张开，提高洞室的整体性。

4）协同性：锚杆插入围岩一定深度后，对围岩起到约束作用，使锚杆和围岩形成整体的拱或梁，以抵抗围岩变形。

5）柔性：喷锚支护是一种柔性支护，能适应围岩变形，以充分发挥围岩的自承能力。

6）封闭性：喷锚支护能及时封闭围岩，阻止空气中的水对围岩的侵蚀，防止岩体膨胀和软化。

6.1.2　喷射混凝土支护设计

1. 喷射混凝土的作用

喷射混凝土是使用混凝土喷射机,按一定的混合程序,将掺有速凝剂的细石混凝土喷射到岩壁表面上,并迅速固结成一层支护结构,从而对围岩起到支护作用。喷射混凝土的作用如下:

1) 支撑围岩:由于喷层能与围岩密贴和粘贴,并施于围岩表面以抗力和剪力,从而使围岩处于三向受力的有力状态,防止围岩强度恶化;此外,喷层本身的抗冲切能力可阻止不稳定块体的滑塌,喷射混凝土对围岩的支撑作用简图如图 6-1 所示。

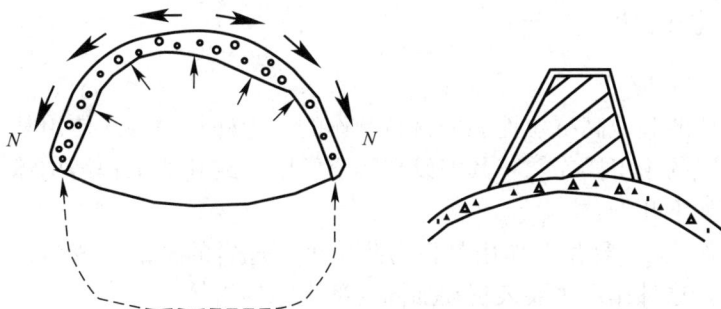

图 6-1　喷射混凝土对围岩的支撑作用简图

2)"卸载"作用:由于喷层属柔性,能有控制地使围岩在不出现有害变形的前提下有一定程度的变形,从而使围岩"卸载";同时,喷层中的弯曲应力减小,有利于混凝土承载力充分发挥。

3) 填平补强作用:喷射混凝土可射入围岩张开的裂隙,填充表面凹穴,使裂隙分割的岩层面粘连在一起,保护岩块间的咬合、镶嵌作用,从而提高围岩块体之间的黏结力和摩阻力,增加围岩的强度;同时,喷射混凝土的填平作用能避免或缓和围岩应力集中。

4) 覆盖围岩表面:喷层直接粘贴岩面,形成风化和止水的保护层,并阻止节理裂隙中充填物的流失。

5) 阻止围岩松动:喷层能紧跟掘进进程并及时进行支护,早期强度较高,因而能及时向围岩提供抗力,阻止围岩松动。

6) 分配外力:通过喷层把外力传给锚杆、钢拱架等,使支护结构受力均匀分担。

2. 喷混凝土设计

为使喷射混凝土有一定的力学性能和耐久性以及早期强度,喷射混凝土设计的最低强度不应低于 15MPa,一般设计强度为 20MPa,一天龄期抗压强度不应低于 5MPa。对Ⅱ~Ⅲ级围岩,喷射混凝土与岩面的黏结强度不应低于 0.8MPa,对Ⅳ级围岩,喷射混凝土与岩面的黏结强度不应低于 0.5MPa。

喷射混凝土支护的设计厚度,若作为防止围岩风化、浸蚀的结构,不得小于 30mm,若作为支护结构,不得小于 50mm;若围岩含水,不得小于 80mm;为防止喷射混凝土由于收缩裂纹而剥落并妨碍喷射混凝土的柔性特点的发挥,以及减小在软弱围岩中产生较大变形压力,喷射混凝土最厚不宜超过 200mm。

在Ⅱ、Ⅲ、Ⅳ级围岩中，易出现局部不稳定岩块，喷射混凝土的设计厚度应按式（6-1）验算。

$$d \geqslant \frac{k_s G}{0.75 f_{ct} u_r} \tag{6-1}$$

式中　d——设计的喷射混凝土厚度，当 $d > 10$cm 时，按 10cm 计；

　　　f_{ct}——喷射混凝土设计抗拉强度；

　　　u_r——局部不稳定块体出露的周边长度；

　　　G——不稳定岩块重量；

　　　k_s——安全系数，一般取 2.5。

6.1.3　锚杆支护设计

1. 锚杆的支护效应

锚杆是用金属或其他高抗拉性能的材料制作的一种杆状构件。使用某些机械装置和黏结介质，通过一定的施工操作，将其安设在隧道的围岩或其他工程结构体中。锚杆的支护效应一般认为有如下几种：

1）"悬吊"作用："悬吊"作用是指为防止个别危岩的掉落或滑落，用锚杆将其与稳定围岩联结起来，这种作用主要表现在加固局部失稳的岩体。

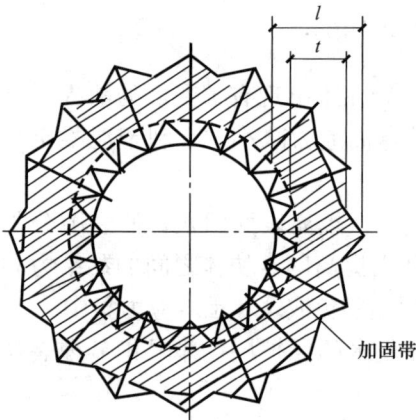

图 6-2　锚杆加固机理

2）支承围岩，通过锚杆的轴向作用力，能限制约束围岩变形，并向围岩施加压力，将一定范围内岩体的应力状态由单向（或双向）转变为三向受力，从而提高围岩的强度，并能制止围岩强度的进一步劣化。

3）加固围岩，由于系统锚杆的加固作用，使围岩中，尤其是松动区中的节理裂隙、破裂面得以连接，因而增大了锚固区围岩的强度（即 c、φ 值）；锚杆对加固节理发育的岩体和围岩松动区是十分有效的，有助于裂隙岩体和松动区形成整体，成为"加固带"，如图 6-2 所示。

4）提高层间摩阻力，形成"组合梁"。对水平或缓倾斜的层状围岩，用锚杆群能把数层岩层连在一起，增大层间摩阻力，形成"组合梁"，锚杆组合梁作用机理如图 6-3 所示。

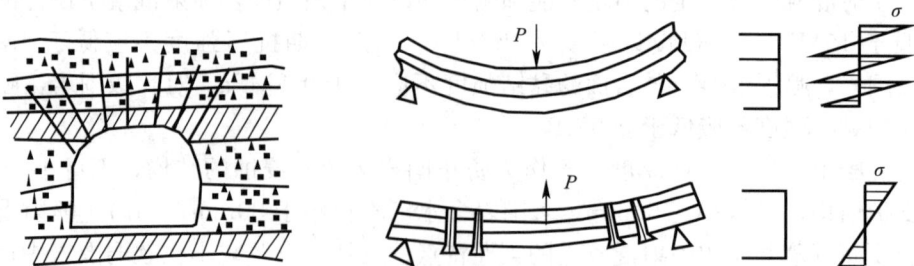

图 6-3　锚杆组合梁示意

2. 锚杆支护设计

国内、外锚杆的构造类型不下数十种，分类的方法也很多。早期主要采用机械式（倒楔式、涨壳式等）金属或木锚杆；后来较多采用黏结式（有水泥砂浆、树脂等黏结剂）钢筋或钢丝绳锚杆、木锚杆、竹锚杆等以及管缝式锚杆（管径略大于孔径的开缝钢管，打入岩孔）；近期发展了快硬或膨胀水泥砂浆、水泥药卷、树脂药卷等性能良好的黏结材料，特别是后者，使得锚杆的效能得到了显著的提高。根据杆体锚固的长度，可以分为端头（局部）锚固或全长锚固各类水泥砂浆锚杆和树脂锚杆，均可实现全长锚固；管缝式锚杆也属于全长锚固。

目前锚杆设计的计算方法都需要采用一些简化并假设其结果只能作为一种近似的估算，而更多的是采用经验和工程类比方法。

1）按单根锚杆悬吊作用计算

锚杆长度计算公式：

$$L = l_1 + l_2 + l_3 + l_4 \tag{6-2}$$

式中　l_1——外露长度取决于锚杆类型和构造要求，如钢筋锚杆应考虑岩层外有铁、木垫板与螺母高度及外留长度；

l_2——有效长度；

l_3——可选用易冒落岩层高度，如采用直接顶高度或普氏免压拱高、荷载高度，或者采用塑性区以下的顶板高度、实测松动圈厚度等；

l_4——锚入坚硬稳定岩层的长度，它的设计原则是锚固力不能小于锚杆杆体能承受的荷载，锚杆的锚固力是由杆体与黏结剂、黏结剂与岩孔壁间的黏结力或锚杆与岩壁间的摩擦阻力等构成，可以根据实际数据计算，经验值一般不小于300mm。

以锚杆杆径计算的锚杆的杆件拉断力应不小于锚固力。目前缺乏有效的锚固力确定方法，一般可根据工程条件和经验先确定要求的锚固力，然后计算杆件的杆径。锚杆间排距由经验确定，或者按每根锚杆所能悬吊的岩体重量，并同时考虑安全系数（通常为15～18）计算间排距。

2）考虑整体作用的锚杆设计

澳大利亚雪山工程管理局的亚历山大等人对有多组节理围岩中使用可施加预压力锚杆的拱形或圆形巷道，提出按拱形均匀压缩带原理设计锚杆参数的方法。该理论认为，在锚杆预压力 σ_2 作用下，杆体两端间的围岩形成挤压圆锥体；相应地，沿拱顶分布的锚杆群在围岩中就有相互重叠的压缩锥体，并形成一均匀压缩带，其计算示意图如图6-4所示。

根据试验结果，锚杆长度 l 与锚杆间距 a（取等间距布置）的比值分别为3，2和1.33时，拱形压缩带 t 与锚杆长度 l 之比相应为2/3，1/3和1/10。

设在外荷载 P 作用下引起均匀压缩带内切向主应力 σ_1，并假定沿厚度 t 切向应力 σ_1 均匀分布，则根据薄壁圆管公式有：

$$\sigma_1 = \frac{p \cdot r_1}{t} \tag{6-3}$$

拱形压缩带内缘作用有锚杆预压力引起的主应力 σ_2：

$$\sigma_2 = N / a^2 \tag{6-4}$$

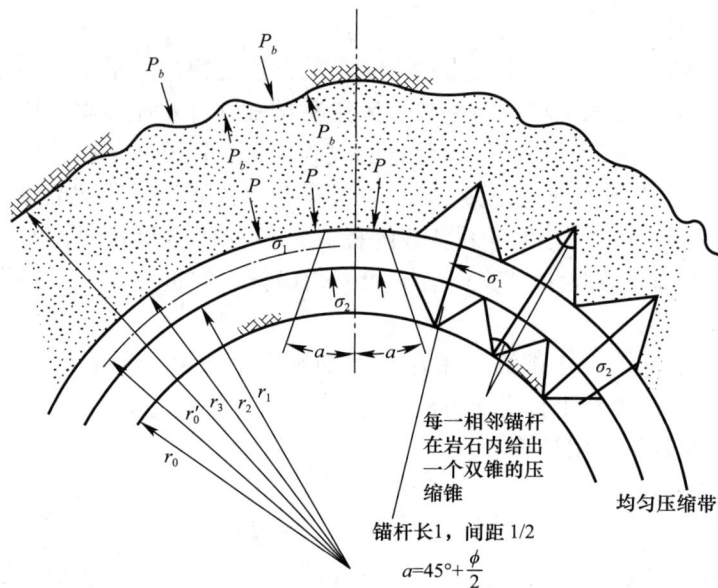

图 6-4　均匀压缩带锚杆支护参数设计原理图

一般，$N = (0.5 \sim 0.8) Q$，Q 为锚固力，由现场拉拔试验或设计确定。在双轴主应力作用下，压缩带内岩体满足库伦强度准则，即在无黏结力的情况下的安全条件为：

$$\sigma_1 \leqslant \sigma_2 \tan^2 \left(45° + \frac{\varphi}{2} \right) \quad \text{或} \quad p \leqslant \frac{\sigma_2 t}{r_1} \tan^2 \left(45° + \frac{\varphi}{2} \right) \tag{6-5}$$

当存在有黏结力时，则有：

$$\sigma_1 \leqslant \sigma_2 \tan^2 \left(45° + \frac{\varphi}{2} \right) + \sigma_c \quad \text{或} \quad p \leqslant \frac{\sigma_2 t}{r_1} \tan^2 \left(45° + \frac{\varphi}{2} \right) + \sigma_c \tag{6-6}$$

根据上述原理，确定锚杆参数的步骤可以如下：

(1) 首先，预选锚杆长度 l、直径 d、间距 a（间距和排距选择为相等）。

(2) 然后，根据 l、d，由上述提供的试验结果，确定压缩带厚度 t，以及 r_0，r_1，r_2 等参数值。

(3) 最后，根据式（6-5）或式（6-6）验算压缩带安全条件；如不满足，调整锚杆参数，重新计算直至满足为止。

6.1.4　钢筋网喷射混凝土

钢筋网喷射混凝土是在喷射混凝土之前在岩面上挂设钢筋网，然后再喷射混凝土。在喷射混凝土内应设带肋钢筋网，有利于提高喷射混凝土的抗剪和抗弯强度，提高混凝土的抗冲切能力、抗弯曲能力，提高喷射混凝土的整体性，减少喷射混凝土的收缩裂纹，防止局部掉块。

目前，我国在各类隧道工程中应用钢筋网喷射混凝土支护的比较多，主要用于软弱破碎围岩，而更多的是与锚杆或者钢拱架构成联合支护。根据《公路隧道设计规范　第一册土建工程》JTG 3370.1—2018 规定，钢筋网网格应按矩形布置，钢筋网的钢筋间距为 150～300mm。可采用 150mm × 150mm、200mm × 200mm、200mm × 250mm、250mm ×

300mm、300mm×300mm 的组合方式。钢筋网的搭接长度不应小于 $30d$（d 为钢筋直径）。钢筋网的喷射混凝土保护层的厚度不得小于 20mm，当采用双层钢筋网时，两层钢筋网的间隔距离不应小于 60mm。

6.1.5 钢拱架支护

当围岩软弱破碎严重，自稳性差时，开挖后要求早期支护具有较大的刚度，以阻止围岩的过度变形和承受部分松弛荷载，而钢拱架就具有这样的力学性能。钢拱架可以采用型钢、工字钢、钢管或钢筋制成。现场采用以钢筋制作的格栅钢架较多。铁路常用钢拱架支护设计参数如表 6-1 所示。

铁路常用钢拱架支护设计参数   表 6-1

围岩级别	荷载系数 μ	钢拱架类型	每榀轴线间距（m）
IV	0.25	三肢格栅钢架	1.0
	0.4	三肢格栅钢架＋喷射混凝土	
	0.3	工字钢架	
	0.35	工字钢架＋喷射混凝土	
V	0.2	四肢格栅钢架	0.8
	0.6	四肢格栅钢架＋喷射混凝土	
	0.4	工字钢架	
	0.45	工字钢架＋喷射混凝土	
VI	0.1	四肢格栅钢架	0.6
	0.15	四肢格栅钢架＋喷射混凝土	
	0.1	工字钢架	
	0.1	工字钢架＋喷射混凝土	

6.1.6 隧道工程联合支护

前面分别介绍了锚杆（系统锚杆或局部锚杆）、喷射混凝土、钢筋网喷射混凝土或纤维喷射混凝土、钢拱架（型钢拱架或格栅钢架）等常用支护方法。在隧道工程中，为适应地质条件和结构条件的变化，常将各种单一支护方法进行恰当组合，共同构成较为合理的、有效的和经济的支护结构体系。但不论何种组合形式，其通称为联合支护。

目前在隧道工程中，作为初期支护，使用最多的组合形式是锚杆（主要指系统锚杆）＋喷射混凝土（素喷或网喷）。因此，初期支护可以称为喷锚支护，它是一种最基本的组合形式，如图 6-5 所示。

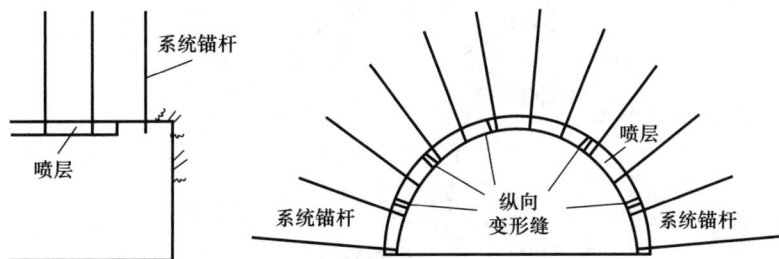

图 6-5 系统锚杆加喷射混凝土联合支护

联合支护的施工不仅应满足各部件安设施工的技术要求，还应注意以下事项：

1）联合支护宜联不宜散，彼此要直接地牢固相连，以充分发挥联合支护效应。

2）钢筋网及钢拱架要尽可能多地与锚杆头焊连，锚杆要有适量的露头。

3）钢筋网及钢拱架要被喷射混凝土所包裹、覆盖，即喷射混凝土要将钢筋网和钢拱架包裹密实。

4）分次施作的联合支护，应尽快将其相联，如超前锚杆与系统锚杆及钢拱架的联结。

5）分次施作的联合支护，要在量测指导下进行，以做到及时、有效，并做适当调整。

6.2　支护设置时间和结构刚度选择

新奥法支护机理的基本观点是根据岩体力学理论，着眼于隧道开挖后形成塑性区的二次应力重分布，而不拘泥于传统的荷载观念。所以它主要不是建立在对于坍落拱的"支撑概念"上，而是建立在对围岩的"加固概念"基础上。在合理的临界限度内，它所需要的表面支护抗力 P_i 是与围岩塑性区半径 R、洞室周边位移 u_r 以及围岩的黏聚力 c、内摩擦角 φ 等参数呈反比，而支护能提供的抗力则与其刚度呈正比。

在不同时间设置支护和选用不同刚度的衬砌结构，可使地层特征线与支护特征线在 u_r—P_i 坐标平面上产生不同的组合，如图 6-6 所示。图 6-6 表示了隧道围岩应力再分布和支护抗力之间的关系。围岩特征曲线 1 表明，若不允许围岩壁面位移发展，洞壁径向压应力非常大；而若允许位移发展，则径向压应力减小，当位移达到某一数值时，围岩径向压应力，也就是支护抗力为最小（即 $P_{i_{min}}$）。如果接近开挖面修筑支护，则位移 u_r 较小。支护特性曲线 2 表示随着 u_r 的增加，P_i 也增加，并在与曲线 1 的交点处取得应力稳定，此时的径向压应力为 P_i^1，如果修筑刚性更大的支护，如曲线 3 所示，则径向压应力

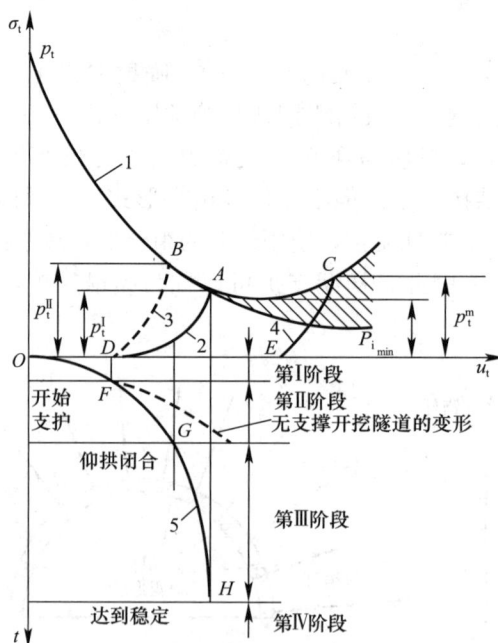

图 6-6　地层特征与支护特征曲线

增大为图 6-6 中的 P_i^{II}。新奥法就是根据上述规律，在接近开挖面适时施作密贴围岩的薄层柔性支护的；如果施作支护时间过迟，则会使围岩位移过大而产生塌落荷载，围岩应力再分布和支护反力的关系如图 6-6 中斜线阴影部分所示，径向压应力 P_i^{III} 也增大，如曲线 4 所示。

曲线 5 表示的是由于围岩应力重分布和衬砌之间相互作用而存在的四个显著的特征阶段。第 I 阶段：围岩不受支护的约束而能够向洞室内自由位移；第 II 阶段：修筑一次支护时支护抗力使变形速度减小，并且这个抗力还和支护的刚度有关；第 III 阶段：由于修筑了仰拱，支护刚度变大而变形速度越来越小；最后当仰拱完全受力时，就达到第 IV 阶段，变形基本停止。可见，结构的柔性与刚性仅是相对而论的，在设计实践中选用柔性结构时仍需注意使结构保持必要的刚度。显然，只有对地层特征、支护设置时间及支护刚度等因素综合考虑，才能做出合理的设计。

6.3　隧道工程监控量测与分析

6.3.1　隧道工程现场监测的意义、监测项目

对隧道工程稳定性进行监测与预报，是保证工程设计、施工科学合理和安全生产的重要措施。著名的隧道新奥法施工技术就是把施工过程中的监测作为一条重要原则，通过监测分析对原设计参数进行优化，并指导下一步的施工，对于竣工投入使用的重要隧道工程仍需对其稳定性进行监测与预报。隧道工程现场量测的目的如下：

1）掌握围岩力学形态的变化和规律。

2）掌握支护结构的工作状态。

3）为理论解析、数据分析提供计算数据与对比指标。

4）为隧道工程设计与施工积累资料。

隧道工程监测的项目与内容如下：

1）地质和支护状态现场观察：开挖面附近的围岩稳定性、围岩构造情况、支护变形与稳定情况，准确掌握围岩情况。

2）岩体（岩石）力学参数测试：抗压强度 R_b、变形模量 E、黏聚力 c、内摩擦角 φ、泊松比 μ。

3）应力应变测试：岩体原岩应力，围岩应力、应变，支护结构的应力、应变。

4）压力测试：支护上的围岩压力、渗水压力。

5）位移测试：围岩位移（含地表沉降）、支护结构位移。

6）温度测试：岩体（围岩）温度、洞内温度、洞外温度。

7）物理探测：弹性波（声波）测试，即纵波速度 v_p、横波速度 v_s、动弹性模量 E_d、动泊松比 μ_{dp}。

以上监测项目，一般分为应测项目和选测项目。应测项目是现场量测的核心，它是设计、施工所必需进行的经常性量测；选测项目是由于不同地质、工程性质等具体条件和对现场量测要取得的数据类型而选择的测试项目。

6.3.2　隧道现场量测方法

1. 地质素描

与隧道施工进展同步进行的洞内围岩地质（和支护状况）的观察及描述，通常称为地质素描。它是隧道设计和施工过程中不可缺少的一项重要地质详勘工作，是围岩工程地质特性和支护措施的合理性的最直观、最简单、最经济的描述和评价。

配合量测工作对代表性断面的地质描述，应详细准确，如实反映情况。一般应包括对以下内容的描述：①代表性测试断面的位置、形状、尺寸及编号；②岩石名称、结构、颜色；③层理、片理、节理裂隙、断层等各种软弱面的产状、宽度、延伸情况、连续性、间距等；各结构面的成因类型、力学属性、粗糙程度、充填的物质成分和泥化、软化情况；④岩脉穿插情况及其与围岩接触关系、软硬程度及破碎程度；⑤岩体风化程度、特点、抗风化能力；⑥地下水的类型、出露位置、水量大小及喷锚支护施工的影响等；⑦施工开挖方式方法、喷锚支护参数及循环时间；⑧围岩内鼓、弯折、变形、岩爆、掉块、坍塌的位置、规模、数量和分布情况，围岩的自稳时间等；⑨特殊地质条件描述；⑩喷层开裂起鼓、剥落情况描述；⑪地质断面展示图（1：100～1：20）或纵横剖面图（1：100～1：50）。

2. 拱顶下沉和地表沉降

由已知高程的临时或永久水准点（通常借用隧道高程控制点），使用较高精度的水准仪，就可观测出隧道拱顶或隧道上方地表各点的下沉量及其随时间的变化情况。隧道底鼓也可用此法观测。通常这个值是绝对位移值。另外也可以用收敛计测拱顶相对于隧道底的相对位移。值得注意的是，拱顶点是坑道周边的一个特殊点，其位移情况具有较强的代表性。

3. 隧道周边相对位移

隧道开挖后，围岩向坑道方向的位移是围岩动态的最显著表现，最能反映出围岩（或围岩加支护）的稳定性。因此对坑道周边位移的量测是最直接、最直观、最有意义、最经济和最常用的量测项目。隧道周边各点趋向中心的变形称为收敛，用收敛计测量可以确定隧道相对两个壁面上两点间的相对位移（图 6-7）。

假设中心点相对不动，就可以获得单面相对位移。测量前先在洞室壁面钻孔中插入带球形测点的壁面埋腿，并灌入水泥砂浆使其固结。测量时将收敛计的本体球铰和尺头球铰分别套在测线两端的球形测点上，理平钢带尺，压下钢带尺限位销以固定钢尺长度，调整张紧弹簧使钢带尺保持恒定张紧力，通过距离指示百分表读出两点间的距离。

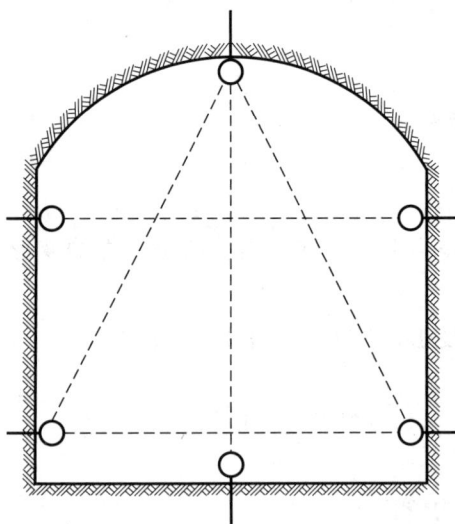

图 6-7　地下工程变形监测示意图

通过两次测量比较，就可以获得岩壁的收敛变形（两点间的相对变形）大小、变形速度等。

4. 围岩内部位移

围岩内部位移测量是了解其内部位移、破裂等情况最直接的方法，对于判断或预报围岩稳定性有重要意义，这种测量通常采用钻孔多点位移计。钻孔多点位移计的测量原理是：在钻孔岩壁的不同深度位置固定若干个测点，每个测点分别用连接件连接到孔口，这样，孔口就可以测量到连接件随测点移动所发生的移动。在孔口的岩壁上设立一个稳定的基准板，用足够精度的测量仪器测量基准板到连接件外端的距离，孔壁某点连接件的两次测量差值就是该时间段内该测点到孔口的深度范围内岩体的相对位移值，通过不同深度测点测得的相对位移的比较，可确定围岩不同深度各点之间的相对位移，以及各点相对位移随岩层深度的变化关系，机械式多点位移计如图 6-8 所示。

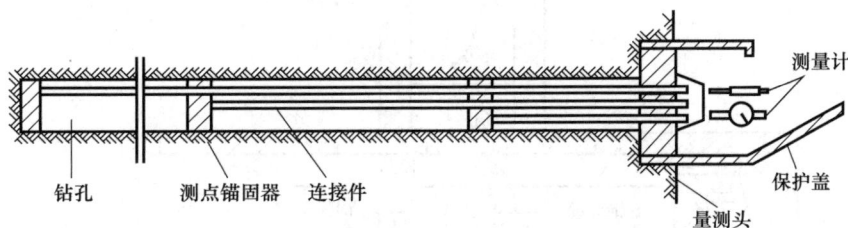

图 6-8　机械式多点位移计

如孔中最深的测点相对较深，则认为该点是在影响圈以外的不动点，就能计算出孔内其他各点（含岩壁面）的绝对位移量。多点位移计主要由在孔中固定测点的锚固器（压缩木锚固器、弹簧锚固器、卡环弹簧锚固器、水泥砂浆锚固器等）、传递位移量的连接件（由钢丝或钢管等制成）和孔口测量头与量测仪器组成。测量连接件位移常用的方法有直读式和电传感式两种。直读式常用百分表或深度游标卡尺等量测仪器；电传感测量计有电感式位移计、振弦式位移计和电阻应变式位移计等。

5. 围岩和支护结构应力监测

1）锚杆测力计

应用锚杆或锚索进行围岩支护的隧道，可以用锚杆测力计了解锚杆受力情况。测力计实际就是在锚杆（索）上焊接或黏结上某种应力计，把这种锚杆（索）送入钻孔内锚固后，即可通过引出线测读锚杆的受力。

2）压力监测

钢弦式压力盒和油压枕被广泛用于测定作用在支护结构上的压力、上覆岩层对支护结构的作用力等，当前用得最多的是钢弦式压力盒。压力盒的工作原理是当压力作用于压力盒底部工作薄膜上时，底膜受力向里挠曲使钢弦拉紧。钢弦内应力和自振频率相应发生变化。根据弹性振动理论，钢弦受拉力作用的自振频率 f 可表示为压力盒底膜所受压力 P 的函数：

$$f = \sqrt{f_0^2 + RP} \tag{6-7}$$

式中　f_0、f——压力盒受压前、后钢弦的振动频率（Hz）；

R——压力盒系数，每个压力盒均不同，须预先在试验室通过压力与频率的关系进行率定工作。

压力盒中的钢弦自振频率是用频率仪来测定的。它主要由放大器、示波器和低频讯号发生器等部件组成，从低频讯号发生器的自动激发装置向压力盒中的电磁线圈输入脉冲电流，激励钢弦产生振动。该振动在电磁线圈内感应产生交变电动势，经放大器放大后送至示波器的垂直偏振板，这样，在示波器的荧光屏上将出现波形图。调整面板上的旋钮，使讯号发生器的频率与接收的钢弦振动频率相同，这时在仪器的荧光屏上将出现椭圆图形，此时数码管显示出的数值即为钢弦振动频率 f_0。钢弦压力盒的主要组成部分如图 6-9 所示。

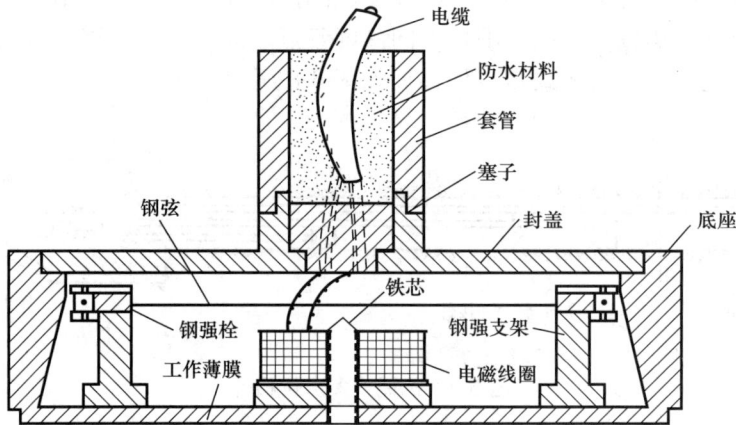

图 6-9   钢弦压力盒结构图

6. 围岩的弹性波速度

利用弹性波在岩体内的传播特性，可以测定岩体的弹性常数，了解岩体的某些物理力学性质，测定围岩主应力的方向，判断围岩的完整性与破坏程度，检测爆破振动对围岩稳定性的影响，检测围岩的加固效果等。据此可以判别围岩的工程性质，如稳定性，并对围岩进行工程分类。其原理如图 6-10 所示。

| 振荡器 | → | 发射换能器 | → | 岩石(体) | → | 接收换能器 | → | 放大器 | → | 显示器 |

图 6-10   声波测试原理示意图

目前，在工程测试中，普遍应用声波在岩体中传播的纵波速度 v_P 来作为评价岩体物理力学性质的指标。一般有以下规律：

（1）岩体风化、破碎、结构面发育则波速低、衰减快、频谱复杂。

（2）岩体充水或应力增加则波速高、衰减小、频谱简化。

（3）岩体不均匀和各向异性则其波速与频谱也相应表现出不均一和各向异性。

当前应用最多的是采用弹性波测定围岩松动圈。松动圈是设计支护强度和参数的重要依据，其测试方法如下：预先在洞室的岩壁面上打一排垂直于壁面的扇形测孔，其深度应大于松动圈范围；将发射换能器和接收换能器构成的组合体放入充满水的测孔中，自孔口开始每隔一定间距测读一次岩体的声波传播时间，根据发射和接收换能器间的距离算出声波传播速度。松动圈范围内岩体破碎，裂隙发育，波速较低；应力升高区内裂隙被压缩，波速较高；原岩区声速松动圈可划定在孔口附近波速低于原岩区正常值的范围内。

7. 光电技术在隧道工程监测中的应用

随着现代测试技术的成熟，新的隧道工程监测手段也层出不穷，如以计算机和电子技术为基础的各种远距离监测、数据传输到文字、数据或图像处理、激光测距；用定位、探地雷达探测地层性质和状态（围岩松动区范围、断层）等。此处介绍光纤传感技术在隧道工程监测中的应用。光纤传感技术原理是：当光射入到两种不同折射率的物质界面上时，将发生反射与折射现象。由于导光介质对光的吸收，通常光线在传输过程中会很快衰减。

光纤对光信号做低衰减传输主要是利用光的全反射原理。若传输入射光介质的折射率大于第二种介质的折射率，则当入射角满足一定条件时，光在界面处将发生全反射而不会透射到第二种介质；若将两种介质做成如图 6-11 所示同心环状光纤结构，则当光线折线式向前传递时，这种全反射的条件得以保证。

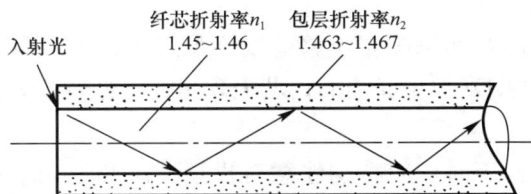

图 6-11　光纤芯内的光传递示意图

光纤在纤芯中传导光的物理参数，如振幅、相位、频率、色散、偏振方向等，具有良好的光敏感性。光纤传感器可以探测的物理量已有 100 多种，具有结构简单、体积小、重量轻、抗电磁场和地球环流的干扰、可靠性高、安全、可长距离传输等优点；并可使传感系统向网络化和智能化的方向发展。

6.3.3　量测数据分析与反馈

量测数据反馈于设计、施工，是监控设计的重要一环，但目前尚未形成完整的设计体系。当前采用的量测数据反馈设计的方法主要是定性的，即依据经验和理论上的推理来建立准则。根据量测的数据和这些准则即可修正设计支护参数和调整施工措施。量测数据反馈设计、施工的理论方法，目前正在蓬勃兴起，主要是将监控量测与理论计算相结合的反分析计算法，这里，简要介绍根据对量测数据的分析来修正设计参数和调整施工措施的一些准则。

1. 地质预报

地质预报就是根据地质素描来预测、预报开挖面前方围岩的地质状况，以便考虑选择适当的施工方案调整各项施工措施，包括：

1）在洞内直观评价当前已暴露围岩的稳定状态，检验和修正初步的围岩分类。

2）根据修正的围岩分类，检验初步设计的支护参数是否合理，如不恰当，则应予修正。

3）直观检验初期支护的实际工作状态。

4）根据当前围岩的地质特征，推断前方一定范围内围岩的地质特征，进行地质预报；防范不良地质突然出现。

5）根据地质预报，结合对已做初期支护实际工作状态的评价，预先确定下一循环的支护参数和施工措施。

6）配合量测工作进行测试位置选取和量测成果的分析。

2. 净空位移分析与反馈

如前所述，净空位移是围岩动态最显著的表现，所以隧道工程现场量测主要以净空位移作为围岩稳定性评价及围岩稳定状态判断的指标。

一般而言，坑道开挖后，若围岩位移量小，持续时间短，其稳定性就好；若位移量大，持续时间长，其稳定性就差。

以围岩位移作为指标来判断其稳定状态，有赖于对实际工程经验的总结和对位移量测数据的分析。

1）根据标准用围岩的位移来判断其稳定状态，关键是要确定一个"判断标准"（或称为"收敛标准"），即是判断围岩稳定与否的界限。它包括三个方面：位移量（绝对或相对）、位移速率、位移加速度。

2）根据以上判断标准，如果围岩位移速度不超过允许值，且不出现蠕变趋势，则可以认为围岩是稳定的，初期支护是成功的；若表现出稳定性较好，则可以考虑适当加大循环进尺。

3）浅埋隧道暗挖法施工时，应特别注意对拱顶下沉及地表下沉量的控制，其控制标准如表6-2所示。

量测数据管理基准参考值　　　　　　　　　　　　表6-2

指标内容	日本、法国、德国规范综合值	推荐基准值	
		城市地铁	山岭隧道
地面最大沉陷	50mm	30mm	60mm
地面沉陷槽拐点曲率	1/300	1/500	1/300
地层损失系数	5％	5％	5％
洞内边墙水平收敛	20～40mm	20mm	$(0.1～0.2)B$％
洞内拱顶下沉	75～229mm	50mm	$(0.3～0.4)B$％

注：B——开挖洞室最大跨度（m）。

如果位移值超过允许值不多，且初期支护中的喷射混凝土未出现明显开裂，一般可不予补强。

如果位移与上述情况相反，则应采取处理措施，如在支护参数方面，可以增强锚杆，加钢筋网喷射混凝土、加钢支撑、增设临时仰拱等；施工措施方面，可以缩短从开挖到支护的时间，提前打锚杆，提前设仰拱，缩短开挖台阶长度和台阶数，增设超前支护等。

4）二次衬砌（内层衬砌）的施作时间。按新奥法施工原则，当围岩或围岩加初期支护基本达成稳定后，就可以施作二次衬砌。

应当特别指出的是，在流变性和膨胀性强烈的地层中，单靠初期支护不能使围岩位移收敛时，就宜于位移收敛以前施作模筑混凝土二次衬砌，做到有效地约束围岩位移。

3. 围岩内位移及松动区分析与反馈

如果实测围岩的松动区超过了允许的最大松动区（该允许松动区半径与允许位移量相对应），则表明围岩已出现松动破坏，此时必须加强支护或调整施工措施以控制松动范围。如加强锚杆（加长、加密或加粗）等，一般要求锚杆长度大于松动区范围。如果与以上情形相反，甚至锚杆后段的拉应力很小或出现压应力时，则可适当缩短锚杆长度、缩小锚杆直径，或减少锚杆数量等。

4. 锚杆轴力分析与反馈

根据量测锚杆测得的应变，即能算出锚杆的轴力。

$$N = \frac{\pi}{8} D^2 E(\varepsilon_1 + \varepsilon_2) \tag{6-8}$$

式中　N——锚杆轴力；

　　　D——锚杆直径；

　　　E——杆的弹性模量；

　　ε_1、ε_2——测试部位对称的一组应变片量得的两个应变值。

锚杆轴力是检验锚杆效果与锚杆强度的依据，根据锚杆极限强度与锚杆应力的比值 K（安全系数），即能做出判断。锚杆轴应力越大，则 K 值越小。一般认为锚杆局部段的 K 值稍小于 1 是允许的，因为钢材有一定的延性。根据实际调查发现锚杆轴应力在洞室断面各部位是不同的，表现为：

1）同一断面内，锚杆轴应力最大者多数在拱部 45°附近到起拱线之间。

2）拱顶锚杆，不管净空位移值大小如何，出现压应力的情况是不多的。

锚杆的局部段 K 值稍小于 1 的允许程度应该是不超过锚杆的屈服强度。若锚杆轴应力超过屈服强度，则应优先考虑改变锚杆材料，采用高强钢材。当然，增加锚杆数量或锚杆直径也可得到降低锚杆轴应力的效果。

5. 围岩压力分析与反馈

由围岩压力分布曲线可知围岩压力的大小及分布状况。围岩压力的大小与围岩位移量及支护刚度密切相关。围岩压力大，即作用于初期支护的压力大。这可能有两种情况：一是围岩压力大但变形量不大，这表明支护时机，尤其是支护的封底时间可能过早或支护刚度太大，可做适当调整，让围岩释放较多的应力；另一种情况是围岩压力大且变形量也很大，此时应加强支护，限制围岩变形，控制围岩压力的增长。当测得的围岩压力很小但变形量很大时，则应考虑可能会出现围岩失稳。

6. 喷层应力分析与反馈

喷层应力是指切向应力，因为喷层的径向应力总是不大的。喷层应力与围岩压力及位移有密切关系。喷层应力大的原因有两个方面，一是围岩压力和位移大；二是支护不足。

在实际工程中，一般允许喷层有少量局部裂纹，但不能有明显的裂损，或剥落、起鼓等。如果喷层应力过大，或出现明显裂损，则应适当增加初始喷层厚度。如果喷层厚度已较厚时，则不应再增加喷层厚度，而应增强锚杆、调整施工措施、改变封底时间等。

7. 地表下沉分析与反馈

对于浅埋隧道，可能由于隧道的开挖而引起上覆岩土体的下沉，致使地面建筑的破坏和地面环境的改变。因此，地表下沉的量测监控对于地面既有建筑物的浅埋隧道和城市地下通道尤为重要。

如果量测结果表明地表下沉量不大，能满足限制性要求，则说明支护参数和施工措施是适当的；如果地表下沉量大或出现增加的趋势，则应加强支护和调整施工措施，如适当加喷混凝土、增设锚杆、加钢筋网、加钢支撑、超前支护等，或缩短开挖循环进尺、提前封闭仰拱，甚至预注浆加固围岩等。

另外，还应注意对浅埋隧道的横向地表位移进行观测，横向地表位移带发生在浅埋偏压隧道工程中，其处理较为复杂，应加强治理偏压的对策研究。

8. 声波速度分析与反馈

围岩的声波速度综合地反映了岩土体的物理力学特征和动态变化。根据 v_P—L 曲线可以确定围岩松动区的范围，工程中应注意将此结果与围岩内位移量测资料相对照，综合分析和判断围岩的松弛情况，以便给修正支护参数和调整施工措施提供依据和指导。

思考题

1. 喷锚支护有哪些特点？
2. 隧道工程现场监测的意义是什么？有哪些监测项目？

第 7 章　隧道工程施工技术

隧道工程施工技术主要研究解决各种隧道施工方法所需的技术方案和措施（如开挖、掘进、支护和衬砌施工方案和措施）。隧道施工管理主要解决施工组织设计（如施工方案的选择、施工技术措施、场地布置、进度控制、材料供应、劳力及机具安排等）和施工中的技术管理、计划管理、质量管理、经济管理、安全管理等问题。

7.1　隧道工程施工方法

7.1.1　隧道工程施工基本概念

隧道工程施工是指修建隧道及地下洞室的施工方法、施工技术和施工管理的总称。隧道工程施工方法的选择主要依据工程地质和水文地质条件，并结合洞室断面尺寸、长度、衬砌类型、洞室的使用功能和施工技术水平等因素综合考虑研究确定。根据隧道穿越地层的不同情况和目前隧道施工方法的发展，隧道工程施工方法可按以下方式分类，如图 7-1 所示。

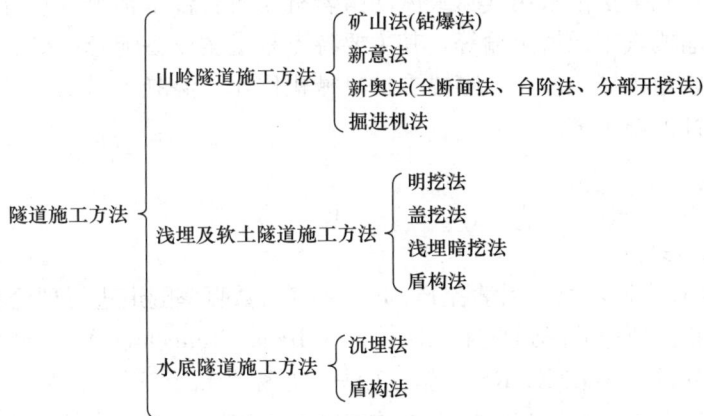

图 7-1　隧道工程施工方法

隧道工程开挖后，除围岩完全能够自稳而无须支护以外，在围岩稳定能力不足时，则须加以支护才能使其进入稳定状态，称为初期支护。若围岩完全不能自稳，则须先支护后开挖，称为超前支护。隧道工程在穿越断层等不良地质时，有时需要先注浆加固围岩和堵水，然后开挖，则称之为地层改良。为保证隧道工程在长期运营期间的稳定、耐久、减小阻力和美观等，设计时一般均采用混凝土或钢筋混凝土内层衬砌，称为二次衬砌。

7.1.2　矿山法

山岭隧道常规施工方法又称为矿山法，因最早应用于采矿坑道而得名。在矿山法中，多数情况下都需要采用钻眼爆破进行开挖，故又称为钻爆法。从隧道工程的发展趋势来看，钻爆法仍将是今后山岭隧道最常用的开挖方法。

在矿山法中，坑道开挖后的支护方法，大致可以分为钢木构件支撑和锚杆喷射混凝土支护两类。作为施工方法，人们习惯上将采用钻爆开挖加钢木构件支撑的施工方法称为"传统的矿山法"；而将采用钻爆开挖加喷锚支护的施工方法称之为"矿山法"或"钻爆法"。

1. 传统矿山法

传统矿山法是人们在长期的施工实践中发展起来的。它是凿眼爆破，以木或钢构件作为临时支撑，待隧道开挖成形后，逐步将临时支撑撤换下来，而代之以整体式衬砌作为永久性支护的施工方法。支撑类似于地上的"荷载-结构"力学体系。它作为一种维持坑道稳定的措施，是很直观和奏效的，也容易被施工人员理解和掌握，因此这种方法常被应用于不便采用喷锚支护的现代隧道中，或用于处理坍方等。

2. 矿山法

随着隧道工程理论及施工工艺的不断发展，人们逐渐深刻地认识到隧道是围岩和支护组成的体系，应充分地保护围岩，发挥围岩自身的承载能力，维护围岩的稳定性；隧道设计和施工与隧道的围岩条件密切相关，只有充分掌握隧道的围岩条件，才能有合理的隧道设计与施工。目前，施工手段也由人力、小型机械化、半机械化发展到机械化施工。人力施工是指锤、钎、镐、纯人工作业方式；小型机械化是指风动凿岩机钻眼、人力或小型装渣机装渣、人力或电瓶车牵引、小矿车运输、人力或机械搅拌混凝土、人力灌筑衬砌的施工模式；半机械化施工是指采用气腿式风动凿岩机或凿岩台车钻眼、轨行铲斗式装渣机装渣、矿车有轨运输或汽车无轨运输等，其主要特点是机械设备配套；机械化施工是指采用以台车钻眼、挖装运机械化作业、喷锚支护机械化作业、混凝土衬砌机械化作业、注浆机械化作业等为特征的施工模式。

7.1.3　新意法

1. 新意法基本理念

20 世纪 70 年代中期，意大利学者 PieoLanarndi 对数百座隧道进行理论和现场试验研究，创立了意大利全断面预加固隧道施工工法［New Italian Tunneling Method（NITM）］，又称为岩土控制变形分析（ADECO-RS）施工工法（亦称"新意法"）。岩土控制变形分析法的核心是强调隧道掌子面前方超前核心土的加固对于控制围岩变形的作用，通过勘察、分析，预测围岩的应力-应变状态，并依据隧道开挖后围岩稳定、暂时稳定、不稳定将围岩划分为 A、B、C 三种变形行为类型，在此基础上进行信息化设计和施工，确保隧道安全穿越各种地层（尤其是复杂不良地层）。岩土控制变形分析法，尤其是对复杂多变的不良地层，不仅可以有效控制工程进度、工程质量和施工安全，还可以降低工程造价，具有较大的推广价值。

ADECO-RS 法已被纳入意大利的隧道设计和施工规范，并广泛应用于意大利的公路和铁路领域，此方法还应用于欧洲其他一些国家的隧道项目。2006 年 7 月，铁道部有关领导参观了意大利佛罗伦萨的博罗尼亚高速铁路采用 ADECO-RS 法施工的 Raticosa 隧道施工现场。2006 年 10 月，拥有 ADECO-RS 法的意大利特莱维集团来到我国，考察了郑西客运专线黄土隧道施工现场，并与中国同行进行了学术交流。随着我国经济的快速发展，隧道修建的规模越来越大，速度进一步加快，将有越来越多的隧道穿越各种软弱不良地层，而且隧道周边环境也将更加复杂。因此，需要引进、消化和吸收国外先进的隧道设计、施工技术，以进一步提高我国隧道修建技术水平。

岩土控制变形分析法确定了三种基本的变形类型（图7-2）：①A类：掌子面-超前核心土稳定（硬岩类别）；②B类：掌子面-超前核心土短期稳定（黏结性地层）；③C类：掌子面-超前核心土不稳定（松散性地层）。

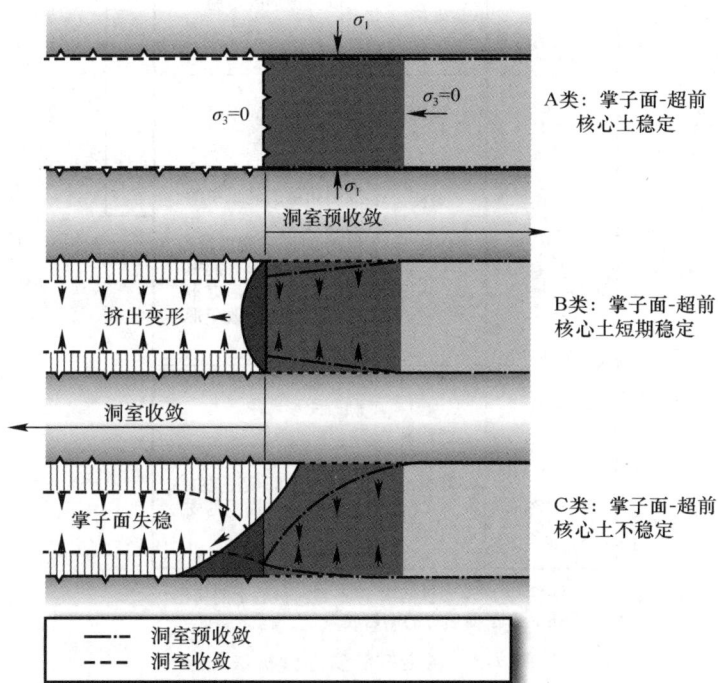

图 7-2　掌子面-超前核心土变形类别

1）超前核心土

超前核心土是指掌子面前方一定体积的岩土体，呈圆柱形，圆柱体的高度和直径大致等于隧道直径。

2）掌子面挤出变形

掌子面挤出变形是开挖岩土体对隧道开挖产生变形反应的主要表现形式，其主要发生在超前核心土内；挤出变形的大小取决于超前核心土的强度、变形特性及其所处的原始应力场；挤出变形发生在隧道掌子面的表面，沿隧道水平轴线方向发展，其几何形状大概呈轴对称（掌子面鼓出），或在掌子面形成螺旋状突出。

3）隧道预收敛

隧道预收敛是掌子面前方的理论轮廓线的收敛变形，全部取决于超前核心土的强度及变形特性与其原始应力状态之间的关系。

2. 新意法隧道设计施工程序

岩土控制变形分析法是对岩土变形的分析和控制。隧道的设计、施工要按照图7-3所归纳的程序进行操作。

阶段	过程	说明
设计	勘察	分析已有的自然平衡
	诊断	分析、预测无支护措施下的变形现象(*)
	处治	采取支护加固措施控制变形现象(*)
施工	实施	运用支护加固手段控制变形现象(*)
	监测	控制和量测施工中的围岩变形现象(*)，量测掌子面-超前核心土的挤出变形、洞室周围及掌子面后方不同位置处的收敛变形
	调整最终设计方案	判断变形现象(*)
		平衡掌子面-超前核心土及洞室周围的支护加固体系

(*)——变形现象包括掌子面-超前核心土的挤出变形、掌子面后方的围岩收敛

图 7-3　岩土控制变形分析法程序

1）设计阶段

勘察阶段：确定隧道围岩的岩土力学性质，以分析地层原有的平衡状态，为接下来的诊断阶段做准备。

诊断阶段：利用勘察阶段获得的数据，把整个隧道划分成应力-应变条件相同的几个部分（A 类：掌子面稳定；B 类：掌子面短期稳定；C 类：掌子面不稳定），确定各部分的详细变形和挖掘产生的载荷形式。

处治阶段：根据诊断阶段所划分的隧道变形反应类别，确定采取何种加固形式（约束或预约束措施），以保证隧道处于完全稳定状态，继而设计工程师需要设计出隧道的典型纵、横断面形式，并用数学工具验证其有效性。

2）施工阶段

实施阶段：设计完成后，进入实施阶段。根据围岩的实际变形，采取合适的约束和预约束措施，并用事先确定的质量控制程序进行监测。

监测阶段：监测和判释隧道掘进过程中的围岩变形，验证诊断和处治阶段所做预测的准确性，然后调整设计方案以平衡掌子面和洞壁的支护措施。监测阶段并不是在隧道完工后就结束，而是在隧道使用的整个寿命期都要监测其安全性。

地下工程的正确设计意味着，在了解原有的平衡状态的条件下怎样去预测掘进过程中的围岩变形，以及了解其产生机理及发展趋势，然后就要划分隧道的变形类型和确定相应的支护措施（约束或预约束）。另外还要根据隧道掘进情况和掌子面位置，确定加固措施的实施时间和作业循环，将隧道的变形控制在允许的范围内。

地下工程的正确施工就是根据设计进行施工：首先要正确判断掘进过程中的围岩变形反应（以掌子面-超前核心土的挤出变形为主要判断依据）和针对掌子面挤出变形及隧道洞壁收敛变形的干预措施的有效性；然后确定隧道掘进的循环长度、速度，确定支护措施的强度、实施时间和位置，平衡掌子面和隧道洞壁的支护措施。

7.2 新奥法施工技术

7.2.1 开挖方法及其选择

"新奥地利隧道修建方法"（NATM），简称"新奥法"，这个概念是奥地利学者腊布希维兹（L. V. Rabcewicz）于20世纪50年代首先提出的。它是以既有隧道工程经验和岩体力学理论为基础，将锚杆和喷射混凝土组合在一起作为主要支护手段，通过监测控制围岩的变形，以便于充分发挥围岩的自承能力的施工方法。经过奥地利、瑞典、意大利等国的许多隧道实践、理论研究及科学论证，该方法于20世纪60年代取得专利权并正式命名为新奥法（NATM）。之后新奥法在欧洲、美国、日本等国家的隧道中快速发展，现已成为现代隧道工程新技术的标志之一。

新奥法的核心是充分利用围岩的自承与自稳能力，开挖后及时喷锚（网）支护，封闭围岩，控制围岩变形。同时在施工中连续监测围岩动态，根据监测到的信息，随时调整设计、施工参数。因此，所谓新奥法不是单纯的开挖、支护的方法和顺序，而是按照实际观察到的围岩动态的各项指标来指导开挖隧道的方法，因此，新奥法应该理解为新奥法原则，而不能将其片面理解为一种施工的方法。基于以上的理解，可归纳新奥法的原则为充分保护、利用围岩自身的承载能力；其施工要点为控制爆破、喷锚支护和施工监测；其实施方法为设计、施工和监测三位一体的动态模式。

我国在20世纪70年代末开始了解和接受新奥法的概念，从20世纪80年代开始在一些隧道的设计中贯彻了新奥法基本原理，采用了信息化设计方法，例如大瑶山隧道、南岭隧道、军都山隧道等。1988年中国批准发布了《铁路隧道新奥法指南》，并编写了"喷锚技术法规则"等作业标准。随着新奥法基本原理在隧道工程实践中的应用，以及开挖方法、辅助工法、喷锚技术、现场监测技术等的不断完善和提高，逐步形成了具有中国特色的隧道修建方法，如"浅埋暗挖法"，即"管超前、严注浆、短开挖、强支护、快封闭、勤量测"十八字诀和"复合式衬砌"等技术，丰富和发展了新奥法原理。

隧道施工就是要挖除隧道范围内的岩土体，并尽量保持隧道围岩的稳定。开挖是隧道施工的第一道工序，也是关键工序。在隧道的开挖过程中，围岩稳定与否，虽然主要取决于围岩本身的工程地质条件，但开挖对围岩稳定状态有直接而重要的影响。隧道开挖方法实际上是指开挖成形方法。按开挖隧道的横断面分部情形来分，开挖方法可分为全断面开挖法、台阶开挖法、分部开挖法等，如表7-1所示。

隧道主要施工（开挖）方法　　　表 7-1

序号	名称	横断面示意	纵断面示意
1	全断面开挖法	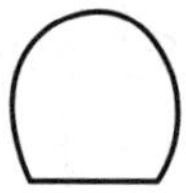	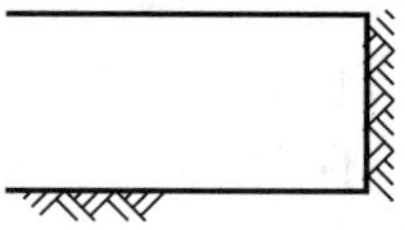
2	台阶法	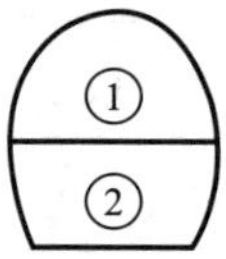	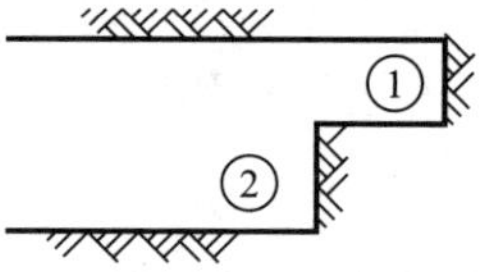
3	环形开挖预留核心土法	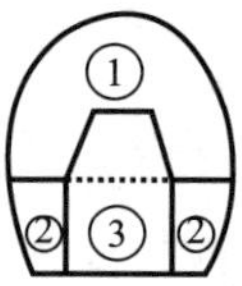	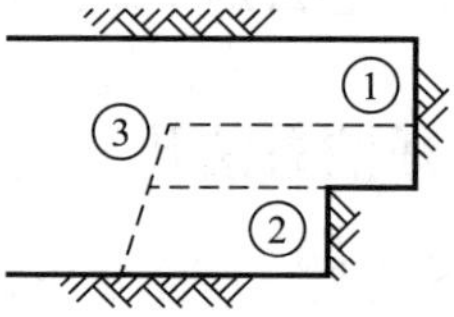
4	单侧壁导坑法	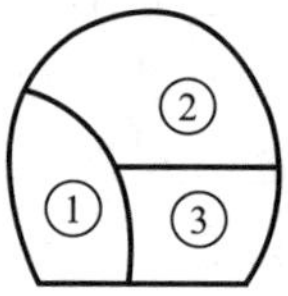	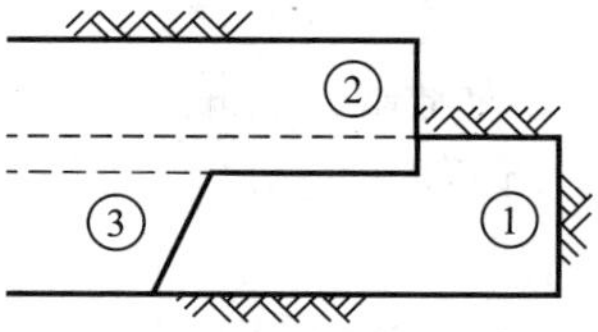
5	双侧壁导坑法	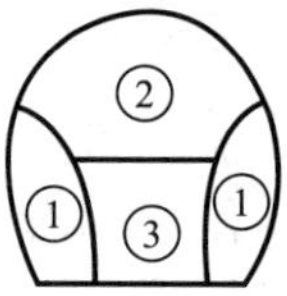	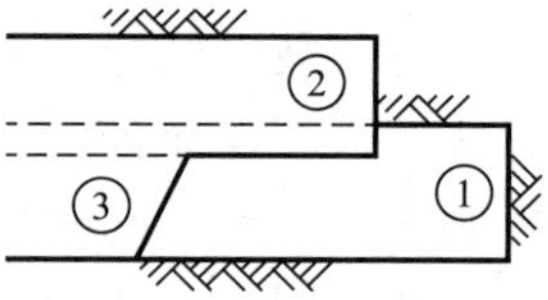
6	中洞法	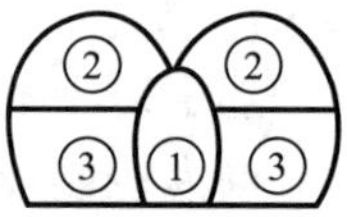	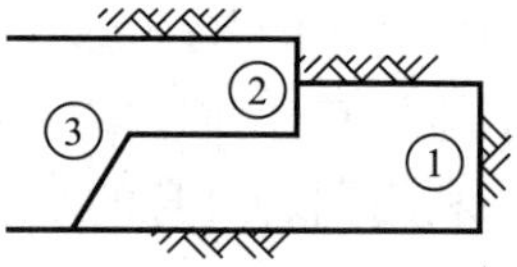
7	中隔壁法（CD）	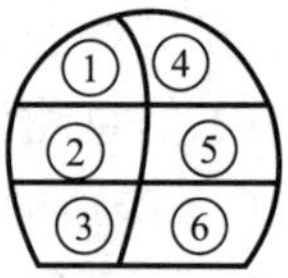	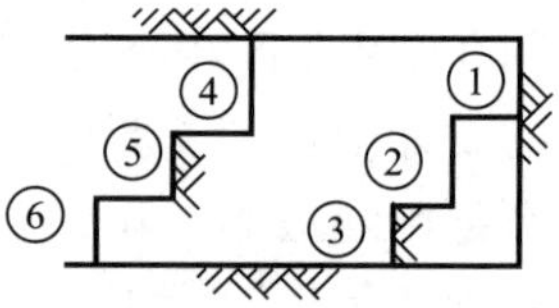
8	交叉中隔壁法（CRD）	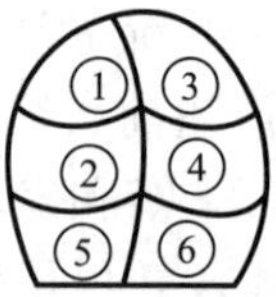	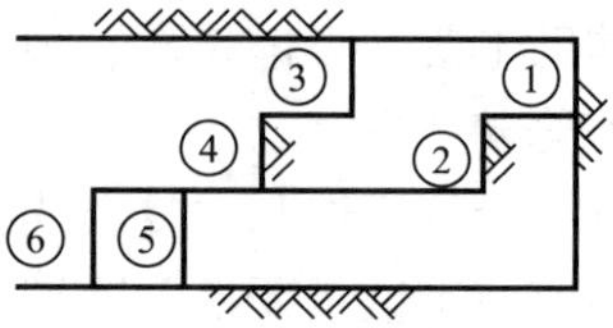

1. 全断面开挖法

全断面开挖法就是按照设计轮廓一次爆破成形，然后修建衬砌的施工方法，如图 7-4 所示。全断面法适用于：①Ⅰ～Ⅳ级围岩，在用于Ⅳ级围岩时，围岩应具备从全断面开挖到初期支护前这段时间内，保持其自身稳定的条件；②有钻孔台车或自制作业台架及高效率装运机械设备；③隧道长度或施工区段长度不宜太短，根据经验一般不应小于 1km，否则采用大型机械化施工，其经济性较差。采用全断面一次开挖法，必须注意机械设备的配套，以充分发挥机械设备的效率。

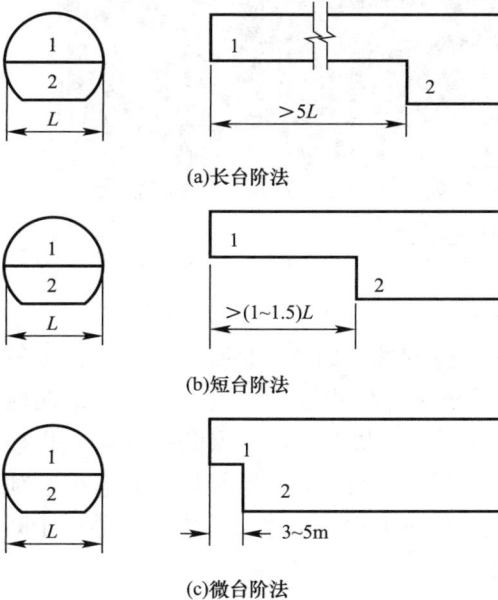

图 7-4 全断面开挖法

2. 台阶法

根据台阶长度不同，划分为长台阶法、短台阶法和微台阶法三种，如图 7-5 和图 7-6 所示。

1）长台阶法

长台阶法开挖断面小，有利于维持开挖面的稳定，适用范围较全断面法广，一般适用于地质条件较差的Ⅲ、Ⅳ、Ⅴ级围岩，在上、下两个台阶上，分别进行开挖、支护、运输、通风、排水等作业线，因此台阶长度适当长一些，一般考虑至少为 50m。但台阶长度过长，如大于 100m，通风排烟、排水的难度大大增加，这样反而降低了施工的综合效率，因此推荐台阶长度为 50～80m。

2）短台阶法

短台阶法适用于地质条件差的Ⅳ、Ⅴ级围岩，台阶长度定为 10～15m，即 1～2 倍的开挖宽度，主要是考虑拉开工作面，减小干扰，因此台阶长度不宜过短。上台阶一般采用少药量的松动爆破，出渣采用人工或小型机械转运至下台阶，一般不考虑有轨运输，因此台阶长度又不宜过长，如果超过 15m，则出渣所需的时间显得过长。短台阶法可缩短支护闭合时间，改善初期支护的受力条件，有利于控制围岩变形。缺点是上部出渣对下部断面施工干扰较大，不能全部平行作业。

3）微台阶法

微台阶法是全断面开挖的一种变异形式，适用于Ⅱ、Ⅲ级围岩，一般为 3～5m 的台阶长度，台阶长度小于 3m 时无法正常进行钻眼和拱部的喷锚支护作业；台阶长度大于 5m 时，利用爆破将石渣翻至下台阶有较大的难度，必须采用人工翻渣，所以不可取。微台阶法上、下断面相距较近，机械设备集中，作业时相互干扰大，生产效率低，施工速度慢。

(a) 长台阶法

(b) 短台阶法

(c) 微台阶法

图 7-5 台阶法类型

3. 分部开挖法

分部开挖法包括环形开挖预留核心土法、双侧壁导坑法、中洞法、中隔壁法等。

图 7-6　三台阶隧道开挖法

1）环形开挖预留核心土法

环形开挖预留核心土法常用于单线Ⅵ级围岩和双线Ⅴ、Ⅵ级围岩隧道的开挖，如图 7-7 所示。环形开挖进尺一般为 0.5～1.0m；开挖后应及时施作喷锚支护、安设钢架支撑，每两榀钢架之间采用连续钢筋连接，并加锁脚锚杆；核心土面积不小于整个断面的 50%；当围岩地质条件差，自稳时间较短时，开挖前需在拱部设计开挖轮廓线以外，还应进行超前支护；二次衬砌采用先墙后拱法施作。环形开挖预留核心土法施工具有简单明了，施工易行，不需要特殊的机械设备，减少施工投入，开挖工作面稳定性好，施工较安全等特点。在土质及软弱围岩中使用较多，在大秦线军都山隧道黄土段等隧道施工中均有应用。

图 7-7　环形开挖预留核心土法

2）双侧壁导坑法

双侧壁导坑法适用于Ⅴ、Ⅵ级围岩双线或多线隧道掘进，如图 7-8 所示。由于跨度较大，一般开挖宽度大于 10m 以后，因无法采用全断面或台阶法开挖，故先开挖隧道两侧导坑，相当于先开挖两个小跨度的隧道，并及时施作导坑四周初期支护及边墙衬砌，再根据地质条件、断面大小，对剩余部分断面进行一次或二次开挖。双侧壁导坑法具有控制地表沉陷好（仅为短台阶法的 1/2），施工安全等优点；但进度慢，成本高。因此，适用于断面跨度大，地表沉陷要求严格，围岩条件特别差的隧道。

3）中洞法

中洞法适用于双连拱隧道，如图 7-9 所示。采用先施作隧道中墙混凝土，后开挖两侧的施工方法。中洞法开挖高度应大于中墙高度 1m，开挖宽度应大于 5m；中洞开挖长度根据隧道长度、宽度以及地质情况综合考虑，一般为 50～80m；对长度为 200～300m 的短隧道可先贯通中洞，然后再施工两侧侧洞；中洞开挖后应及时施作初期支护，再分段灌筑中墙混凝土，每一纵向段长度为 4～6m，在中墙混凝土达到设计强度后方可拆模，并进行临时横向支撑。

图 7-8 双侧壁导坑法

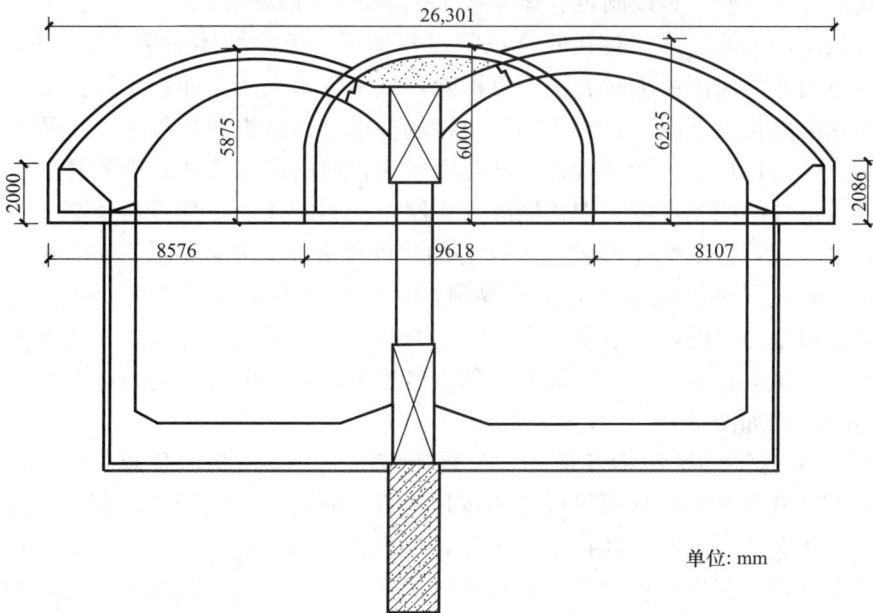

图 7-9 中洞法

4）中隔壁法（CD）

中隔壁法是近年来从国外引进的先进的施工方法，通过在国内的铁路隧道和城市地下工程中的实践，已证明这种方法是通过软弱、浅埋、大跨度隧道的最有效的施工方法，如图 7-10 所示，它适用于Ⅴ、Ⅵ级围岩的浅埋双线隧道。

5）交叉中隔壁法（CRD）

交叉中隔壁法适用于Ⅴ、Ⅵ级围岩浅埋的双线或多线隧道，如图 7-11 所示。自上而下分为 2 或 3 步开挖中隔墙的一侧，并及时支护，待完成后，即开始另一侧开挖及支护，形成左、右两侧开挖及支护相互交叉的情形。

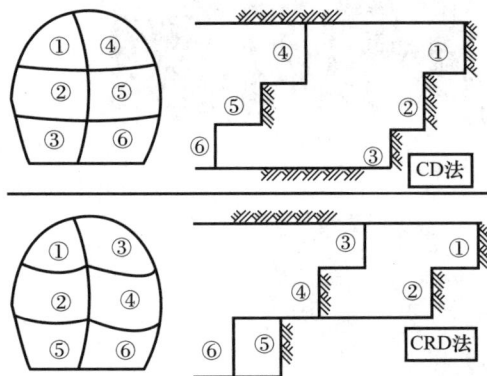

图 7-10　CD 和 CRD 隧道开挖法

图 7-11　交叉中隔壁法

6）三台阶七步法

大断面软岩隧道施工中，传统的施工方法有双侧壁导坑法、CD 法、CRD 法等，这些施工方法进度慢、工效低、存在一定的局限性，限制了大型施工机械的使用，基本靠人工开挖，工效低、速度慢，难以满足客运专线工期要求；拆除临时支护时，正洞初期支护会因突然卸载而出现大的变形，存在安全风险；各分部开挖面循环衔接性差，相互干扰大，施工质量得不到充分保证；临时支护反复拆除，成本投入大等。而在中国大断面软岩隧道施工中，往往会面临以下问题：对工期紧迫性的要求，需组织快速施工；工程水文地质复杂，可变性大，需选择一种能适应地质变化而迅速过渡的施工方法；能发挥大型施工机械的优势，以求最佳的施工进度；把长期施工实践所积累的作业习惯融合于施工方法中，做到高工效，易掌握，达到快速形成施工能力的目的等要求。借鉴截至 2007 年大断面隧道施工的成功经验，规避传统施工方法的局限性，以加快隧道施工进度、保证隧道施工安全、提高施工质量为目的，出现了三台阶七步开挖法施工的工艺流程、施工步骤、控制要点、劳动组织、机具设备等，突出大断面软岩隧道开挖施工的技术特点，总结完善形成了"三台阶七步法"，如图 7-12 所示。

"三台阶七步法"的工法特点是：（1）施工空间大，方便机械化施工，可以多作业面平行作业；部分软岩或土质地段可以采用挖掘机直接开挖，工效较高；（2）在地质条件发生变化时，便于灵活、及时地转换施工工序，调整施工方法；（3）适应不同跨度和多种断面形式，初期支护工序操作便捷；（4）在台阶法开挖的基础上，预留核心土，左、右侧错开开挖，利于开挖工作面稳定；（5）当围岩变形较大或突变时，在保证安全和满足净空要求的前提下，可尽快调整闭合时间。

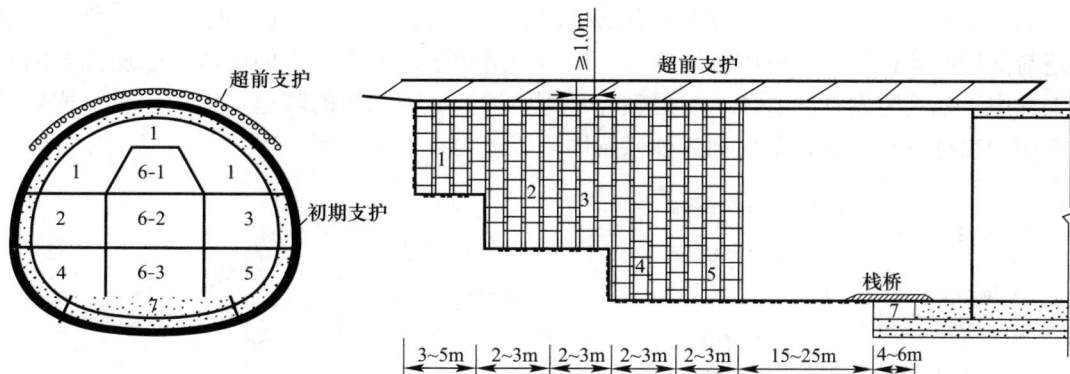

图 7-12 三台阶七步法

4. 隧道开挖方式的选择

隧道施工是指修建隧道及地下洞室的施工方法、施工技术和施工管理的总称。隧道工程施工方法的选择主要依据工程地质和水文地质条件，并结合洞室断面尺寸、长度、衬砌类型、洞室的使用功能和施工技术水平等因素综合考虑研究确定。

隧道工程的开挖方式选择与施工机具设备息息相关，开挖方式的选择需要与施工机械相协调，两者的协调性最能体现于掘进工效。在采用大型机具设备的钻爆法施工时，以大断面或全断面法进行隧道开挖，是今后在隧道开挖方法上的一个重要发展途径。这种开挖方法具有如下优越性：

1) 安全可靠性好。施工爆破、支护对围岩的破坏扰动远比多分部开挖法的次数少，有利于围岩稳定；同时，隧道洞内施工场地宽敞，工序间干扰少，安全感好。

2) 工效高。从我国已经实施过全断面或大断面法施工的单线隧道来看，每成洞 1m 的耗工量均在 100 工天以下，远比采用分部法施工的隧道工效高。

3) 经济效益好。根据已有资料分析，全断面施工人工费仅为全隧道平均值的 48.4%～73.8%；每米成洞单价低 15%～31.5%。因此，采用大型机械条件下，实现长大隧道全断面施工是隧道开挖方式的发展方向。

7.2.2 隧道施工辅助工法

辅助工法的出现是隧道工程施工的重要特点之一。辅助工法多用于围岩和地层的力学特性的改善和加固；隧道周边及底部的维护和固定；隧道施工中的疏水、排水、降水和堵水等。如管棚、注浆、桩墙、冷冻、锚固、喷护等工法均为隧道工程施工中的辅助工法。辅助工法十分重要，很多情况下会影响主体工程施工的成败。由于辅助工法不到位而导致工程事故甚至工程失败的例子很多，所以加强辅助工法的研究开发是隧道工程施工的关键环节之一。辅助工法的出现使得现代隧道工程施工的开挖和支护变得更简洁、及时、有效、彻底，也更具有可预防性和安全性。隧道施工中常用的辅助工法如图 7-13 所示。辅助工法的选用应视围岩地质条件、地下水情况、施工方法、环境要求等具体情况而定，并尽量与常规施工方法相结合，进行充分的技术经济比较，选择一种或几种同时使用。

1. 超前锚杆

超前锚杆是沿开挖轮廓线，以一定的外插角向开挖面前方钻孔安装锚杆，形成对前方围岩的预锚固，在提前形成的围岩锚固圈的保护下进行开挖等作业，如图7-14所示。锚杆超前支护的柔性较大，整体刚度较小。它主要适用于地下水较少的破碎、软弱围岩的隧道工程中，如裂隙发育的岩体、断层破碎带等浅埋无显著偏压的隧道，采用风枪、凿岩机或专用的锚杆台车钻孔、锚固剂或砂浆锚固，工艺简单、工效高。

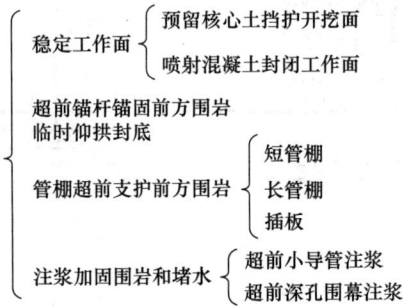

图7-13　隧道施工中常用的辅助工法　　　　图7-14　超前锚杆预锚固围岩

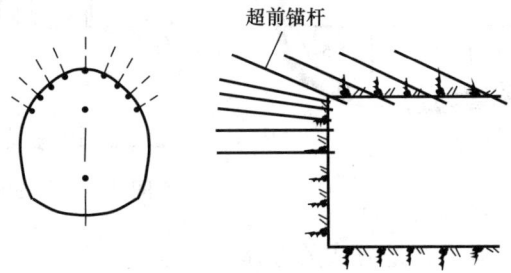

超前锚杆的长度、环向间距、外插角等参数，应视围岩地质条件、施工断面大小、开挖循环进尺和施工条件而定。一般超前长度为循环进尺的3～5倍，长度宜采用3～5m，环向间距采用0.3～1.0m；外插角宜用10°～30°；搭接长度宜为超前长度的40%～60%，即大致形成双层或双排锚杆。超前锚杆宜采用早强砂浆全黏结式锚杆，锚杆材料可用不小于ϕ22的螺纹钢筋。

2. 管棚

管棚是利用钢拱架沿开挖轮廓线以较小的外插角，向开挖面前方打入钢管构成的棚架来形成对开挖面前方围岩的预支护，如图7-15所示。采用长度小于10m的钢管的称为短管棚；采用长度为10～45m且较粗的钢管的称为长管棚。

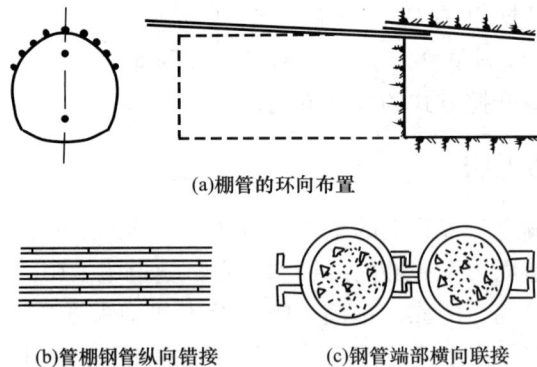

(a)棚管的环向布置

(b)管棚钢管纵向错接　　　　(c)钢管端部横向联接

图7-15　管棚预支护围岩（长管棚）

管棚因采用钢管或钢插板作纵向预支撑，又采用钢拱架作环向支撑，其整体刚度较大，对围岩变形的限制能力较强，且能提前承受早期围岩压力。因此管棚主要适用于围岩压力来得快来得大，对围岩变形及地表下沉有较严格要求的软弱、破碎围岩隧道工程中。如土砂质地层、强膨胀性地层、强流变性地层、裂隙发育的岩体、断层破碎带、浅埋有显著偏压等围岩的隧道中。此外，采用插板封闭较为有效；在地下水较多时，可利用钢管注浆堵水和加固围岩。

管棚的各项技术参数要视围岩地质条件和施工条件而定。长管棚长度不宜小于 10m，一般为 10～45m；管径 70～180mm，孔径比管径大 20～30mm，环向间距 0.2～0.8m，外插角 1°～2°；两组管棚间的纵向搭接长度不小于 1.5m；钢拱架常采用工字钢拱架或格栅钢架。

当需增加管棚刚度时，可在安装好的钢管内注入水泥砂浆，一般在第一节管的前段管壁交错钻 10～15mm 孔若干，以利排气和出浆，或在管内安装出气导管，浆注满后方可停止压注。

3. 超前注浆小导管

超前注浆小导管是在开挖前，沿坑道周边向前方围岩内打入带孔小导管，并通过小导管向围岩压注起胶结作用的浆液，待浆液硬化后，坑道周围岩体就形成了有一定厚度的加固圈。

在此加固圈的保护下即可安全地进行开挖等作业，如图 7-16 所示。若小导管前端焊一个简易钻头，则可钻孔、插管一次完成，称为自进式注浆锚杆。超前注浆小导管施工中，浆液被压注到岩体裂隙中并硬化后，不仅将岩块或颗粒胶结为整体，起到了加固作用，而且填塞了裂隙，阻隔了地下水向坑道渗流的通道，起到了堵水作用。因此，超前注浆小导管不仅适用于一般软弱破碎围岩，也适用于含水的软弱破碎围岩。

超前注浆小导管一般采用 $\phi42\sim\phi50$ 的无缝钢管制作，长度宜为 3～6m，前端做成尖锥形，前段管壁上每隔 10～20cm 交错钻眼，眼孔直径宜为 6～8mm。钻孔直径应较管径大 20mm 以上，环向间距应按地层条件而定，一般采用 20～50cm；外插角应控制在 10°～30°之间，一般采用 15°。

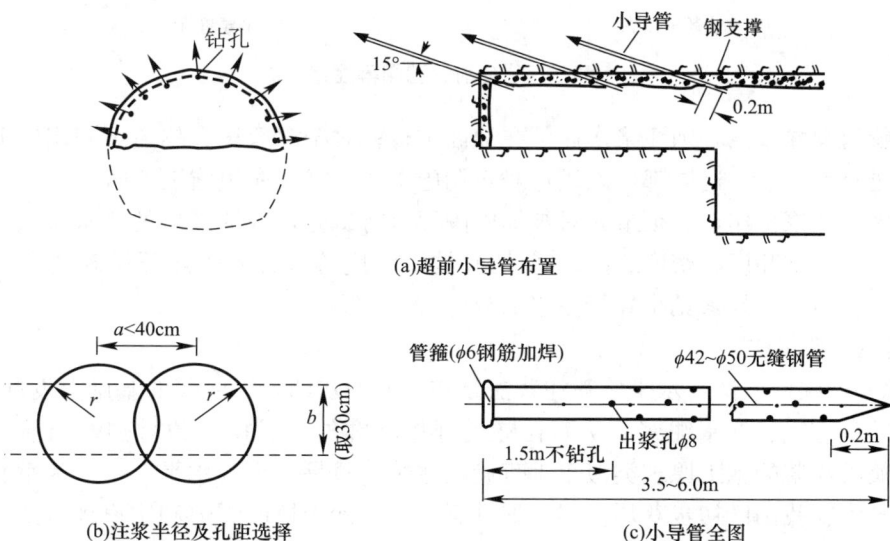

(a)超前小导管布置

(b)注浆半径及孔距选择

(c)小导管全图

图 7-16 超前小导管注浆预加固围岩

4. 超前注浆

超前注浆小导管对围岩加固的范围和止水的效果是有限的，超前预注浆止水并能加固围岩；注浆后形成的较大范围的筒状封闭加固区称为围幕注浆。

深孔预注浆一般可超前开挖面 30～50m，可以形成有相当厚度的和较长区段的筒状加固区，从而使得堵水的效果更好，也使得注浆作业的次数减少，它更适用于有压地下水及地下水丰富的地层中，也更适用于采用大中型机械化施工，如图 7-17 所示。

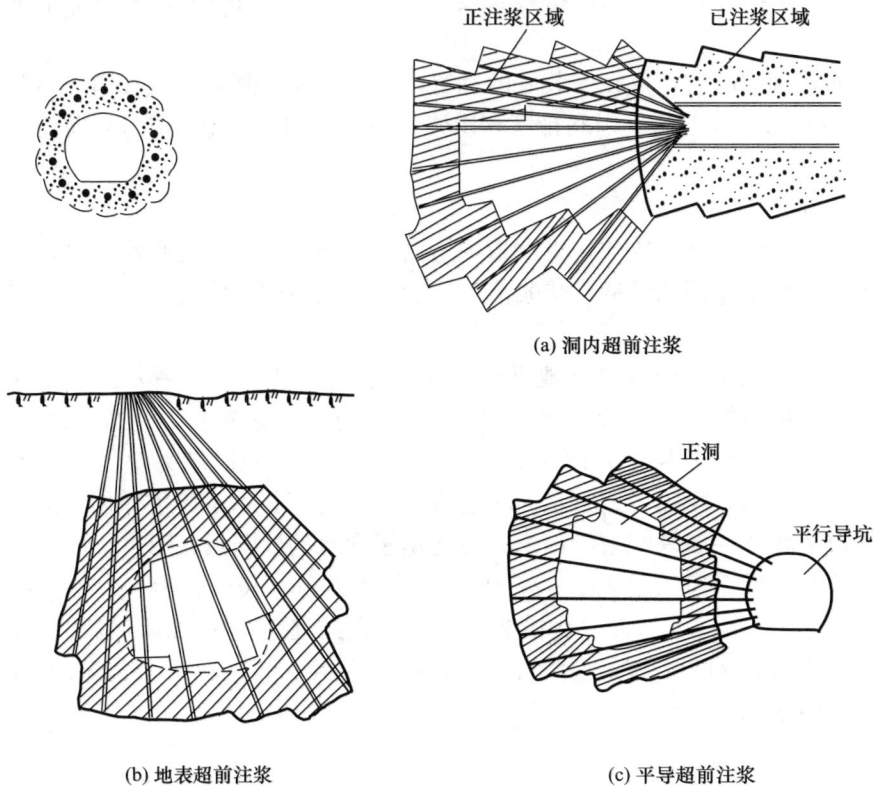

(a) 洞内超前注浆

(b) 地表超前注浆

(c) 平导超前注浆

图 7-17　超前深孔围幕注浆

如果隧道埋深较浅，则注浆作业可在地面进行；对于深埋长大隧道可利用辅助平行导坑对正洞进行预注浆，这样都可以避免对正洞施工的干扰，缩短施工工期。

为了做好注浆工作，必须事先对被加固围岩进行试验，查清围岩的透水系数、土颗粒组成、孔隙率、饱和度、密度、pH、剪切和抗压强度等。必要时还要做现场注浆和抽水试验。注浆材料的选择参见小导管注浆部分。

5. 其他辅助工法

1) 水平旋喷注浆法：水平旋喷注浆法是在一般的初期导管注浆的基础上发展起来的，以高压旋喷的方式压注水泥浆，从而在隧道开挖轮廓外形成拱形预衬砌的超前预支护工法。水平旋喷注浆的施工原理类似于垂直旋喷注浆，只是一个为水平、一个为垂直。水平旋喷注浆技术在我国已初步获得应用，如神延铁路的沙哈拉莤隧道和宋家坪隧道，其施工方法为，首先使用旋喷注浆机，沿着隧道掌子面周边的设计位置旋喷注浆形成旋喷柱体，通过固结体的相互咬合形成预支护拱棚。但水平旋喷注浆桩的应用在我国还不是很广，旋喷桩抗弯性能不强，施工控制的难度较大，特别是目前我国的水平旋喷钻机性能尚未过关，制约了水平旋喷预支护技术的应用和发展。该方法主要适用于黏性土、砂类土、淤泥等地层。

2）机械预切槽法：机械预切槽法首次运用于 20 世纪 70 年代法国巴黎快速轨道运动系统的一个车站的建造工程中。它是利用专业的切槽机械，沿隧道外轮廓切割一定深度的切槽。在硬岩地层中，利用该切槽，作为爆破振动的隔振层，主要起隔振或减振的目的；在软石或砂质地层中，在切槽内填筑混凝土，形成预支护拱，提高隧道稳定性。机械切槽预支护，在国外已有多次成功应用的实例，取得了较好的经济和社会效益。在国内，硬岩锯式切槽机尚在研制当中。

7.2.3　装渣与运输

将开挖的石渣迅速装车运出洞外，是提高隧道掘进速度的重要环节。该项作业往往占全部开挖作业时间的 50％左右，控制着隧道的施工速度。因此，正确选择并准备足够的装渣运输方案，维修好线路，减小相互干扰，提高装渣效率是加快隧道施工速度，尤其是加快长大隧道施工速度的关键。

1. 装渣

装渣就是把开挖下来的石渣装入运输车辆。

1）渣量计算

出渣量应为开挖后的虚渣体积，可按式（7-1）计算。

$$Z = R \cdot \Delta \cdot L \cdot S \tag{7-1}$$

式中　Z——单循环爆破后石渣量；

　　　R——岩体松胀系数，如表 7-2 所示；

　　　Δ——超挖系数，视爆破质量而定，一般可取 1.05～1.15；

　　　L——设计循环进尺；

　　　S——开挖断面面积。

岩体松胀系数 R　　　　　　　　表 7-2

岩体级别	Ⅵ		Ⅴ		Ⅳ	Ⅲ	Ⅱ	Ⅰ
土石名称	砂砾	黏性土	砂夹卵石	硬黏土	石质	石质	石质	石质
松胀系数	1.15	1.25	1.30	1.35	1.6	1.7	1.8	1.85

2）装渣方式

装渣的方式可采用人力装渣或机械装渣。人力装渣劳动强度大，速度慢，仅在短隧道缺乏机械或断面小无法使用机械装渣时才考虑采用；机械装渣速度快，可缩短作业时间，目前隧道施工中经常采用，但仍需配少数人工辅助。

3）装渣机械

隧道用的装渣机又称装岩机，要求外形尺寸小，坚固耐用，操作方便和生产效率高。装渣机械的类型很多，按其扒渣机构形式可分为：铲斗式、蟹爪式、立爪式、挖斗式。铲斗式装渣机为间歇性非连续装渣机，有翻斗后卸、前卸和侧卸式三个卸渣方式；蟹爪式、立爪式和挖斗式装渣机是连续装渣机，均配备刮板（或链板）转载后卸机构。

装渣机的走行方式有轨道走行和轮胎走行两种，也有配备履带走行和轨道走行两种走行机构的。轨道走行式装渣机须铺设走行轨道，因此其工作范围受到限制。但有些轨道走行式装渣机的装渣机构能转动一定角度，以增加其工作宽度。轮胎走行式装渣机移动灵活，工作范围不受限制。装渣机械扒渣方式不同，走行方式不同，装备功率不同，则其工作能力各不相同。装渣机的选择应充分考虑围岩及坑道条件、工作宽度及其与运输车辆的匹配和组织，以充分发挥各自的工作效能，缩短装渣的时间。

隧道施工中较为常用的装渣机有以下几种：

（1）翻斗式装渣机利用机体前方的铲斗铲起石渣，然后后退并将铲斗后翻，经机体上方将石渣投入机后的运输车内，如图 7-18 所示，其有风动和电动之分。该机具有构造简单，操作方便的特点，但工作宽度一般只有 1.7～3.5m，工作长度较短，须将轨道延伸至渣堆，且一进一退间歇装渣，工作效率低，其斗容量小，工作能力较低，一般只有 30～120m³/h（技术生产率），主要使用于小断面或规模较小的隧道中。

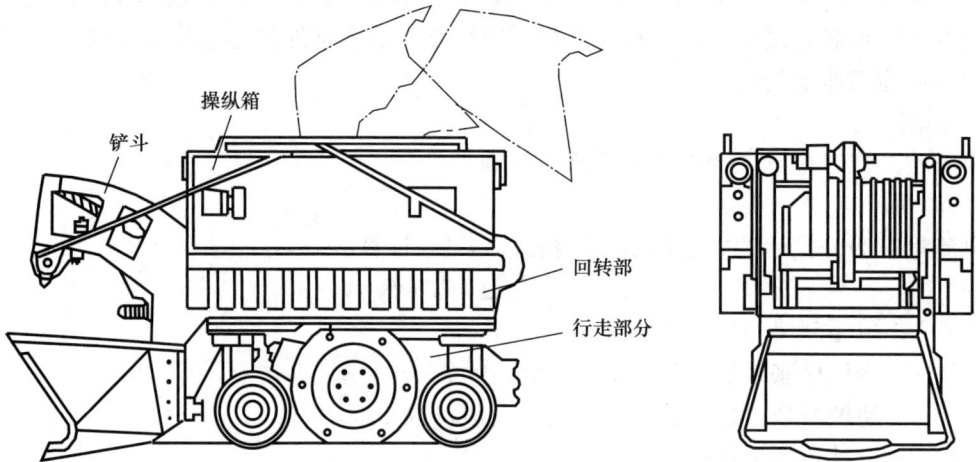

图 7-18　翻斗式装渣机

（2）蟹爪式装渣机是一种连续装渣机，其前方倾斜的受料盘上装有一对由曲轴带动的扒渣蟹爪。装渣时，受料盘插入岩堆，同时两个蟹爪交替将岩渣扒入受料盘，并由刮板输送机将岩渣装入机后的运输车内，如图 7-19 所示。这种装渣机多采用履带走行，电力驱动。因受蟹爪拨渣限制，岩渣块度较大时，其工作效率降低，故主要用于块度较小的岩渣及土的装渣作业。工作能力一般在 60～80m³/h 之间。

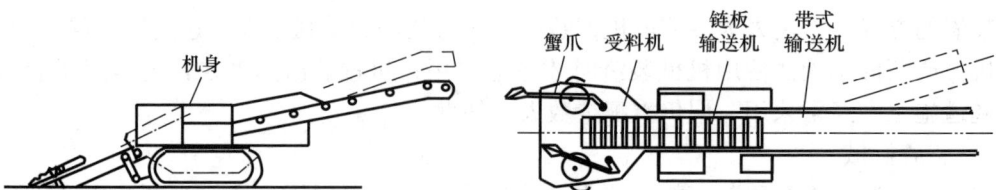

图 7-19　蟹爪式装渣机

（3）立爪式装渣机采用轨道走行，也有采用轮胎走行或履带走行的，其前方装有一对扒渣立爪，可以将前方或左、右两侧的石渣扒入受料盘，其他同蟹爪式装渣机，如图 7-20 所示。立爪式扒渣的性能较蟹爪式的好，对岩渣的块度大小适应性强，轨道走行时，其工作宽度可达到 3.8m，工作长度可达到轨端前方 3.0m，工作能力一般在 120～180m³/h 之间。

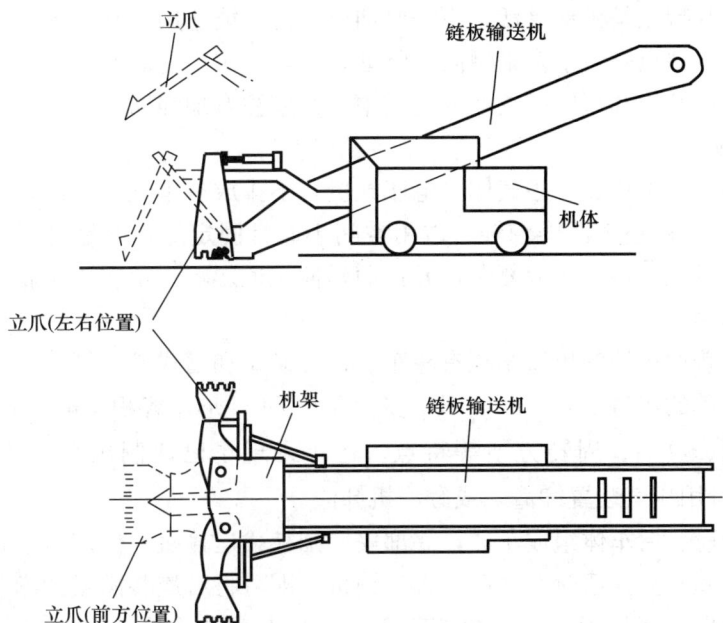

图 7-20 立爪式装渣机

（4）挖斗式装渣机是近几年发展起来的较为先进的隧道装渣机。其扒渣机构为自由臂式挖掘反铲，其他同蟹爪式装渣机，并采用电力驱动和全液压控制系统，配备有轨道走行和履带走行两套走行机构。立定时，工作宽度可达 3.5m，工作长度可达轨道前方 7.11m，且可以下挖 2.8m 和兼作高 8.34m 范围内清理工作面及找顶工作，生产能力为 250m³/h。

（5）铲斗式装渣机多采用轮胎走行，也有采用履带走行或轨道走行的。轮胎走行的铲斗式装渣机多采用铰接车身、燃油发动机驱动和液压控制系统，如图 7-21 所示。轮胎走行铲斗式装渣机转弯半径小，移动灵活；铲取力强，铲斗容量大，达 0.76~3.8m³，工作能力强；可侧卸也可前卸，卸渣准确，但燃油废气污染洞内空气，须配备净化器或加强隧道通风，常用于较大断面的隧道装渣作业。

图 7-21 轮胎走行铲斗式装渣机

2. 运输

隧道施工的洞内运输（出渣和进料）分为有轨运输和无轨运输。有轨运输铺设轻轨线路，用轨道式运输车出渣，小型机车牵引，适用于各种隧道开挖方法，尤其适用于较长的隧道运输（2km 以上），是一种适应性较强和较为经济的运输方式。无轨运输采用各种无轨运输车出渣，其特点是机动灵活，不需要铺设轨道，能适用于弃渣场离洞口较远和道路坡度较大的场合；缺点是由于多采用内燃驱动，在整个洞中排除废气，污染洞内空气，故一般适用于大断面开挖和短中等长度的隧道中，并应注意加强通风。

1）有轨运输

有轨运输基本上不排放有害气体（电瓶式机车不排放有害气体，内燃机因行车密度小排放有害气体少），对空气污染较轻，占用空间小而且固定等；不足之处在于轨道铺设较复杂，维修工作量大，调车作业复杂，开挖面延伸轨道影响正常装渣作业等。

（1）出渣车辆

有轨运输较普遍采用的出渣车辆有斗车、梭式矿车和槽式矿车等。

斗车是最简单的出渣工具。断面形状多为 V 形和 U 形，容积一般为 $0.5\sim1.1m^3$。小型斗车具有轻便、灵活、周转方便等特点。近年来现场已研制出大容积，如 $6m^3$ 乃至 $30m^3$ 的大斗车，用压气装置卸渣，或翻渣机卸渣。

梭式矿车由前、后车体组成车厢，底部安装刮板式运输机。使用时，将车停在适宜位置，从一端装（卸）渣，适时开动刮动板运输机，即可将石渣装满或卸净。梭式矿车是一种新型的高效率出渣运输设备，由机车牵引，一般与凿岩台车、高效率装渣机等配套使用，组成机械化作业线。

槽式列车是由一个接渣车、若干个仅有两侧侧板而没有前后挡板的斗车单元和一个卸渣车串连组成的长槽形列车，在其底板处安装有贯通整个列车的链板式输送带。使用时由装渣机向接渣车内装渣，装满接渣车后，开动链板传送带使石渣在列车内移动一个车位，如此反复装移石渣，即可装满整个列车。卸渣时采取类似的操作，由卸渣车将石渣卸去。

（2）牵引机车与道路

常用的牵引机车分电动和内燃两类。

隧道施工中较为常用的电动牵引车为蓄电池电机车。它具有体积小，占用空间小，不排放有害气体，不需要架设供电线路，使用较安全等特点；但也存在需要有专门的充电设备，充电工作比较麻烦，牵引力有限等不足。内燃机车具有较大的牵引动力，配合大型斗车可以加快出渣速度。

隧道内用于机车牵引的道路，宜采用 $38kg/m$ 或 $38kg/m$ 以上的钢轨，轨距一般为 $600mm$ 或 $750mm$。洞内轨道纵坡相同，洞外可不同，但最大不超过 2%。最小曲线半径，在洞内不小于 7 倍机车车辆轴距，洞外一般不小于 10 倍轴距。曲线轨道应有适当的加宽和外轨超高值。

2）无轨运输

无轨运输主要是指汽车运输。无轨运输不需要铺设复杂的运输轨道，具有运输速度快、管理工作简单、配套设备少等特点。但由于内燃机排放大量废气，对洞内空气污染较为严重，尤其长期在长大隧道中使用，需要有强大的通风设施。

自卸汽车又称翻斗车。在隧道施工中，应选用车身较短、车斗容量大、转弯半径小、车体坚固、轮胎耐磨、配有废气净化装置、并能双向驾驶的自卸汽车，以增加运行中的灵活性，避免洞内回车和减轻对洞内空气的污染。

7.2.4 初次支护

1. 喷射混凝土支护

喷射混凝土是利用压缩空气，将按一定配比的混凝土拌合料通过管道输送并高速喷射到受喷面上凝结硬化，从而形成混凝土支护层。近年来，喷射混凝土技术以其简单的工艺、独特的效应、经济的造价和快捷的施工速度，在建筑、铁路、公路隧道施工，矿山井巷建设，边坡加固等领域广泛应用。

1）喷射工艺及其特点

喷射混凝土的工艺流程有干喷、潮喷、湿喷和混合喷四种，主要区别是各工艺的投料程序不同，尤其是加水和速凝剂的时机不同。

（1）干喷

干喷是将骨料、水泥和速凝剂按一定的比例干拌均匀，然后装入喷射机，用压缩空气使干集料在软管内呈悬浮状态送到喷枪，再在喷嘴处与高压水混合，以较高速度喷射到岩面上。

干喷的缺点是产生的粉尘量大，回弹量大，加水是由喷嘴处的阀门控制的，水灰比的控制程度与喷射手操作的熟练程度有关；但使用的机械较简单，机械清洗和故障处理容易。

（2）潮喷

潮喷是将骨料预加少量水，使之呈潮湿状，再加水泥拌合，从而减少上料、拌合和喷射时的粉尘；但大量的水仍是在喷头处加入和喷出的，其喷射工艺流程和使用机械同干喷工艺，如图 7-22 所示。目前施工现场较多使用的是潮喷工艺。

（3）湿喷

湿喷是将骨料、水泥和水按设计比例拌合均匀，用湿式喷射机压送到喷头处，再在喷头上添加速凝剂后喷出，其工艺流程如图 7-23 所示。

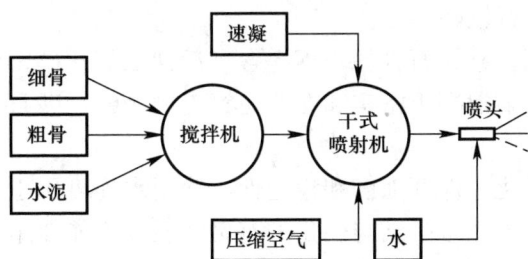

图 7-22　干喷、潮喷工艺流程

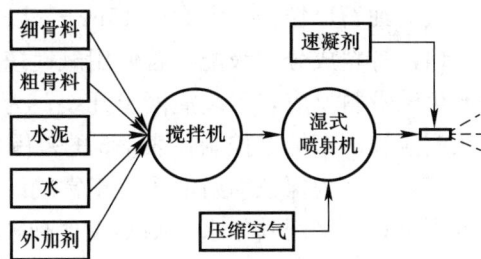

图 7-23　湿喷工艺流程

湿喷混凝土质量容易控制，喷射过程中的粉尘和回弹量很小，是应当发展应用的喷射工艺。但对喷射机械要求较高，机械清洗和故障处理较麻烦。对于喷层较厚的软岩和渗水隧道，则不易使用湿喷。

（4）混合喷

混合喷又称水泥裹砂造壳喷射法，它是将一部分砂加第一次水拌湿，再投入全部水泥强制搅拌造壳；然后加第二次水和减水剂拌合成 SCE 砂浆；将另一部分砂和石、速凝剂强制搅拌均匀；然后分别用砂浆泵和干式喷射机压送到混合管混合后喷出。混合喷射是分次投料搅拌工艺与喷射工艺的结合，其关键是水泥裹砂（或砂、石）造壳技术。混合喷工艺使用的主要机械设备与干喷工艺基本相同，但混凝土的质量较干喷混凝土质量好，且粉尘和回弹率有大幅度降低；但使用机械数量较多，工艺较复杂，机械清洗和故障处理很麻烦。因此混合喷工艺一般只用在喷射混凝土量大和大断面隧道工程中，其工艺流程如图 7-24 所示。

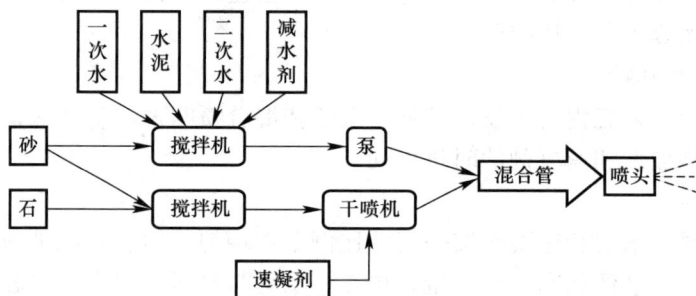

图 7-24　混合喷射工艺流程

由于喷射工艺的不同，喷射混凝土强度不同，干喷和潮喷混凝土强度较低，一般只能达到 C20，而混合喷和湿喷则可达到 C30～C35。

2）喷射混凝土原料

（1）水泥：为保证喷射混凝土的凝结时间与速凝剂有较好的相容性，应优先采用 42.5 号以上的普通硅酸盐水泥，其次是矿渣硅酸盐水泥和火山灰质硅酸盐水泥。在有专门使用要求时，采用特种水泥。所使用的水泥，其性能应符合国家现行标准。

（2）砂：为保证喷射混凝土的强度和减少施工操作时的粉尘，以及减少硬化时的收缩裂纹，应采用坚硬而耐久的中砂或粗砂，细度模数一般宜大于 2.5。

（3）碎石或卵石（细石）：为防止喷射混凝土过程中的堵管和减小回弹量，应采用坚硬耐久的细石，粒径不宜大于 15mm，以细卵石较好。

（4）骨料成分和级配：若使用碱性速凝剂，砂、石骨料均不得含有活性二氧化硅，以免产生碱骨料反应，引起混凝土开裂；为使喷射混凝土密实和在输送管道中顺畅，砂石骨料级配应按国家标准控制在表 7-3 的范围之内。

（5）水：为保证喷射混凝土正常凝结、硬化，保证强度和稳定性，饮用水均可用于喷射混凝土；若采用其他水，则不应含有影响水泥正常凝结与硬化的有害物质；不能使用污水以及 pH＜4 的酸性水，也不能使用硫酸盐含量（按 SO_4^{-2} 计算）超过水重 1‰的水。

（6）外加剂：主要是速凝剂，在喷射混凝土中添加速凝剂的目的是使喷射混凝土速凝，以减少回弹和早强，选用时应做与水泥的相容性试验。

喷射混凝土骨料通过各筛径的累计重量百分数　　　　表 7-3

粒径（mm）	0.15	0.30	0.60	1.20	2.50	5.00	10.00	15.00
优（%）	5～7	10～15	17～22	23～31	35～43	50～60	78～82	100
良（%）	4～8	5～12	13～31	18～41	26～54	40～54	62～90	100

3）喷射混凝土配合比

干集料中水泥与砂石重量比，一般为 1∶4.5～1∶4，每立方米干集料中，水泥用量约为 400kg。这种配比能满足喷射混凝土强度要求，回弹也较少。

砂率一般为 45%～55%。实践证明，低于 45% 或高于 55% 时，均易造成堵管，且回弹大，强度降低，收缩加大。

水灰比一般为 0.4～0.45。否则强度降低，回弹增大，采用水泥裹砂喷射工艺时，还应试验选择最佳造壳水灰比。

速凝剂和其他外加剂的掺量，一定要由试验来确定，同时应达到各龄期的设计强度要求。

4）喷射混凝土机械设备

（1）喷射机：喷射机是喷射混凝土的主要设备。常用的干式喷射机有：双罐式喷射机、转体式喷射机、转盘式喷射机。常见的湿式喷射机有：挤压泵式、转体活塞泵式、螺杆泵式喷射机。这些泵式喷射机均要求混凝土具有较大的流动性（水灰比大于 0.5，含砂率大于 70%），其机械构造较复杂，机械使用费较高，机械清洗和故障处理较麻烦。

（2）机械手：喷头的移动和喷射方向、距离的控制，可采用人力直接控制或机械手控制。人力直接控制虽然可以近距离随时观察喷射情况，但劳动强度大，粉尘危害健康，因此劳动保护要求佩戴防尘面具。机械手控制可以避免人力控制的缺点，且方便灵活，工作范围大，可覆盖面积大。

5）喷射混凝土施工

喷前应对开挖断面尺寸进行检查，清除松动危面，若有欠挖超标严重的情况，应予处理。当受喷岩面有集中渗水时，应做好排水引流处理，无集中水时，应根据岩面潮湿程度，适当调整水灰比。喷射时应分段（不超过 6m）、分部（先下后上）、分块（2.0m×2.0m），严格按"先墙后拱，先下后上"的顺序进行，以减少混凝土因重力作用而引起的滑动或脱落现象的发生。喷射时可以采用 S 形往返移动前进，也可以采用螺旋形移动前进。喷射时喷嘴要垂直于受喷面，倾斜角不大于 10°，距离 0.8～1.2m。对于岩面凹陷处应先喷多喷，凸出处应后喷少喷。

喷射时一次喷射厚度不得太薄或太厚，若设计喷射混凝土较厚，应分层喷射，一般分 2 或 3 层喷射；分层喷射的间隔时间不得太短，一般要在初喷混凝土终凝以后再进行复喷；喷射混凝土的终凝时间受水泥品种、施工温度、速凝剂类型及掺量等因素影响。

喷射混凝土的养护应在其终凝 1～2h 后进行水养护，养护时间一般不少于 7d。冬季施工时，喷射混凝土作业区的气温不得低于 5℃；若气温低于 5℃，亦不得洒水；混凝土强度未达到设计强度的 50% 时，若气温降低到 5℃ 以下，则应注意采取保温防冻措施。

实测表明，采用干法喷射混凝土时，一般边墙的回弹率为 10%～20%，拱部为 20%～35%，回弹量相当大。除应设法减少回弹外，尚应将回弹物料回收利用。及时回收的洁净且尚未凝结的回弹物，可以按一定比例掺入混合料中重新搅拌后喷射，但掺量不宜大于 15%，且不宜用于喷射拱部；回弹物的另一处理途径是掺进普通混凝土中，但掺量也应加以控制。

2. 锚杆支护

锚杆类型应根据地质条件、使用要求及锚固特性选择，可选用砂浆锚杆、中空注浆锚杆、树脂锚杆和自钻式锚杆。

1）全长黏结式砂浆锚杆

全长黏结式砂浆锚杆的杆体采用直径为 16～32mm 的螺纹钢，其质量符合现行国家标准《钢筋混凝土用钢 第 1 部分：热轧光圆钢筋》GB 1499.1—2024、《低碳产品评价方法与要求钢筋混凝土用热轧带肋钢筋》RB/T 098—2022 和《低碳钢热轧圆盘条》GB/T 701—2008 等的规定和要求。

砂浆锚杆施工工艺流程：施工准备→布孔→钻孔→清孔→注浆→插入杆体→安装垫板→结束。

锚杆杆体使用前，必须进行矫直、除锈、除油。施工时，测量人员首先根据施工设计图纸要求，在围岩面上标出锚杆位置；在标出位置钻孔，钻至设计深度后，用水或高压风清孔；成孔后，先利用注浆机往孔内注入水泥砂浆，然后迅速插入锚杆，水泥砂浆终凝后安设孔口垫板，且终凝前不得任意敲击锚杆。水泥砂浆采用 42.5 号以上的普通硅酸盐水泥，砂径不大于 2.5mm，并掺加 TZ 或 TZS 早强剂。砂浆采用 1：1 水泥砂浆，水灰比采用 0.38～0.45。待终凝后按规范要求抽样进行锚杆抗拔试验。

2）中空注浆锚杆

中空注浆锚杆是集锚杆和注浆管一体的锚杆，采用植入式施作，锚杆注浆加固快，锚杆为中空结构，外部为螺纹结构，方便于注浆及浆液凝固后水泥砂浆与锚杆充分握裹。其特点是锚杆植入锚孔迅速，端部锚头可迅速作用将锚杆固定于孔中心，杆体螺纹结构可方便止浆塞安装及施加预应力。其锚杆示意图如图 7-25 所示。

图 7-25　中空注浆锚杆示意图

施工时，根据锚杆设计间距及围岩层理、节理分布实际情况，用油漆标出眼位。布眼时对层理及节理发育部位，加密布设。钻孔时钻杆垂直于岩面或层理面。钻孔完成后用 ϕ18 弯头钢管通入高压风吹净孔中石屑及细小石块，利于浆液与岩壁充分接触，并检查孔深。满足要求后将安装好锚头的 XLM 高强中空注浆锚杆插入锚孔，杆体向左旋转，锚头随即胀开，待锚杆被锚住为止。在锚杆尾部安装止浆塞、垫板、螺母。注浆采用 BW250 灰浆泵注浆，注浆压力为 0.1～0.3MPa。浆液材料为 1：1.5 水泥砂浆，砂浆采用现场砂浆拌合机拌合，拌合时间不少于 3 分钟。注浆时匀速注入，若需高压注浆，只需待压力表上指针升至设计压力时即可。

3. 钢筋网片支护

钢筋网片加工采用 I 级 ϕ6、ϕ8 钢筋焊制，在钢筋加工场内集中加工。先用钢筋调直机把钢筋调直，再截成钢筋条，钢筋网片尺寸根据拱架间距和网片之间搭接长度综合考虑确定。钢筋焊接前要先将钢筋表面的油渍、漆污、水泥浆和用锤敲击能剥落的浮皮、铁锈等均清除干净；加工完毕后的钢筋网片应平整，钢筋表面无削弱钢筋截面的伤痕。

按图纸标定的位置挂设加工好的钢筋网片，钢筋网片随初喷面的起伏铺设，绑扎固定于先期施工的系统锚杆之上，再把钢筋片焊接成网，网片搭接长度为1～2个网格。挂设时利用混凝土块衬垫在钢筋和初喷层之间，以保证钢筋和初喷层之间保持30～50mm的间隙。砂层地段应先加铺钢筋网，沿环向压紧后再喷射混凝土至设计厚度。

4. 钢架支护

隧道钢架支护分为型钢钢架和格栅钢架两种，型钢钢架主要由工字钢弯制而成，格栅钢架主要由四根ϕ22或ϕ25主筋和其他钢筋制成。Ⅲ级围岩采用格栅钢架，Ⅳ级、Ⅴ级围岩采用型钢钢架。隧道各部开挖完成初喷混凝土后，分单元及时安装钢架，与定位锚杆、径向锚杆以及双侧锁脚锚管固定，纵向采用ϕ22钢筋连接，钢架之间铺挂钢筋网，然后复喷混凝土到设计厚度。其施工流程如下：

施工准备→钢筋网、钢架加工→钢筋网铺设→钢架架立→安装纵向连接筋→喷射混凝土→进入下道工序。

1) 钢架加工

(1) 型钢钢架加工：钢架弯制结合隧道开挖方法，采用型钢弯制机按照隧道断面曲率分节进行弯制，弯制完成后，先在加工场地上进行试拼。要求沿隧道周边轮廓误差不大于3cm，连接底板螺栓孔眼中间误差不超过±5mm；型钢钢架平放时，平面翘曲小于2cm。

(2) 格栅钢架加工：格栅钢架在现场设计的工装台上加工。工作台由$\delta=20$mm的钢板制成，其上根据不同断面的钢架主筋轮廓放样成钢筋弯曲模型。钢架的焊接在胎模内焊接，控制变形。按设计加工好各单元格栅钢架后，组织试拼，检查钢架尺寸及轮廓是否合格。

2) 钢架架立

为保证钢架置于稳固的地基上，施工中在钢架基脚部位预留15～20cm原地基，架立时挖除就位，如拱脚底面低于设计高度，可先浇筑早强混凝土至设计标高。钢架平面应垂直于隧道中线，其倾斜度不大于2°。钢架的任何部位偏离铅垂面不大于5cm。钢架与围岩应尽量靠近，但留4cm间隙做混凝土保护层。当钢架和围岩之间的间隙过大时应设垫块，垫块间距及数量应符合设计要求。为增强钢架的整体稳定性，将钢架与定位锚杆焊接，锚杆可采用ϕ22钢筋，深度不小于1.5m，外露20～25cm。各种钢架应根据设计要求设立纵向连接筋。采用分部开挖时，在不同分部间钢架接头处应根据设计要求设置锁脚锚杆，如图7-26所示。

图 7-26　钢架架立

7.2.5　仰拱和底板

在二次衬砌施工前应首先进行隧道仰拱和底板的施工，如图 7-27 所示。若设计无仰拱，则铺底通常是在拱墙修筑好后进行，以避免与拱墙衬砌和开挖作业的相互干扰。若设计有仰拱，说明侧压和底压较大，则应及时修筑仰拱使衬砌环向封闭，避免边墙挤入造成开裂甚至失稳。但仰拱和底板施工占用洞内运输道路，对前方开挖和衬砌作业的出渣、进料造成干扰。因此，应对仰拱和底板的施作时间、分块施工顺序和对运输的干扰进行合理安排。

图 7-27　仰拱钢筋施工

为施工方便，仰拱和底板可以合并灌筑，但应保证仰拱混凝土强度符合设计要求。

待仰拱和底板纵向贯通，且混凝土达到一定强度后，方能允许车辆通行。其端头可以采用石渣土填成顺坡通过。灌筑仰拱和底板时，必须把隧道底部的废渣、杂物及淤泥清除干净，排除积水。超挖部分应用同级混凝土或片石混凝土灌筑密实。

7.2.6　二次衬砌

在永久性的隧道工程中常用的衬砌形式有以下三种：整体式衬砌、复合式衬砌及喷锚衬砌。按照现代支护理论和新奥法施工原则，二次衬砌是在围岩与支护基本稳定后施作的，此时隧道已成型，为保证衬砌质量，衬砌施工按先仰拱、后墙拱，即由下到上的顺序连续灌筑。在隧道纵向则需分段进行，分段长度一般为 9~12m。当前二次衬砌常用的模板有整体移动式模板台车和拼装式拱架模板两种。

1. 整体移动式模板台车

整体移动式模板台车主要由大块曲模板、机械或液压脱模、背附式振捣设备集装成整体，并在轨道上走行，如图 7-28 所示。模板台车的长度即一次模筑段长度，根据施工进度要求、混凝土生产能力和灌筑技术要求以及曲线隧道的曲线半径等确定。

整体移动式模板台车的生产能力大，可配合混凝土输送泵联合作业，是较先进的模板设

图 7-28　整体移动式模板台车

备，但其尺寸大小比较固定，可调范围较小，影响其适用性，且一次性设备投资较大。

2. 拼装式拱架模板

拼装式拱架模板的拱架可采用型钢制作或现场用钢筋加工成桁架式拱架。为便于安装和运输，常将整榀拱架分解为 2~4 节，进行现场组装，其组装连接方式有夹板连接和端板连接两种型式。为减少安装和拆卸工作量，可以做成简易移动式拱架，即将几榀拱架连成整体，并安设简易滑移轨道。

拼装式拱架模板的一次模筑长度，应与围岩地质条件、施工进度要求、混凝土生产能力以及开挖后围岩的动态等情况相适应。一般分段长度为 2～9m，松软地段最长不超过 6m。拼装式拱架模板的灵活性大，适应性强，尤其适用于曲线地段。因其安装架设较费时费力，故生产能力较模板台车低，在中小型隧道及分部开挖时，使用较多。传统的施工方法中，因受开挖方法及支护条件的限制，其衬砌施作多采用拼装式拱架模板。

3. 衬砌施工

1）施工前准备：在灌筑衬砌混凝土之前，要进行隧道中线和水平测量，检查开挖断面、放线定位、混凝土制备和运输等准备工作。使用拼装式拱架模板时，立模前应在洞外样台上将拱架和模板进行试拼，检查其尺寸、形状，不符合要求的应予修整。使用整体移动式模板台车时，在洞外组装并调试好各机构的工作状态，检查好各部尺寸，保证进洞后投入正常使用。

2）立模：根据放线位置，架设安装拱架模板或模板台车就位。安装和就位后，应做好各项检查，包括位置、尺寸、方向、标高、坡度、稳定性等。

3）混凝土制备与运输：由于洞内空间狭小，混凝土多在洞外拌制好后，用运输工具运送到工作面再灌筑。其实际待用时间主要是运输时间，尤其是长大隧道和运距较远时，因此运输工具的选择应力求装卸方便，运输快速，保证拌好的混凝土在运输过程中不发生漏浆、离析泌水、坍落度损失和初凝等现象。可结合工程情况，选用各种斗车、罐式混凝土运输车，或输送泵等机械。

4）混凝土的灌筑和养护：在做好上述准备工作后，即可进行混凝土灌筑。隧道衬砌混凝土的灌筑应注意以下几点：①保证捣固密实，使衬砌具有良好的抗渗防水性能，尤其应处理好施工缝；②整体模筑时，应注意对称灌筑，两侧同时或交替进行，以防止未凝混凝土对拱架模板产生偏压而使衬砌尺寸不合要求；③若因故不能连续灌筑，则应按规定进行接茬处理，衬砌接茬应为半径方向；④多数情况下隧道施工过程中，洞内的湿度能够满足混凝土的养护条件，但在干燥无水的地下条件下，则应注意进行洒水养护。采用普遍硅酸盐水泥拌制的混凝土，其养护时间一般不少于 7d；掺有外加剂或有抗渗要求的混凝土，一般不少于 14d，养护用水的温度应与环境温度基本相同。

5）混凝土拆模：二次衬砌的拆模时间，应根据混凝土强度增长情况来确定。一般应在混凝土达到规范要求强度时，进行拆模。有承载要求时，应根据具体受力条件来确定。

4. 压浆

在灌筑衬砌混凝土时，虽然要求将超挖部分回填，但由于操作方法方面的原因，其中有些部位并不可能回填得很密实。这种情况在拱顶背后一定范围内较为明显。因此，要求在衬砌混凝土达到设计强度后，对这些部位进行压浆处理，以使衬砌与围岩密贴（全面紧密接触），达到限制围岩后期变形，改善衬砌受力工作状态的目的。压浆浆液材料多采用单液水泥浆。

7.2.7 辅助坑道

当隧道较长时，可选择设置适当的辅助坑道，如横洞、斜井、竖井、平行导坑等，用以增加施工工作面，加快施工速度，改善施工条件（通风、排水）。

1. 横洞

隧道施工时，当隧道洞口处桥隧相连，影响施工，或地质条件差，地形条件不利，路堑开挖量大尚未完工而需进洞等情况下，如洞口近处条件允许，则可设置横洞，以避免施工干扰和提前进洞加快速度。因此，横洞一般是在隧道侧面修筑的与之相交的坑道。常见横洞的布置如图 7-29 所示。为便于车辆运输，相交处可用半径不小于 7 倍轴距的圆曲线相连。运输方式可采用无轨运输或有轨运输。但应注意，横洞纵坡因考虑便于排水及重车下坡运输方便，有轨运输时应向外设不小于 3‰ 的下坡，无轨运输时可视车辆情况而定。

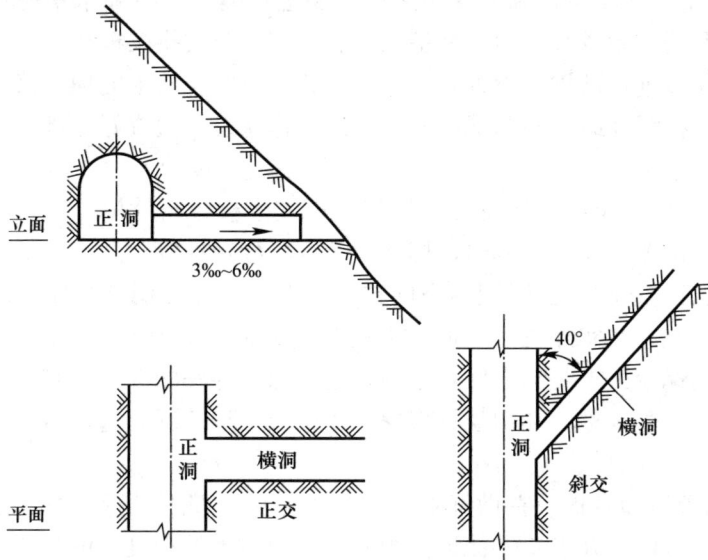

图 7-29　横洞布置示意图

一般情况下，横洞不长，故较经济，因此在地形条件允许时，宜优先考虑采用横洞来增辟工作面。选择横洞与隧道的交角一般不小于 60°，地形限制时不宜小于 40°，交角太小则锐角段围岩较易坍塌，斜交时最好朝向正洞方向。

2. 平行导坑

对于长大越岭隧道，由于地形限制，或因机具设备条件、运输道路等条件的限制，无法选用横洞、竖井、斜井等辅助坑道时，为加快施工速度，及超前地质勘察，可采用平行导坑方案。平行导坑在隧道施工中超前掘进，可进行地质勘察，充分掌握前方地质状况；同时，平行导坑通过横通道与正洞联络，可以增加正洞工作面，加快施工速度，且构成巷道式通风系统、排水降水系统、进料出渣运输系统，可以将洞内作业分区段进行，减少相互干扰。

平行导坑一般设于地下水流向隧道的一侧，以利用平行导坑排水，使正洞干燥。平行导坑与正洞之间的最小净距离应视地质条件、施工方法、导坑跨度等因素确定，并考虑由于导洞开挖而形成的两个"自然拱"不相接触为好，否则容易造成塌方。一般平行导坑距正洞约为 20m。平行导坑底面标高应低于隧道底面标高 0.2～0.6m，以有利于正洞的排水和运输。纵坡原则上与隧道纵坡一致，或出洞 3‰ 的下坡。

在施工中初进洞时可在适当长度（500m 左右）布设横通道，以后，每隔 120～180m 设一个横通道，以便于运输，为方便运输调车作业，每隔 3～4 个横通道设置一个反向横通道。平行导坑衬砌与否应视地质情况而定，一般可不修筑。当考虑作为永久通风道或泄水洞时应做衬砌。同时，在施工时，平行导坑与正洞的各项作业应分区分段进行，以减少干扰。分区分段长度应结合横通道及运输组织来选择。

3. 斜井

斜井是在隧道侧面上方开挖的与之相连的倾斜坑道。当隧道洞身一侧有较开阔的山谷且覆盖不太厚时，可考虑设置斜井。

设置斜井时，斜井长度一般不超过 200m，以降低工程造价及保证运输效能。同时，斜井井口位置不应设在洪水淹没处。洞口场地最小宽度一般不应小于 20m，以利井口场地布置及卸料出渣，井身避免穿越含水量大及不良地质区段。设置位置应能使增辟工作面充分发挥作用。斜井仰角 α 的大小主要考虑斜井长度及施工方便，一般以不大于 25° 为宜，且井身不宜设变坡。斜井与隧道中线的夹角不宜小于 40°，并在与隧道连接处宜用 15～25m 的水平道相连，以便于运输作业和保证运输安全。井口场地通常设有向洞外的不小于 3‰ 的下坡，以防车辆溜向洞内造成事故，且有利于排水。

斜井提升机械一般用卷扬机牵引斗车，坡度很小时亦可采用皮带输送或无轨运输，斜井内的轨道数视出渣量而定。坑道大小在单线行车道时，一般底宽为 2.6m；三轨双线行车道时，底宽为 3.4m；双线行车道时，底宽为 4.1m（以上均包括单侧设宽 70cm 的人行道），高度通常大于或等于 2.6m。其中，以单线或三轨双线较为常用，并在斜井中部设有 20～30m 的四轨双线作错车道，这样可减少断面及节约运输器材。在斜井需作为通风道时，其断面大小应满足通风要求。

斜井施工期间应做好井口防排水工程，严防洪水淹没；卷扬机牵引斗车需防止钢丝绳中断或脱钩等事故。为此应严格控制牵引速度，斜井长小于 200m 时，车速不大于 3.5m/s；斜井长超过 200m 时，可适当提高车速。井口应设置安全闸，如图 7-30 所示，在斗车出洞后及时安好安全闸以防溜车，为防止斗车在坡道上因脱钩或钢丝绳断裂而下滑，可在斗车上或坡道上设置止溜沟，以阻止斗车继续下滑。也可以在斜井坡道终点或坡道中间适当位置设置安全缆绳，由专人负责看守，在斗车经过后，即在坑道的两侧间揽以钢丝绳，万一斗车脱钩，也不致冲入井底车场而发生严重事故。此外，在井底调车场及井身每隔 30～50m 宜设避险洞以保证作业人员安全。

4. 竖井

竖井是在隧道上方开挖的与隧道相连的竖向坑道。

覆盖层较薄的长隧道，或在中间适当位置覆盖层不厚，具备提升设备，施工中又需增加工作面时，则可用竖井增加工作面的方案。竖井深度一般不超过 150m。

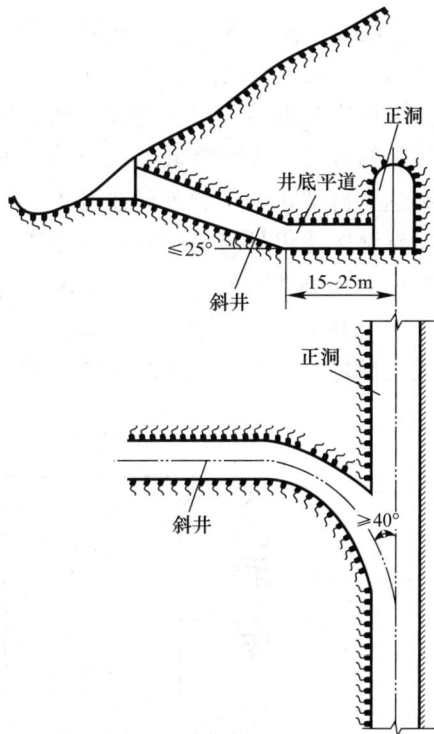

图 7-30 斜井布置示意图

竖井的位置可设在隧道一侧，与隧道的距离一般情况下为 15～25m，或设置在正上方。竖井设置在隧道一侧时，施工安全、干扰少，但通风效果差；竖井设在隧道正上方时，通风效果好，不需另设水平通道，但施工干扰大，施工中不太安全。圆形断面的断面利用率低，但施工较方便，且受力条件好，故常用于压力较大的围岩中修筑临时性竖井和简易竖井。

竖井的位置、断面形状，应根据施工要求、通风、是否作为永久通风道、造价等因素综合考虑确定。

竖井断面尺寸根据提升能力、机具设备、通风排水等铺设的管道、安全梯等设备的布置以及安全间隙等因素确定，多采用圆形断面，直径约为 4～6m。竖井构造包括井口圈、井筒、壁座、井筒与隧道间的联接段、井下集水坑等部分。

根据地质及水文条件，竖井可采用人工开挖或下沉沉井的方法进行施工。此外，在有条件和必要时，可设置投料孔（即一种小断面简易竖井），用于向洞内投放砂、石材料甚至混凝土等。此外投料孔常用钻井的方法施作，并与斜井或竖井配合使用，以减少进料对斜井或竖井运输的要求，从而提高斜井的生产能力。

7.3　隧道掘进机施工

7.3.1　隧道掘进机应用概述

隧道掘进机施工法是用隧道掘进机切削破岩，开凿岩石隧道的施工方法，如图 7-31 所示。它始于 20 世纪 30 年代，随着掘进机技术的迅速发展和机械性能的日益完善，隧道掘进机施工得到了很快发展。掘进机施工特别是对于长隧道的施工，较之钻爆法施工有其显著的特点：大大降低工人劳动强度，保证施工人员的安全；掘进速度快，进一步发展将有达到自动化的可能等。在世界科技飞速发展的今天，更使掘进机有了广阔的使用条件。虽然钻爆法仍是当前山岭隧道施工的最普遍的方法，而且掘进机也不能取代钻爆法施工，但用掘进机施工的隧道数量不断上升。据不完全统计，世界上采用掘进机施工的隧道已有 1000 余座，总长度在 4000km 左右。特别是在欧美国家，由于劳动力昂贵，掘进机施工已成为进行施工方案比选时必须考虑的一种方案。

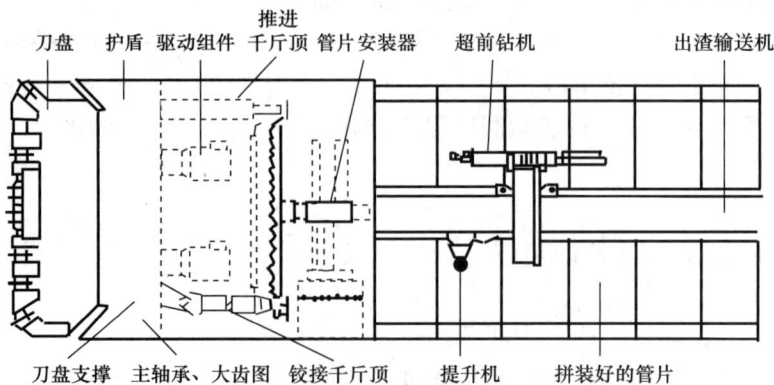

图 7-31　单护盾掘进机示意图

我国铁路隧道采用掘进机施工始于 20 世纪 70 年代，1997 年西康铁路秦岭 1 号隧道引入了德国维尔特（WIRTH）公司 TB880E 型隧道掘进机，采用 8.8m 直径的全断面掘进机创造了单口平均月进度 312m，最高月进尺 528m，单口最高日进尺 40.5m 的掘进记录。秦岭 1 号隧道的成功改变了中国大陆长大山岭隧道施工中采用钻爆法为唯一施工手段的现状。

掘进机最大的优点是快速，掘进速度为常规钻爆法的 3～10 倍。由于掘进机不仅在技术上能高速成洞，而且在经济上综合效益也远比钻爆法高，因此隧道的设计与施工中应该优先考虑采用隧道掘进机的方案。可以预言，随着科技发展进步的步伐加快和掘进机技术本身的不断发展完善，今后会有很多数量的隧道采用掘进机法施工。

7.3.2　掘进机类型

山岭隧道掘进机分为全断面和悬臂式两大类。全断面掘进机（Tunnel Boring Machine，简称 TBM）又分开敞式和护盾式两类，护盾式又分单护盾和双护盾。目前使用的主要是全断面掘进机，悬臂式尚处在发展的初期阶段。

一般而言，开敞式掘进机适合于硬岩隧道的开挖。开敞式和护盾式掘进机的区别在于开敞式掘进机在开挖中依靠撑子于岩壁上的水平支撑提供设备推力和扭矩的支撑反力，开挖后的围岩暴露于机械四周；而护盾掘进机则可在掘进中利用尾部已安装的衬砌管片作为推进的支撑，围岩由于有护盾防护，在护盾长度的范围内，不暴露，因此护盾掘进机更适用于软岩。

单护盾掘进机适用于软岩地层以及自稳时间相对较短的，地质条件较差的地层。单护盾掘进机在掘进和安装衬砌管片时是依次顺序进行的，即不能同时作业。掘进中，它依靠后部的推进千斤顶顶推已安装好的衬砌管片得以向前掘进，掘进停止后，利用管片安装机将管片安装到隧道上。

双护盾掘进机（图 7-32）在软岩及硬岩中都可以使用。当它在自稳条件不良的地层中施工时，优越性更突出。它与单护盾掘进机的区别在于增加了一个护盾。在硬岩中施工时利用水平支撑，支撑洞壁传递反力，所以它既可利用尾部的推力千斤顶顶推尾部安装好的

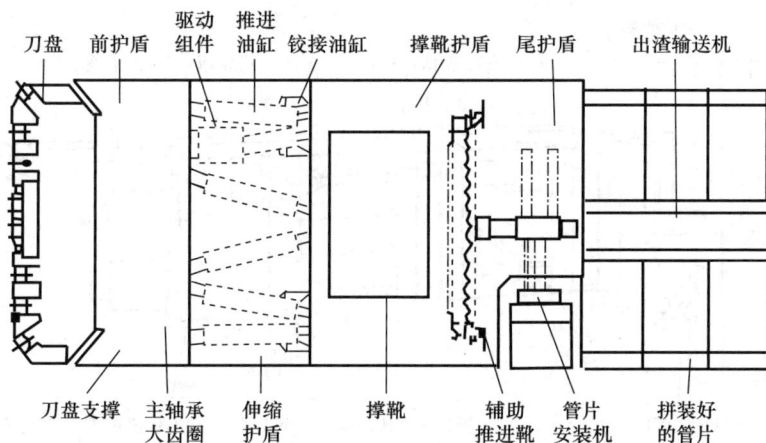

图 7-32　双护盾掘进机示意图

衬砌管片，也可以在利用水平支撑进行开挖时安装衬砌片，因此双护盾掘进机使开挖和安装衬砌管片的停机换步时间大大缩短。在我国甘肃引大入秦工程中的 30A 号水工隧道，便使用一台直径为 5.5m 的双护盾掘进机完成了 11.6km 的开挖，最高月开挖突破了 1000m。

7.3.3 掘进机基本构造

1. 主机

1）基本构造

目前世界上生产的开敞式掘进机基本有两种：单支撑和双支撑。

单水平支撑掘进机如图 7-33 所示，它的主梁和大刀盘支架是掘进机的构架，为其他所有构件提供安装支点。大刀盘支架的前部安装主轴承和大内齿圈，它的四周安装了刀盘护盾，利用可调式顶盾、侧盾和下支撑保持与开挖洞面的浮动支承，从而保证了大刀盘的稳定；主梁上安装推力千斤顶和支撑系统。由于采用了一对水平支撑，因此它在掘进过程中，方向的调整是随时进行的，掘进的轨迹是曲线。单支撑式掘进机主轴承多为三轴承组合，驱动装置直接安装在刀盘的后部，故机头较重，刀盘护盾较长。

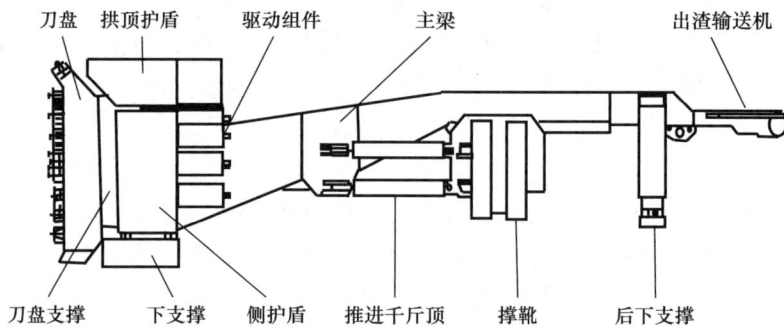

图 7-33 单水平支撑掘进机示意图

双水平支撑掘进机如图 7-34 所示，在主机架中间有两对水平支撑，它可以沿着镶着铜滑板的主机架前后移动。主机架的前端与大刀盘、轴承、大内齿圈相连接，后端与后下

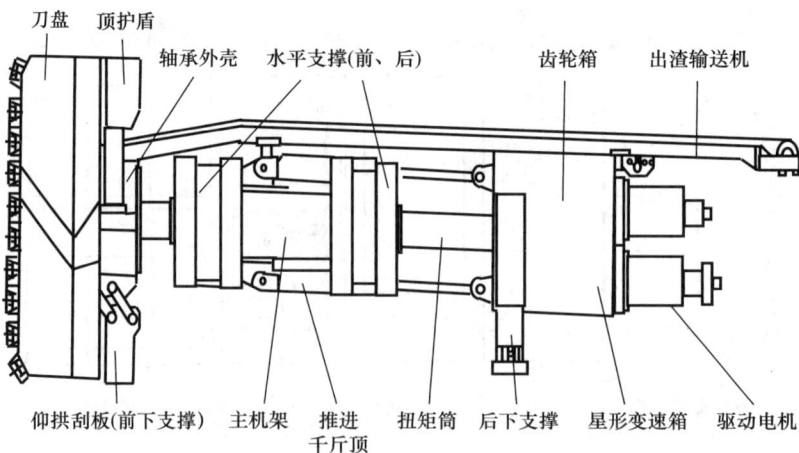

图 7-34 双水平支撑掘进机示意图

支撑连接，推进千斤顶借助水平支撑推动主机架及大刀盘向前，布置在水平支撑后部的驱动装置通过传动轴将扭矩传到大刀盘。在掘进中由两对水平支撑撑紧洞壁，因此掘进方向一经定位，只能沿着直线掘进，只有在重新定位时，才能调整方向，所以掘进机轴线是折线。

2) 刀盘

刀盘（图 7-35）是钢结构焊接件，其前端是加强了的双层壁，通过溜渣槽与后隔板相连接，刀盘后隔板是用螺栓与刀盘轴承联接。刀盘装有若干个盘形滚刀，用于挤压切削岩石，同时在前端还装有径向带齿的石渣铲斗，用于软岩开挖。刀座是大刀盘的一部分，做成凹形，使盘形刀刀圈凸出刀盘，这样可以防止破碎围岩中大块岩石阻塞刀盘。

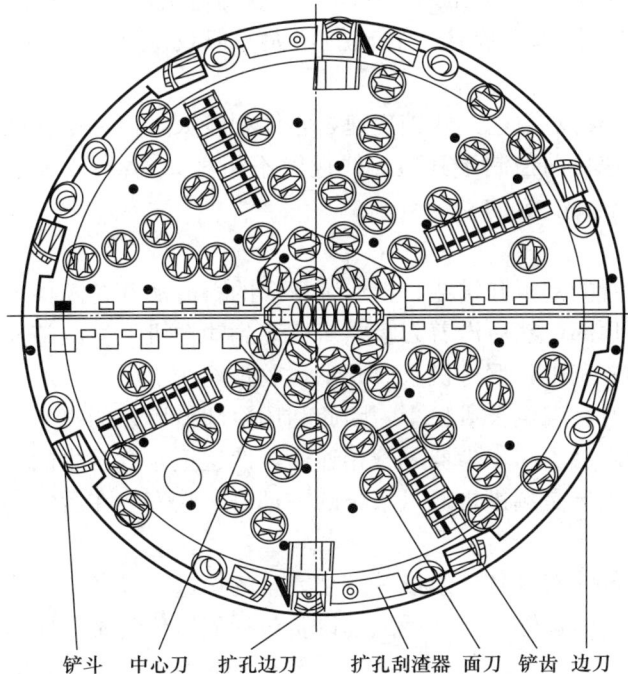

铲斗　中心刀　扩孔边刀　　扩孔刮渣器　面刀　铲齿　边刀

图 7-35　刀盘示意图

大刀盘具有足够的强度和刚度。从而使施加在大刀盘上的推力平均分配到全部盘形滚刀上，使它们达到同时压挤入岩石至同一深度，并使掘进机处于高效率的运转状态。否则不仅不能完成良好的切削，也会由于个别盘形刀受到超载的推力而过早损坏，使刀具费用急剧增加。大刀盘上盘形刀的平面布置，是根据使用盘形刀的类型和合理刀间距来考虑的，一般而言，在硬岩中刀间距大约是贯入度（即大盘每转动一圈，盘形刀切入岩石的深度）的 10～20 倍，即 65～90mm。开挖下来的石渣利用刀盘圆周上的若干铲斗和刮渣器以及刀盘正面上径向渣口，经刀盘内部的导引板通过漏斗传送到主机胶带输送机上。

3) 支撑和推进系统

支撑系统是掘进机的固定部分。当掘进时，它支承着掘进机的重量并将开挖推力和扭矩传递给岩壁形成反力。一般掘进机能提供的支撑反力应是大刀盘额定推力的 3 倍左右，足够大的支撑反力能保证在强大推力下掘进时，刀盘有足够的稳定和正确的导向，并有利于刀具减少磨耗。开挖刀盘推进力是按照每把盘形刀所能承受的推力和盘力数量来决定的，目前较为成熟的 17 英寸盘形刀，可承受的推力为 250kN。

支撑靴借助球形铰自动均匀地支撑在洞壁上，避免引起集中荷载对洞壁的破坏。

4）刀盘驱动系统

刀盘驱动方式有两大类：电动和液压。电动又分单速电机、双速电机和调频电机。

掘进机贯入度指标在很大程度上取决于刀盘的转速和推力。采用无级调速确定刀盘的转速就可以根据岩石的变化而产生最大的适应性，有效地控制刀盘负荷和振动，提高瞬时贯入度，减少刀具的磨耗。无级调速可以通过液压传动和变频调速两种方式达到。利用变频技术可采用标准工业电机，它具有较高的惯性，当 0～50Hz 时可以达到全扭矩，启动扭矩瞬时可以达到额定扭矩的 170%，启动电流小、效率高，但它要求工作环境严格。液压驱动方式技术上成熟，启动扭矩大，但效率低（70% 左右），维修相对比电机繁杂。

双速电机通过变换极对数达到两档变速，它体积较大，启动电流大，但结构简单，可靠性高。大刀盘的转速目前控制于其边刀线速度不超过 2.5m/s，这主要是受盘形刀材料及岩石破碎速度的影响而决定的。

5）出渣和除尘

沿着刀盘周围布置的刮板和铲斗，把切削下来的石渣从开挖断面的底部铲起，并在刀盘转动中随刀盘送到顶部，然后沿着刀盘内渣槽落到输送机上方的渣斗内，再通过胶带输送机送到后配套上的矿车中，掘进机只要开动，胶带输送机就不停地运转。

刀盘在切削岩石时会产生大量粉尘，因此利用冷却盘形刀的喷水装置，起到一定的除尘作用。此外刀盘的内腔室与集尘器风管相连通，使这里含有粉尘的空气通过集尘器达到最好的除尘效果。除尘器是掘进机通风系统的一部分，它安装在后配套上。

2. 后配套设备

掘进机主机与后部配套设备，组成了一个完整的掘进机设备。后配套设备主要是为主机提供供给的设备和石渣运输系统。后配套设备包括液压传动站（主机液压系统提供动力源）、变电设备、开关柜、主驾驶室、通信系统、备用发电机、空压机、通风系统、喷射混凝土设备、围岩加固堵水注浆设备以及供水系统。运渣系统则是后配套设备上的胶带输送机将主机输送机运来的石渣卸入矿车，再用内燃机车牵引运到洞外。

通常后配套设备是安装在一轨道平台车上，小断面掘进机受开挖隧道空间的限制，可采用单线运渣轨道，如图 7-36 所示；而较大断面的掘进机，可采用双线运渣轨道。由于开挖的隧道是圆形，所以铺设轨道时，一般先将预制的仰拱块安装在隧道底部。仰拱块上预留排水槽，钢拱架沟槽及预埋轨道螺栓扣件。因此轨道的铺设延

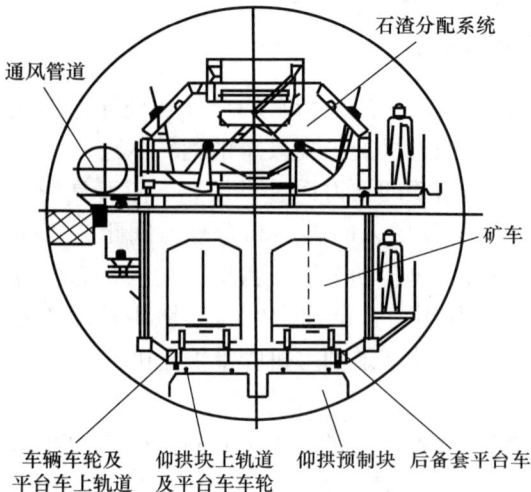

图 7-36　仰拱块及轨道示意图

伸不仅能保证轨道的铺设精度，同时也提高了出渣列车的运行稳定和速度。运渣列车由铺设于隧道的轨道上通过后，配套设备尾部的爬轨斜坡道进入平台车上的轨道系统。

在后配套平台车上安放通风管、接力风机，供应新鲜空气的主风机放在洞外，通过风管与后配套上的拉接力风机连接。在掘进机施工中，隧道通风考虑的主要因素是施工人员的需要、设备运输中产生的热量、岩石破碎中以及喷射混凝土中产生的粉尘、内燃机设备产生的废气等。

在后配套平台车上安放供、排水设备。供水设备用来对盘形刀进行冷却、刀盘内腔室的水雾除尘、液压系统对油的冷却、对驱动电机的水冷以及必要的空气冷却等。为了提高供水压力，往往在水箱上设置增压水泵，一般用水量可按每开挖 $1m^3$ 岩石需要 $0.5m^3$ 左右估算。隧道开挖中排水至关重要，必须采取强制排水措施防止积水对主机的漫浸，尤其在安放仰拱块时更需要将水排净。顺坡开挖时，应充分利用仰拱块上的排水沟，反坡开挖时，应设多处积水槽，多处水泵站排水至洞外。

7.3.4 掘进机掘进施工

1. 破岩机理

掘进机切削破碎岩石的机理是它在掘进时盘形刀沿岩石开挖面滚动，同时通过大刀盘均匀地在每个盘形刀上对岩面施加压力，形成滚动挤压切削而实现破岩。大刀盘每转动一圈，将贯入一定深度，在盘形刀刀刃与岩石接触处，岩石被挤压成粉末，从这个区域开始，裂缝向相邻切割槽扩展，进而形成片状石渣。图 7-37 显示了掘进机切削岩石机理。

不同岩石需要不同的盘形刀压入岩石的最低压强值，才能达到较理想的贯入深度。而贯入深度，在坚硬和裂隙很少的岩石中，一般为 $2.5 \sim 3.5mm/$转，在中等坚硬和裂隙较多的岩石中，一般为 $5 \sim 9mm/$转。应该强调指出，对掘进机施工不仅要注意岩石的抗压强度，还应注意岩石的磨蚀性以及岩体的裂隙程度，当岩体节理裂隙面间距越大时，切割也就越困难。

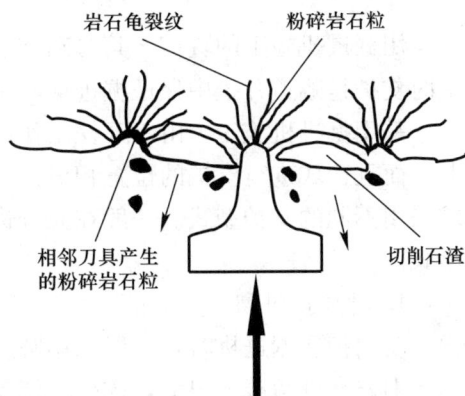

图 7-37 掘进机切削岩石机理示意图

2. 施工管理

采用掘进机开挖隧道，实现了隧道施工的工厂化，这是一个大的管理系统工程。提高施工现场管理和设备管理水平，是提高掘进机施工效率和效益的基础。

从图 7-38 可知，使用同一型号的掘进机，在相同地质条件下，由于管理的原因而造成不同的纯掘进时间。例如材料供应不及时，就有可能造成仰拱块不能及时铺设，延误轨道的延伸，进而影响到掘进机下一个循环的进行。任何设备的故障都会直接影响到掘进机的运行。

把整个有效的作业时间作为纯掘进时间是不可能的。因为停机不掘进时间包括换步更换支撑时间、检查和更换刀具时间、维修保养时间、对围岩进行支护时间、作业造成的停机以及供料、出渣原因造成的停机和工地组织造成的停机等都在每日工作时间内。据国外统计，在一般地质条件下，掘进机净掘进时间在 $40\% \sim 50\%$ 以内是较为理想的。

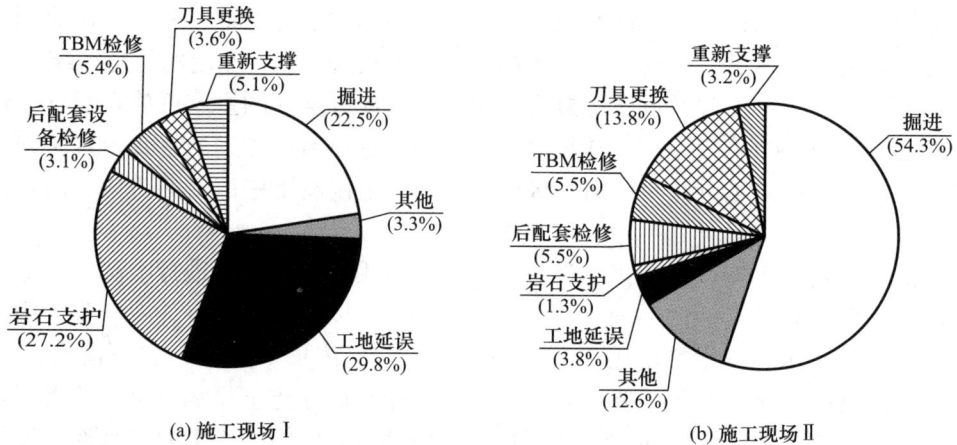

图 7-38 时间/利用率分析图

提高设备完好率是提高净掘进时间的关键。强化维修保养，每班、每日、每周都必须进行预防性维修和某些部件的修理是必须的，只有坚持做好预防性维修才能保证掘进机利用率。同时，加强掘进机的管理，必须注意对刀具的管理，如不适当地提高推力，虽可提高净开挖速度，但刀具费用会急剧增大，故选择合理的掘进系数可以节省刀具费用的支出。

7.3.5 衬砌施工

用掘进机施工的隧道，其衬砌结构一般是由临时或初期支护和二次衬砌组成。初期或临时支护是隧道开挖中保证掘进期间围岩的稳定和掘进机顺利掘进所不可缺少的。

采用掘进机施工，由于开挖工作面被掘进机主体充塞，对围岩很难进行直接观察和判断，而且造成进行支护的位置相对开挖面滞后一段距离，因此，不同型式的掘进机，也要求采用不同的支护型式。一般在充分进行地质勘探后，在隧道设计时，就应确定基本支护型式。

1. 管片式衬砌

使用护盾掘进机时，一般采用圆形全周管片式衬砌。其优点是：适合软弱围岩，特别是当围岩允许承载力很低，撑靴不能支撑岩面时，可利用尾部推力千斤顶，顶推已安装的管片获得推进反力；当撑靴可以支撑岩面时，双护盾掘进机可以使掘进和换步同时进行，提高循环速度；利用管片安装机安装管片速度快、支护效果好，安全性强，但是它的造价高。为了防水的需要，每块之间要安装止水条，并需在管片外圆和洞壁间隙压入豆石并注浆。为了预制管片，需要在工地建设混凝土预制品工厂。

2. 模筑混凝土衬砌

使用开敞式掘进机，一般是随开挖先施作临时支护，然后进行二次模筑混凝土永久性衬砌，这是为了保证掘进机的高速度掘进，且不可能使开挖作业与模筑混凝土衬砌作业同时进行。此外，在机械上部进行衬砌作业，会给掘进机设备带来严重的混凝土污染，因此只在刀盘后部进行必要的临时支护，如锚杆、喷射混凝土、钢拱架等。

二次混凝土衬砌，根据地质条件也有用喷射混凝土作为永久衬砌的，如瑞士弗尔艾那铁路单线隧道就是采用二次喷射混凝土为永久衬砌的。多数隧道往往采用二次模筑混凝土衬砌，使用穿行式模板台车，进行永久衬砌的灌筑。根据设计的断面形状，制造模板台车，这与钻爆法施工一致。值得注意的是，二次衬砌完成后，掘进机完成掘进任务后不可能从原路退出，只有在完成开挖位置进行扩大洞室，在隧道内拆卸掘进机部分机件（如大刀盘的解体），才有可能退出。如果用一台掘进机从进口一直掘进到出口，则不会发生沿洞内拆卸问题。

7.4　复杂地质条件下隧道施工处理措施

在修建隧道工程中，工程地质状况及水文地质条件是面临的首要问题，在一般情况下，隧道的修建速度和质量好坏取决于对地质状况的认识和掌握程度；当地质状况较好时，工程进展就顺利，即工程的工期、质量、造价等都能按计划地正常进行。当地质条件较差，遇到了特殊及不良地质地段时，如富水软弱围岩、流砂、溶洞、膨胀岩、瓦斯、高地应力等，工程就会受阻，主要表现为工期的延长、质量的下降、工程造价的剧增，同时还有可能出现大的安全事故，导致人员的伤亡、设备的损坏等现象的发生。不良和特殊地质地段隧道施工的一般原则是：

1) 充分利用各种手段和方法，尽可能准确掌握不良地质情况。

2) 根据掌握的不良地质情况，制定对应的施工方案及处理措施。

3) 随着施工揭露地质状况，施工安全性和支护措施的效果应及时修正设计，保证施工安全和隧道工程质量。

7.4.1　断层破碎围岩

在隧道施工中，往往会遇到断层破碎带、富水软岩及大量涌水地段，给隧道施工带来严重困难。断层破碎带是隧道施工中最常见的不良地质地段，特别是在山区沟谷中，地质上有"十沟九断"的说法。断层带内岩体挤压破碎，常呈块石、碎石或角砾状，有的甚至呈断层泥，岩体强度低，围岩压力增大，自稳能力下降，容易坍塌，施工困难。

富水软岩是指在各类土质、软岩、极严重风化的各种岩层、极软弱破碎的断层带以及堆积、坡积层中，在富含地下水的情况下，岩体强度很低，自稳能力极差的围岩。

大量涌水是隧道施工中比较常见的不良地质现象。在雨量充沛和地下水丰富地区，隧道穿过断层破碎带、裂隙密集带、向斜部、不同岩层接触带或岩溶发育地段时，施工期间经常发生地下水和承压水大量涌出。

对于富水软弱破碎围岩隧道，设计一般根据地表探测和少量的地质钻孔为主，推断地下深处的隧道地质条件，这往往与隧道施工实际遇到的地质条件存在差异。而隧道施工对地质的变化又非常敏感，特别是复杂地层施工，更要求准确预报施工前方的工程地质和水文地质条件。因此，应把地质超前预报作为一个工序纳入生产过程。

富水软弱破碎围岩隧道的显著特点就是地下水对施工的影响。这类隧道地下水发育，除裂隙水外，往往与地表水串通，形成补给通道，使施工长期处于地下水干扰之中。并且软弱破碎地层地下水一般不能形成集中水流，往往以散水形式从坑道周壁或隧底流出，施工处理更加困难。

为了防止或减轻地下水对施工特别是对开挖的影响，必须对地下水进行处理。近年来，在富水软弱破碎围岩隧道施工中探索出许多行之有效的办法，使这些隧道的施工得以正常进行，并加快了施工进度，提高了工程质量，保障了施工安全。

富水软弱破碎围岩隧道处理地下水原则一般是以堵截为主，排引为辅。堵截地下水的办法主要有两类：一类是整个富水段进行注浆止水，并加固松散岩体，这种办法是将富水段岩层结构通过高压注浆进行调整，相当于提高围岩等级，使围岩在原有基础上整个综合指标得以改善，主要措施有深孔劈裂、挤压注浆。另一类是对富水地段沿隧道开挖轮廓线以外进行环形注浆，形成止水帷幕，防止或减少地下水进入开挖工作面。这种办法并不能改变开挖段的岩体结构。主要措施有浅孔注浆、管棚注浆、小导管注浆、中空锚杆注浆以及目前正处于研究阶段的水平旋喷注浆技术等。

在富水软弱破碎围岩隧道施工中，虽然采用深孔注浆达到了止水固结的目的，但固结范围有限，加上地质及注浆有些不确定因素，为保障施工万无一失，一般在开挖前均采用超前支护，超前支护一般采用超前锚杆或超前小导管。

对于地下水压较大的隧道，开挖前一般还要采取排水降压措施，排水主要采取钻孔，钻孔深度应超出注浆范围。开挖方法对于富水软弱破碎围岩隧道施工十分重要，有半断面法、正台阶预留核心土开挖法、双侧壁导坑法。

开挖手段上，采取以下两种：一种是在特别软弱的围岩段，采用非钻爆开挖，如利用十字镐、风镐开挖或利用小型挖装机开挖；另一种是采用控制爆破措施，如松动爆破、微振动爆破等。这两种方法的目的是一致的，就是尽可能地减小开挖对围岩的扰动。

7.4.2　膨胀性和挤压性围岩

膨胀岩是指土中黏土矿物成分主要由亲水性矿物组成，同时具有吸水显著膨胀软化和失水收缩硬裂两种特性，且具有湿胀干缩往复变形的高塑性黏性土。决定膨胀性的亲水矿物主要是蒙脱石黏土矿物。我国是世界上膨胀土分布面积最广的国家之一。现已发现有膨胀土发育的地区遍及西南、西北、东北、长江与黄河中下游及东南沿海地区。

关于膨胀岩的判别，目前国内、外大体上依据以下两个方面：一是间接反应岩石膨胀指标，如矿物构成成分、颗粒含量、阳离子交换量和干燥饱和吸水率；二是直接定量反映岩石膨胀力学指标以及不同荷载下的膨胀率大小的指标。

1. 膨胀岩的判别

膨胀岩的判别可参照表 7-4 进行判定，主要的试验指标包括极限膨胀力、极限膨胀率、极限膨胀量、干燥饱和吸水率、围岩强度比等内容。根据上述各项指标，膨胀岩按其膨胀性的大小可划分为弱膨胀岩、中膨胀岩和强膨胀岩 3 级，如表 7-4 所示。

膨胀岩的分级　　　　　　　　　　　　　　　　　　　表 7-4

项目	极限膨胀力（kPa）	极限膨胀率（%）	干燥饱和吸水率（%）	自由膨胀率（%）
弱膨胀岩	100～300	3～15	10～30	30～50
中膨胀岩	300～500	15～30	30～50	50～70
强膨胀岩	＞500	＞30	＞50	＞70

2. 膨胀性围岩对隧道施工的危害

由于膨胀性围岩的特殊工程地质性质及其围岩压力特性，膨胀土的隧道围岩普遍具有开裂、内挤、坍塌和膨胀等变形现象。膨胀土隧道围岩变形常具有速度快、破坏性大、延续时间长和整治较困难等特点。膨胀性围岩对隧道施工的影响如下：

1) 围岩开裂：隧道开挖后，由于开挖面上岩体原始应力释放产生胀裂；另外，因为表层土体风干而脱水，产生收缩裂缝。同时，两种因素都可以使土中原生裂隙张开扩大。沿围岩周边产生裂缝，尤其在拱部围岩容易产生张拉裂缝与上述裂缝贯通，形成局部变形区。

2) 隧道下沉：由于隧道下部膨胀岩体的承载力较低，加之隧道上部围岩压力过大，隧道下沉变形明显。另外，隧道只能采用分部开挖，在后部工序开挖暴露的围岩出现风化膨胀，产生较大的收缩地压力，加上坑道的下沉，往往造成支撑过度变形、失效，进而引起土体坍塌、挤压和膨胀变形等现象。

3) 围岩膨胀突出和坍塌：隧道开挖过程中或开挖后，围岩产生膨胀变形，周边土体向洞内膨胀突出，造成开挖断面缩小。在土体丧失支撑或支撑力不够的状态下，由于围岩压力和膨胀压力的综合作用，使土体产生局部破坏形成坍塌现象。

4) 隧道底部隆起：隧道底部开挖后，洞底围岩的上部压力解除，又无仰拱支护体约束时，由于应力释放，洞底围岩产生卸荷膨胀，加之坑道积水，使洞底围岩产生浸水膨胀，造成洞底围岩隆起变形。

5) 衬砌变形和破坏：在整体式（模筑混凝土）衬砌中，常发生下列现象：（1）在先拱后墙法施工中，拱部衬砌完成后至开挖马口的这段时间，由于围岩和膨胀压力，常常产生拱脚内移，同时发生不均匀下沉，拱脚支撑受力大，发生扭曲、变形或折断；（2）拱顶受挤压下沉，也有向上凸起，拱顶外缘经常出现纵向贯通拉裂缝，而拱顶内缘出现挤裂、脱皮、掉块现象；（3）在拱腰部位出现纵向裂缝，这些裂缝有时可逐渐发展到张开、错台；（4）当采用直墙式边墙时，边墙常受膨胀侧压而开裂，甚至张开、错台，少数曲墙也有出现水平裂缝的情况；（5）当底部未做仰拱或仅做一般铺底时，有时会出现底部膨起，铺底被破坏。

7.4.3 高地应力作用下的软岩

1. 高地应力软岩的概念

高地应力是一个相对的概念，它是相对于围岩强度（岩石饱和单轴抗压强度 R_c）而言的，也就是说，当围岩内部的最大地应力（σ_y、σ_{max}）与围岩强度的比值（R_c/σ_{max}）达到某一水平时，才能称为高地应力或极高应力，即：

$$围岩强度应力比 = R_c/\sigma_{max} \tag{7-2}$$

埋深大不一定就存在高地应力问题，而埋深小，但围岩强度很低的场合，如大变形的出现，也可能出现高地应力问题。因此，在研究是否出现高或极高地应力问题时，必须与围岩强度联系起来进行判定。

研究表明，当强度应力比小于 0.3～0.5 时，即能产生比正常隧道开挖大一倍以上的变形。此时洞周将出现大范围的塑性区，随着开挖引起围岩质点的移动，加上塑性区的"剪胀"作用，洞周将产生很大位移。圆形隧道弹塑性解析解也表明，当强度应力比小于 2

时，洞周将产生塑性区，强度应力比越小则塑性区越大。塑性区半径增大则洞周位移也相应增大，加之围岩剪切破坏时体积膨胀（剪胀），位移增加更快。所以高地应力是大变形的一个重要原因，这又称为高地应力的挤压作用。软弱围岩隧道很多，只有在高地应力作用下才会发生这种挤压现象。

2. 挤压性围岩

挤压性软弱围岩在高地应力作用下发生挤压大变形及破坏的特征，不仅受围岩本身力学性质的影响，还与原始地应力状况及工程因素等有关。高地应力挤压性围岩隧道大变形有如下特征：（1）变形量大，国内隧道最大水平收敛达 120cm，最大拱顶下沉 37cm；（2）变形速度高，国内量测开始阶段变形速率最高达 167mm/d；（3）变形持续时间长，由于围岩软弱、强度低、地应力高，发生变形主要是挤压性和流变性变形，开挖后应力重分布持续时间长，变形收敛持续时间也较长。乌鞘岭隧道大变形区段变形持续时间达 120d，一般要 40～50d。为避免洞室失稳，须及时施作二衬，让二衬承受部分荷载来限制变形发展，二衬施作后仍存在较小变形。

3. 膨胀性及挤压性围岩隧道施工

1）加强调查、量测围岩的压力和流变特性：在该种地层中开挖隧道，除了认真实施设计文件所提出的技术要求外，在施工过程中应对围岩压力及其变形情况进行充分的调查和量测，分析其变化规律。对地下水亦应探明分布范围及规律，了解水对施工的影响程度，以便根据围岩动态采取相应的施工措施。如原设计难以适应围岩动态情况，也可据此做适当修正。

2）合理选择施工方法：采用合理的施工方法，对隧道的稳定性有着十分重要的作用。因此，在施工中应以尽量减少对围岩产生扰动和防止水的浸湿为原则，宜采用无爆破掘进法，如采用掘进机、风镐、液压镐等开挖。在开挖过程中尽可能缩短围岩暴露时间，及时支护，以尽快恢复洞壁因土体开挖而解除的部分围岩应力，开挖方法宜不分部或少分部。

3）防止围岩湿度变化：隧道开挖后，膨胀性围岩风干脱水或浸水，都将引起围岩体积变化，产生胀缩效应。因此，隧道开挖后应及时喷射混凝土、封闭和支护围岩。在有地下水渗流的隧道，应采取切断水源并加强洞壁与坑道防、排水措施，防止施工积水对围岩的浸湿等。如局部渗流，可采用注浆堵水阻止地下水进入坑道或浸湿围岩。

4）合理进行围岩支护：喷锚支护，稳定围岩，喷锚支护可以加强围岩的自承能力，允许有一定的变形而又不失稳。采用喷锚支护，应紧跟开挖，必要时在喷射混凝土的同时采用钢筋网。也可采用钢纤维混凝土提高喷层的抗拉和抗剪能力。当压力很大时，可用喷锚及钢架或格栅联合支护，在隧道底部打设锚杆，也可以在隧道顶部打入超前锚杆或小导管支护，尽可能使其在开挖面周壁上迅速闭合。如果是台阶开挖，可在上半部开挖后尽快做出半部闭合，使围岩尽早受到约束。总之，不论采用哪一种类型的支护，都必须根据工程实际情况及围岩变形状态而定。衬砌结构及早闭合，该类围岩隧道开挖支护后，不仅隧道变形量大，而且变形持续时间长，变形难以稳定，所以必要时要求隧道衬砌及早施作，使围岩变形稳定。

7.4.4　黄土地层

黄土在我国分布较广，黄河中游的河南西部、山西南部、陕西和甘肃的大部分地区为我国黄土和湿陷性黄土的主要分布区，这些地区的黄土地层分布连续、厚度较大，发育较典型；其他地区，如河北、山东、内蒙古和东北各地以及青海、新疆等地亦有所分布。

1. 黄土分类及其对隧道工程的影响

黄土是在干燥气候条件下形成的一种具有褐黄、灰黄或黄褐等颜色，并有针状大孔、垂直节理发育的特殊性土。

在红棕色或深褐色的古土壤黄土层，常具有各方向的构造节理，有的原生节理成对出现，并有一定延续性。在隧道开挖时，土体容易顺着节理张松或剪断。如果这种地层位于坑道顶部，则极易产生"塌顶"；如果位于侧壁，则普遍出现侧壁掉土，若施工时处理不当，常会引起较大的坍塌。当隧道在较长的范围内沿着冲沟或塬边平行走向，而覆盖较薄或偏压很大的情况下，容易发生较大的坍塌或滑坡现象。

黄土溶洞与陷穴是黄土地区经常见到的不良地质现象，隧道若建在其上方，则有基础下沉的危害；隧道若修建在其下方，常有发生冒顶的危险；隧道若修建在其邻侧，则有可能承受偏压，使围岩与衬砌处于不利的受力状态。

在含有地下水的黄土层中修建隧道，由于黄土在干燥时很坚固，承压力也较高，施工可顺利进行。当其受水浸湿后，呈不同程度的湿陷性，会突然发生下沉现象，使开挖后的围岩迅速丧失自稳能力，如果支护措施满足不了变化后的情况，极容易造成坍塌。

施工中洞内排水不良，洞内道路会泥泞难行，而且越陷越深，不论是无轨还是有轨运输都会给洞内道路的维修养护、机械的使用与保养、隧道的铺底或仰拱施工作业等方面带来很大的困难。

2. 黄土隧道的施工

黄土隧道施工，应做好黄土中构造节理的产状与分布状况的调查。对因构造节理切割而形成的不稳定部位，在施工时加强支护措施，防止坍塌，实现安全施工。

施工中应遵循"短开挖、少扰动、强支护、实回填、严治水、勤量测"的施工原则，紧凑施工工序，精心组织施工。开挖方法宜采用短台阶法或分部开挖法（留核心法），初期支护应紧跟开挖面施作。

黄土围岩开挖后暴露时间过长，围岩周壁风化至内部，围岩体松弛加快，进而发生坍方。因此，宜采用复合式衬砌，开挖时应少扰动，开挖后以喷射混凝土、锚杆、钢筋网和钢支撑作为初期支护，以形成严密的支护体系。必要时可采用超前锚杆、管棚支护加固围岩。在初期支护基本稳定后，进行永久支护衬砌。衬砌背后尤其是拱顶回填要密实。

7.4.5 岩溶地层

我国是碳酸盐分布极广泛的国家，覆盖及出露的碳酸盐总面积约占我国领土面积的五分之一。岩溶地质地区形成的各溶蚀形式，对隧道工程影响严重的主要为溶洞和暗河。本书介绍岩溶地质最常见的溶蚀形式和对隧道工程影响最严重的溶洞问题。

1. 溶洞的类型及对隧道施工的影响

溶洞一般有死、活、干、湿、大、小六种。死、干、小的溶洞比较容易处理，而活、湿、大的溶洞，处理方法则较为复杂。

当隧道穿过可溶性岩层时，有的溶洞岩质破碎，容易发生坍塌。有的溶洞位于隧道底部，充填物松软且深，使隧道基底难于处理；有时遇到填满饱含水分的充填物溶槽，当坑道掘进至其边缘时，含水充填物不断涌入坑道，难以遏止，甚至使地表开裂下沉，山体压力剧增；有时遇到大的水囊或暗河，岩溶水或泥砂夹水大量涌入隧道。有的溶洞、暗河迂回交错、分支错综复杂、范围宽广，处理十分困难。

岩溶对隧道工程的影响主要有四个方面：洞害、水害、洞穴充填物及坍塌、洞顶地表沉陷。

2. 隧道遇到溶洞的处理措施

当隧道施工遇到岩溶危害时，可按岩溶对隧道的不同影响情况及施工条件，采取引流、跨越、加固、清除、注浆等不同措施或综合治理。

1）隧道通过岩溶区，应查明溶洞分布范围和类型、岩层的完整稳定程度、填充物和地下水情况，据以确定施工方法。对尚在发育或穿越暗河水囊等地质条件复杂的岩溶区，应查明情况，审慎选定施工方案。对有可能发生突然大量涌水、流石流泥、崩坍落石等，必须事先制定措施，确保施工安全。

2）隧道穿过岩溶区，如岩层比较完整、稳定，溶洞已停止发育，有比较坚实的填充，且地下水量小，可采用探孔或物探等方法，探明地质情况，如有变化便于采取相应的措施。如溶洞尚在发育或穿越暗河水囊等岩溶区时，则必须探明地下水量大小、水流方向等，先要解决施工中的排水问题，一般可采用平行导坑的施工方案，以超前钻探方法，向前掘进。当出现大量涌水、流石流泥、崩坍落石等情况时，平行导坑可作为泄水通道，正洞堵塞时也可利用平行导坑在前方开辟掘进工作面，不致正洞停工。

3）岩溶地段隧道常用于处理溶洞的方法有"引、堵、越、绕"四种。

7.4.6　高地应力（岩爆）地质

埋深较深的隧道工程，在高应力、脆性岩体中，由于施工爆破扰动原岩，岩体受到破坏，使掌子面附近的岩体突然释放出潜能，产生脆性破坏，这时围岩表面出现爆裂声，随之有大小不等的片状岩块弹射剥落出来，这种现象称为岩爆。岩爆有时频繁出现，有时甚至会延续一段时间后才逐渐消失。岩爆不仅直接威胁作业人员与施工设备的安全，而且严重地影响施工进度，增加工程造价。

1. 岩爆产生的主要条件

国内外的专家研究结果表明，地层的岩性条件和地应力的大小是是否会产生岩爆的两个决定性因素。从能量的观点来看，岩爆的形成过程是岩体中的能量从储存到释放直至最终使岩体破坏而脱离母岩的过程。因此，岩爆是否发生及其表现形式就主要取决于岩体中是否储存了足够的能量，是否具有释放能量的条件及能量释放的方式等。

2. 岩爆的防治措施

岩爆产生的前提条件是围岩的应力状态与围岩的岩性条件。在施工中控制和改变这两个因素就可能防止或延缓岩爆的发生。因此，防治岩爆发生的措施主要有：一是强化围岩，二是弱化围岩。

强化围岩的措施有很多，如喷射混凝土或喷钢纤维混凝土、锚杆加固、喷锚支护、喷锚网喷联合、钢支撑网喷联合、紧跟混凝土衬砌等。这些措施的出发点是给围岩一定的径向约束，使围岩的应力状态较快地从平面转向三维应力状态，以达到延缓或抑制岩爆发生的目的。

　　弱化围岩的主要措施有注水、超前预裂爆破、排孔法、切缝法等。注水的目的是改变岩石的物理力学性质，降低岩石的脆性和储存能量的能力，后三者的目的是解除能量，使能量向有利的方向转化和释放。切缝法和排孔法能将能量向深层转移，围岩内的应力，特别是在切缝或排孔附近周边的切向应力显著降低。同时，围岩内所积蓄的弹性应变能也得以大幅度释放，因而，可有效地防治岩爆。

7.4.7　煤系地层

　　瓦斯是地下坑道内有害气体的总称，其成分以沼气（甲烷，CH_4）为主，其他还有少量的氢气（H_2）、硫化氢（H_2S）等，一般习惯称沼气为瓦斯。

　　当隧道穿过煤层、油页岩或含沥青等岩层，或从其附近通过而围岩破碎、节理发育时，可能会遇到瓦斯。如果洞内空气中瓦斯浓度已达到爆炸限度与火源接触，就会引起爆炸。对隧道施工会带来很大的危害和损失。所以，在有瓦斯的地层中修建隧道，必须采取相应措施，才能安全顺利施工。

　　防止瓦斯事故的主要措施如下：（1）隧道穿过瓦斯溢出地段，应预先确定瓦斯探测方法，并制订瓦斯稀释措施、防爆措施和紧急救援措施等；（2）隧道通过瓦斯地区的施工方法，宜采用全断面开挖，因其工序简单、面积大、通风好，随掘进随衬砌，能够很快缩短煤层的瓦斯放出时间和缩小围岩暴露面，有利于排除瓦斯；（3）加强通风是防止瓦斯爆炸最有效的办法，把空气中的瓦斯浓度吹淡到爆炸浓度以下的 $1/10\sim1/5$，将其排出洞外；有瓦斯的坑道，决不允许用自然通风，必须采用机械通风；通风设备必须防止漏风，并配备备用的通风机，一旦原有通风机发生故障时，备用机械能立即供风，保证工作面空气内的瓦斯浓度在允许限度内；当通风机发生故障或停止运转时，洞内工作人员应撤离到新鲜空气地区，直至通风恢复正常，才允许进入工作面继续工作；（4）洞内空气中允许的瓦斯浓度应控制在洞内总回风风流中小于 0.75%；从其他工作面进来的风流中小于 0.5%；掘进工作面 2% 以下；工作面装药爆破前 1% 以下；如瓦斯浓度超过上述规定，工作人员必须立即撤到符合规定的地段，并切断电源；（5）开挖工作面风流中和电动机附近 20m 以内风流中瓦斯浓度达到 1.5% 时，必须停工、停机，撤出人员，切断电源，进行处理；（6）瓦斯隧道必须加强通风，防止瓦斯积聚。由于停电或检修，使主要通风机停止运转，必须有恢复通风、排除瓦斯和送电的安全措施；恢复正常通风后，所有受到停风影响的地段必须经过监测人员检查，确认无危险后方可恢复工作；所有安装电动机和开关地点的 20m 范围内，必须检查瓦斯，符合规定后才可启动机器；局部通风机停止运转，在恢复通风前，亦必须检查瓦斯，符合规定方可开动局部风机，恢复正常通风；（7）如开挖进入煤层，瓦斯排放量较大，使用一般的通风手段难以稀释到安全标准时，可使用超前周边全封闭预注浆；在开挖前沿掌子面拱部、边墙、底部轮廓线轴向辐射状布孔注浆，形成一个全封闭截堵瓦斯的帷幕，特别对煤层垂直方向和断层地带进行阻截注浆，其效果会更佳；开挖后要及时进行喷锚支护，并保证其厚度，以免漏气和防止围岩失稳；（8）采用防爆设施，遵守电器设备及其他设备的保安规则，避免发生电火，瓦斯散发区段使用防爆安全型的电器设备，洞内运转机械须具有防爆性能，避免运转时产生高温火花；凿岩时用湿式钻岩，防止钻头发生火花，洞内操作时，防止金属与坚石撞击、摩擦发生火花；爆破作业使用安全炸药及毫秒电雷管，采用毫秒雷管时，最后一段的延期时间不得超过 130ms。爆破电闸应安装在新鲜风流中，并与开挖面保持 200m 左右距离；洞内只准用电缆，不准使用皮线；使用防爆灯或蓄电池灯照明；铲装石渣前必须将石渣浇湿，防止金属器械摩擦和撞击发生火花。

思考题

1. 全断面法、台阶法、分部开挖法的优缺点及适用条件有哪些？
2. 试述新奥法施工中喷混凝土、锚杆、钢支撑各自所起的作用。
3. 漏斗棚架法和上、下导坑先拱后墙法各自的优缺点及适用条件有哪些？
4. 简述隧道塌方处理的一般原则。

第 8 章　隧道工程施工组织设计与施工管理

隧道工程施工技术主要研究解决各种隧道工程施工方法所需的技术方案和措施（如开挖、掘进、支护和衬砌施工方案和措施）。隧道工程施工管理主要解决施工组织设计（如施工方案的选择、施工技术措施、场地布置、进度控制、材料供应、劳力及机具安排等）和施工中的技术管理、计划管理、质量管理、经济管理、安全管理等问题。

8.1　隧道工程施工组织设计

任何一项工程，在掌握了各方面的调查资料以后，正式开工以前，必须做出周密的计划，以指导工程的进行。隧道工程工作面多，工序层次多，技术工种多，如果没有一个为各部分一致遵守的计划，势必乱成一团，互相牵制，互相干扰。为了使它们能像一个有机体一样，互相配合，循章依序，有条不紊地流水作业，做到统一指挥，联合行动，这就更需要有一个全面细致、安排妥当、执行明确的计划，即编写出隧道工程施工组织设计方案，施工中应严格贯彻实施。条件变化时，要有相应措施并及时修改施工组织计划。

隧道施工组织设计是组织施工的基本文件，它是根据施工文件要求、隧道工程特点、围岩条件、工期要求、周围环境、施工技术装备和施工力量等技术和经济因素等，在确保安全、经济的前提下，编制隧道施工组织设计，确定合理的施工方法，对施工工艺、机械配备、监控量测、工序安排、劳动组织、材料供应、工程投资、场地布置等，做出合理的计划，并提出组织措施和充分预计可能出现问题的对策等，确保隧道施工有条不紊地顺利进行。

8.1.1　隧道工程各阶段施工组织设计内容

在隧道工程的设计阶段、施工准备阶段、施工阶段及竣工验收阶段，都必须编制相应的施工组织设计文件。设计阶段编制的施工组织设计，称为隧道施工指导性组织设计；隧道施工前准备阶段、隧道施工阶段和竣工验收阶段编制的施工组织设计，称为隧道工程的实施性施工组织设计。

1. 隧道工程的指导性施工组织设计

对地质条件复杂、施工条件困难和控制总工期的重点工程，应由勘测设计单位在隧道工程设计阶段编制指导性施工组织设计，并编入相应的设计文件。它是规定整个工程项目的总规划和总决策，制定隧道施工的轮廓计划，初步拟定施工方法、施工程序及施工时间，部署隧道施工各个环节和彼此之间的协调关系，并为编制隧道工程设计概算提供依据。隧道指导性施工组织设计文件的组成与内容应包括：

施工组织设计说明书，主要内容如下：

1）设计依据。

2）工程概况。

3）当地自然条件。

4）施工条件（含材料供应）。

5）辅助工程。

6）过渡工程。

7）施工期限安排及其依据。

8）施工准备工作。

9）施工方法及工序安排。

10）不良地质和特殊地质地段施工的原则。

11）施工通风、防尘、排水及动力照明的布置和必要措施。

12）采用新技术、新工艺、新材料和新方法。

13）劳动力安排意见。

14）其他有关事项。

（1）劳动力具体安排。

（2）主要工程数量表。

（3）主要机具设备表。

（4）隧道进出口及斜井、竖井、横洞、平行导坑洞口施工场地布置。

（5）隧道各口施工通风设计。

（6）隧道各口施工通风风道及机械安装设计。

（7）施工排水设计。

（8）施工动力及照明线路布置。

（9）隧道防尘及其他必要措施设计。

（10）指导性施工组织设计（含劳动力动态图）。

（11）过渡工程设计。

（12）其他必要的布置或设计。

2. 隧道工程的实施性施工组织设计

实施性施工组织设计是由施工单位根据指导性施工组织设计和工地具体情况，对隧道施工中各项分部工程、各工序及施工队或班组的人力、机具等配备情况，分期、分部位、分项目编制的更为具体详细的计划安排，实行施工组织动态管理，其目标是达到安全、经济、保质、保量、按期或争取提前圆满地完成施工任务。

实施性施工组织设计的主要内容有：

1）工程概况：包括隧道名称、起讫里程，中线平面位置及纵向坡度情况，隧道所处围岩的工程地质和水文地质情况、所处地区的气候条件、地形地貌，当地可供利用的运输道路、电力、水源和当地建筑材料等情况，本隧道与洞外其他工程的关系及工期等。

2）施工准备工作的安排：提出复测或控制测量的要求及其完成期限；计算洞口工程和临时工程（如临时便道、给水、供电、通信、施工房屋等）的工程数量，合理安排施工顺序和施工期限；合理布置为隧道施工服务的整套附属生产设施，如当地砂石料的开采场地、木工场、机修房、变电站、空压机站、水泵站等；各种机械的安装、配套及试运转；材料库的建立及部分材料的储运工作等。

3）工程数量：计算包括洞内、外的各种工程数量并列表汇总。

4）材料数量：包括主要材料及辅助材料并将供应计划列表汇总。

5）机械（具）配备：将各种施工机械（具）的配备数量及其耗油量（列入材料表中）列表汇总。

6）劳力及工班组织：将劳动计划、各工序需要的工天数列表汇总；工班组织也即各工序具体劳力分工安排情况。

7）提供各种施工设计：包括开挖、支护设计，钻爆设计，运输计划设计，施工监测计划，施工通风设计，作业循环图，高压风、水、电设计等。

8）洞口平面布置图。

9）施工组织进度图：隧道各工序施工进度及劳动力动态用坐标图形式表示，并附上主要材料、机械表等。

10）质量及安全措施：特别要对新技术的工艺提出质量要求，对各工序要提出相应的安全措施。

8.1.2 隧道工程实施性施工组织设计编制依据原则及程序

1. 编制依据

1）隧道的各种设计文件、标准图、工程数量。

2）工期要求、劳力、材料、机械（具）、运输等条件。

3）现场调查资料、预先选定的施工方案。隧道施工方案一般包括辅助坑道方案、开挖方案、支撑与预加固方案、支护与衬砌方案、风水电作业方案、场地布置方案、运输方案、施工进度和劳材计划及机具设备计划等。

4）各种定额指标包括劳动定额、材料定额和机械定额。根据定额可计算出全部工程所需的劳动工天、材料总消耗量、机械总台班数。它是编制施工计划、经济核算的依据。

5）各种质量、安全规划及管理制度，包括主要技术组织措施；采用推广新技术；提高劳动生产力，节约人力、物力，降低工程成本；检查和提高工程质量的制度；施工安全措施；开展劳动竞赛及施工奖惩制度等。

2. 编制原则

根据隧道工程的技术与经济特点，在编制隧道施工组织设计时应贯彻以下原则：

1）严格遵守签订的工程施工承包合同或上级下达的施工期限，保证按期或提前完成。

2）完成隧道施工任务，交付使用通车运营。

3）遵守隧道施工技术规范和操作规程，确保隧道工程质量及施工安全。

4）采用新技术、新工艺、新方法，不断提高机械化施工及预制装配化施工进度。

5）降低成本和提高劳动生产率，减轻劳动强度，统筹安排施工及尽量做到均衡生产。

6）开源节支，精打细算，充分利用现有设施，尽量减少临时工程，降低工程造价，提高投资经济效益。

7）认真贯彻就地取材的原则，尽量利用当地资源。

8）合理组织冬、雨季施工和隧道工程建筑材料运输、储备工作，增加全年施工工作日，力求降低冬、雨季施工的附加费用。

9）节约隧道施工用地，少占或不占农田，注意水土保持和重视环境保护。

10）统筹布置隧道施工场地，要确保施工安全，方便职工、民工的生产和生活。

3. 编制程序

编制隧道施工组织设计时，既要遵守一定的程序，还要按照隧道施工的客观规律，协调和处理好各个因素的关系，采用科学的方法编制程序，如图 8-1 所示。

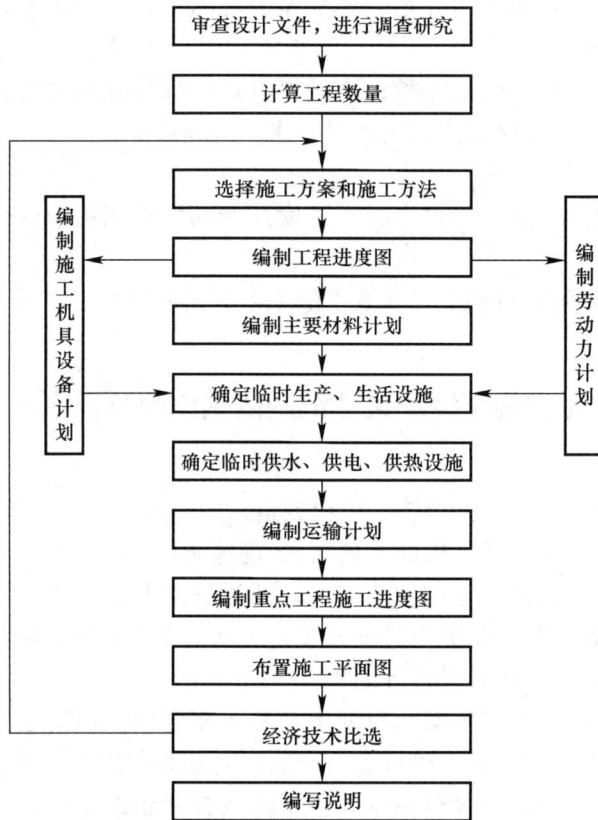

图 8-1　隧道施工组织设计编制程序

8.1.3　隧道工程施工前的准备工作

1. 技术准备

1）审核设计文件。熟悉设计文件，并核对平纵剖面、地质资料等是否与现场条件相符，洞口位置、辅助坑道位置、排水系统以及洞口工程与其他工程安排等是否合理。

2）控制桩的复核和复测。对洞口投点及水准点要做好交接工作，仔细复核和复测，当桩少不便施工时应进行补设。

3）施工调查。为给施工组织设计提供依据，要进行施工调查，主要内容有：地质的现场核实；砂、石料来源及场地布置；二、三类料来源；劳力、电力、交通运输以及房屋拆迁、生活供应、水源等。调查完毕写出详细报告。

4）确定施工方案。在熟悉设计文件和现场调查的基础上，本着能适应地质变化，与本单位人力、物力、技术相适应的原则，在安全、按质、按时完工的前提下，选择隧道的施工方案。选择隧道施工方案的基本要求是：优质、高速、安全、经济、均衡生产和文明施工等。

5）培训专业人员。对技术工人及基层管理人员，如爆破工、喷射工、电工、安全员、质量检查员等，要进行专门培训后方能上岗。特别是采用新技术施工前，一定要进行施工前的技术培训。

6）编制实施性施工组织设计。

2. 物资准备

对隧道施工中的各种材料、机械（具）需要量及其供应计划、来源、采购、运输等都要做到件件落实。特别要保证五大材（木材、钢材、水泥、油料、炸药）的需求。对大型机械一定要做好其运进、试运转等工作，并要做好对旧机械的维修、保养工作。

3. 施工场地布置

根据洞口地形，做好材料堆放、临时房舍位置、运输线路、弃渣场地、专用机械及搅拌站场地等的规划。在施工场地布置时应注意以下几点：

1）洞口相邻工程（桥、涵）应优先安排，以减少对正洞施工的干扰，并开辟场地。

2）弃渣场要少占良田，并要避免弃渣危及已建墩台的安全。

3）机棚、料库等临时房屋位置要考虑材料加工的连续性和作业之间的相互关系。

4）砂、石、水泥场地要考虑便于装运，设计时应采用高站台、低货位。

5）生活区离工地要远近适当，且要尽量集中，要靠近水源并注意防洪。

8.1.4 隧道施工场地布置

隧道施工场地布置应根据洞口地形特点，结合隧道工程规模大小、洞口地形特点、弃渣场地位置、水源情况及工期要求、劳动力安排、机械设备、材料用量、施工方法等因素，进行全面规划、统筹安排、合理布置，为安全生产、快速施工创造有利条件。

1. 弃渣场

1）弃渣场宜设在空地的低洼处，并尽量少占用农田。渣堆不得流失、坍滑而影响下游工、农业设施及相邻建筑物。弃渣场的用地可按松散系数1.3计算规划。

2）如无弃渣场地而弃于河道中，应满足水流畅通和通航要求；并应检查各种水位时弃渣是否会形成挑水，影响本岸和彼岸坡面稳定。

3）运距不远时可考虑弃渣做洞外路基填方和桥头路堤填土，考虑弃渣做施工场地的填筑及填补沟壑造田。

4）注意环境保护，即"变废为用、变有害为无害、利于环境保护"。

2. 材料库

大宗材料（如砂、石料、水泥、木材、钢材等）的存放地点（砂、石料堆放场地，水泥仓库，木材仓库，钢材仓库）及木材、钢材加工场地的布置，应考虑：

1）材料运进工地方便，易于卸车。

2）靠近使用地点。

3）注意防洪、防潮及防火的要求。

4）应便于加工搬运和施工使用。

3. 隧道施工生产房屋和生产设施布置

1）通风机房和空压机房应靠近洞口，尽量缩短管道长度，以减小管道中能量损失，尤其要避免出现过多的角度弯折。

2）搅拌机应尽量靠近洞口，靠近砂、石料，便于装车运输等。

3）炸药和雷管要分别存放，其库房要选择离工地 300～400m 以外的隐蔽地点，并安装避雷装置。

4）隧道施工机械场所的位置选择要求便道可直达，且用电用水方便。

5）隧道工地的临时道路：工地的主干道宜呈环状布置，次要道路可布置成枝状，应有回车的调头场地。路面宽度：双车道 6m、单车道 3.5m。

6）行政管理和生活福利设施应方便生产及方便工人生活。工地项目部办公室可位于工地出入口附近，便于有效指挥隧道施工和管理。

4. 隧道工地生活房屋的布置

生活用房要与洞口保持一定距离，以保证工人和工作人员有一个较安静的休息环境，但又不宜过远，且要使工人上下班行走方便。整个生活区要适当集中，以便学习和管理。要考虑职工室外文体活动场地的布置，注意防洪防水，做好环境保护和卫生的要求。

所有库房及生活用房的布置，均应充分考虑安全因素，如应避开坡面坍滑、危岩落石及泥石流等的危害；还应考虑防潮、防水、防洪（特别是水泥、炸药库）。

总而言之，隧道施工场地布置要尽量做到"占山不占地、占地不占田、修路又造田"。施工单位通过对隧道施工现场的详细踏勘，对投标文件认真分析，充分考虑各种因素，本着合理、实用、经济的原则，进行隧道施工设施及场地平面布置。

8.1.5　施工进度计划

隧道施工进度计划反映工程从施工准备工作开始直到工程竣工为止的全部施工过程、隧道工程各方面之间的配合关系，以及工程各分部及工序之间的衔接关系。隧道施工进度计划有助于帮助指挥部门抓住关键，统筹全局，合理布置人力、物力，正确指导施工生产的顺利进行；有助于工人明确施工目标，更好地发挥主动精神；有利于施工企业内部及时配合、协同作战；有利于加快施工进度。

隧道施工进度计划是按照流水作业原理编制的。

隧道施工组织必须研究隧道的施工过程。隧道施工过程一般可分为施工准备过程、基本施工过程、辅助施工过程和服务施工过程。

隧道施工过程的组织主要是解决"施工空间组织"和"施工时间组织"两方面的问题。

隧道施工过程的空间组织主要解决施工单位的机构组织和人员配备问题，以及具体工程项目的各种生产、生活、运输、行政管理及临时设施的空间分布问题。

隧道施工过程的时间组织主要解决工程项目的施工作业方式和施工作业工序的安排及衔接问题。

1. 隧道施工作业方式

隧道施工作业方式有：

1）顺序作业

按工艺流程和施工程序安排作业，即按先后顺序进行组织施工操作，例如隧道坑道开挖这一分项工程的施工程序是：放样、钻眼、装药、引爆、通风除尘、寻帮找顶、装渣、出渣等。

2）平行作业

线型隧道工程施工作业面的特点是很长，因此，根据隧道各分项工程和施工技术的需要，分为几段或几个施工点，同时按程序施工。这种平行作业施工方式可缩短工期，但隧道施工仅有两个工作面，对于长大隧道，坑道长，施工条件恶劣。为了加快掘进，需设置辅助坑道，如横洞、斜井、竖井、平行导坑等，可以增加坑道开挖施工工作面和采用平行作业方式组织生产，加快施工速度及改善施工条件等。

3）流水作业

这种作业方式是将隧道工程划分为若干个施工段或工区，某一工种的工人队（组）先在第一施工段完成第一道工序，再转移到第二施工段完成同一道工序，同样，另一工种的工人队（组）紧跟其后，依次序在各施工段完成下一道工序，如此类推，像流水一样前进，直到完成全部施工任务为止。流水作业以施工专业化为基础，优点是前一工序可迅速为后一工序让出工作面，从而加快了工程进度；各队（组）在各施工段上连续均衡施工，可合理地使用劳力、材料和机具（如模板和支撑等材料能在各施工段周转使用）；各工种的工人队（组）连续进行同一种工作，可提高熟练程度，有利于保证工程质量和提高劳动生产效率。流水作业是顺序作业和平行作业相结合的一种施工方法，它保留了平行作业和顺序作业施工的优点，消除了它们的缺点。在工序相同的多个施工段的隧道线型工程施工组织中，其优越性是显而易见的，故较多采用。

2. 隧道施工进度图

隧道施工进度计划一般采用隧道施工进度图来表示。隧道施工进度图有横道图、垂直图和网络图三种形式。

1）横道图

横道图如图 8-2 所示，一般由两大部分组成：左面部分是以分项工程为主要内容的表格，包括相应的工程量、定额和劳动量等计量依据；右面部分是指示图表，它是由左面表格中的有关数据经计算得到的。指示图表用横向线条形象地表示分部各项工程的施工进度，横线的长度表示隧道施工期限；横线的位置表示隧道施工过程，横线上的数字表示劳力数量；横线不同的符号表示作业队（组）或施工段；横线长度表示隧道各施工阶段的工期和总工期，并综合反映各分部分项工程相互间的关系。可采用此图进行资源综合平衡调整。

横道图适用于绘制集中性的工程进度图、材料供应计划图，或作为辅助性的图示，附在说明书中向隧道施工单位下达任务。

2）垂直图

垂直图是用坐标图的形式绘制，以横坐标表示隧道长度（以百米标表示里程），以纵坐标表示施工年月（日），用各种不同的线型代表各项不同的工序。每一条斜线都反映某一工序的计划进度情况、开工计划日期和完工计划日期、某一具体日期进行到哪一里程位置上以及计划的施工速度（月进度）。各斜线的水平方向间隔表示各工序的距离，其竖直方向间隔表示各工序的拉开时间。各工序均衡推进表示在进度图上为各斜线相互平行。垂直图可用于隧道工程进度分析和控制，工程分析情况和施工日期一目了然。

序号	工程任务名称	施工项目	桩号		围岩类别	工程量（延米）	日完成工程量	计划开工日期	计划完工日期	计划工作天数（天）	横道图
1	施工准备		—	—	—	3640	—	2016-2-21	2016-5-20	90	
2	征地拆迁		—	—	—	3640	—	2016-2-28	2016-5-18	81	
3		隧道进口	DK43+380	DK43+680	V 级	300	1.67	2016-6-15	2016-12-12	180	
		隧道斜井	DK43+680	DK44+254	IV 级	574	2.33	2016-12-12	2017-8-30	246	
			HK0+000	HK0+120	明挖	120	1.67	2016-6-15	2016-7-1	16	
			HK0+120	HK0+280	V 级	160	1.67	2016-7-1	2016-10-5	96	
		隧道斜井进口方向	DK44+828	DK44+254	IV 级	574	2	2016-10-20	2017-8-18	287	
		隧道斜井出口方向	DK44+828	DK45+080	IV 级	252	.2	2016-10-20	2017-2-8	111	
		隧道出口	DK45+080	DK45+330	V 级	250	1.33	2017-2-8	2017-8-15	188	
			DK45+330	DK46+040	V 级	710	1.67	2016-6-15	2017-8-30	426	
		隧道明洞进口	DK43+240	DK43+380	明挖	140	—	2016-6-15	2016-9-20	97	
		隧道明洞出口	DK46+040	DK46+880	明挖	840	—	2016-6-15	2017-9-20	447	
		隧道相关附属工程	—	—	—	—	—	2017-6-28	2017-9-30	60	
		沉降观测期	—	—	—	—	—	2017-7-27	2017-10-24	90	
		无砟道床	—	—	—	—	—	2017-10-25	2017-11-30	36	
		冬季间歇期	—	—	—	—	—	2017-11-30	2018-3-31	92	

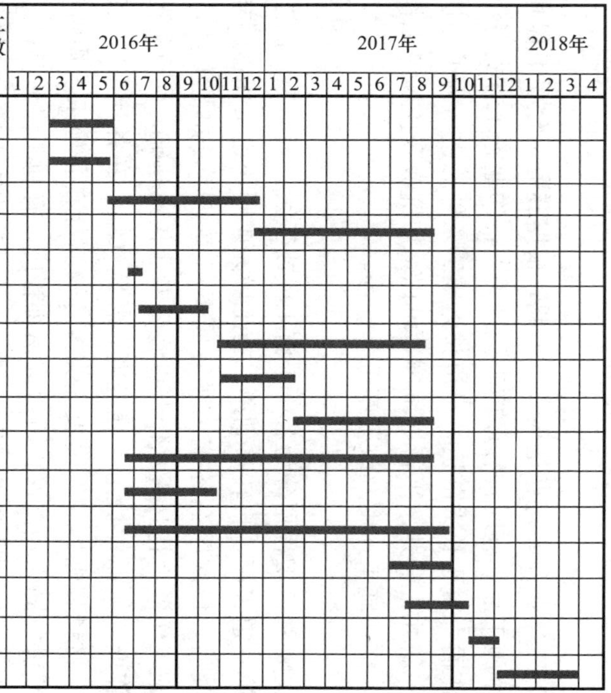

图 8-2　(a)　隧道工程施工进度横道图

项目名称		工作日(d)	最早开工时间	最迟完工时间
隧道总工期		472	2009-4-10	2010-7-25
临建设施		30	2009-4-10	2009-5-9
施工准备		5	2009-5-10	2009-5-14
左洞施工	单洞总工期	345	2009-5-15	2010-4-24
	施工准备	5	2009-5-15	2009-5-19
	截水沟施工	10	2009-5-20	2009-5-29
	洞顶边坡清表	2	2009-5-20	2009-5-21
	套拱施工	5	2009-5-21	2009-5-25
	管棚施工	15	2009-5-26	2009-6-9
	主洞开挖支护	250	2009-6-10	2010-2-14
	防排水工程	275	2009-6-10	2010-3-11
	二衬施工	250	2009-7-19	2010-3-25
	边沟、电缆沟等	80	2010-2-4	2010-4-24
	洞门工程	36	2010-2-15	2010-3-22
	路面施工	80	2010-2-4	2010-4-24
右洞施工	单洞总工期	347	2009-7-9	2010-6-20
	施工准备	5	2009-7-9	2009-7-13
	截水沟施工	10	2009-7-14	2009-7-23
	洞顶边坡清表	2	2009-7-14	2009-7-15
	套拱施工	5	2009-7-16	2009-7-20
	管棚施工	15	2009-7-21	2009-8-4
	主洞开挖支护	250	2009-8-5	2010-4-11
	防排水工程	275	2009-8-6	2010-5-7
	二衬施工	250	2009-9-14	2010-5-21
	边沟、电缆沟等	80	2010-4-2	2010-6-20
	洞门工程	36	2010-4-13	2010-5-18
	路面施工	80	2010-4-2	2010-6-20
洞门装饰		15	2010-6-21	2010-7-5
洞身装饰		50	2010-5-22	2010-7-10
临建拆除		15	2010-7-11	2010-7-25

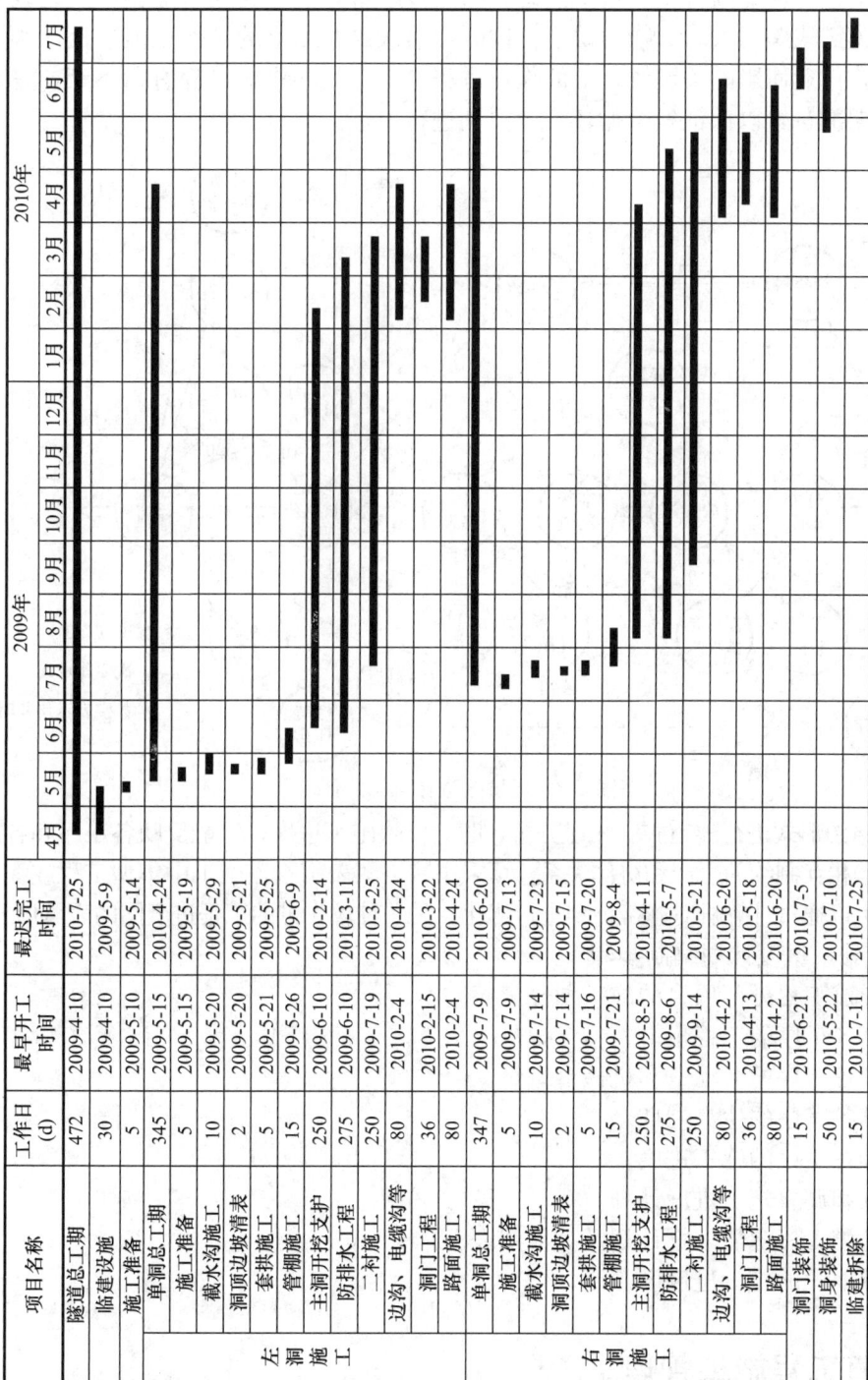

图 8-2（b）　隧道工程施工进度横道图

3）网络图

图 8-3 是隧道施工一个作业循环的网络图表示形式。在每一循环中，各项工作平行作业，且图中工程主次清晰，可一目了然地找出交接准备到放炮与通风除尘的关键线路，便于保证主要关键线路的人力和物力供应。同时，对次要线路上的工作也能掌握，避免导致因未完成次要作业而影响关键线路上的作业进程。整个循环作业过程有条不紊，完成各作业项目的工期准备，以保证整个循环作业顺利进行。

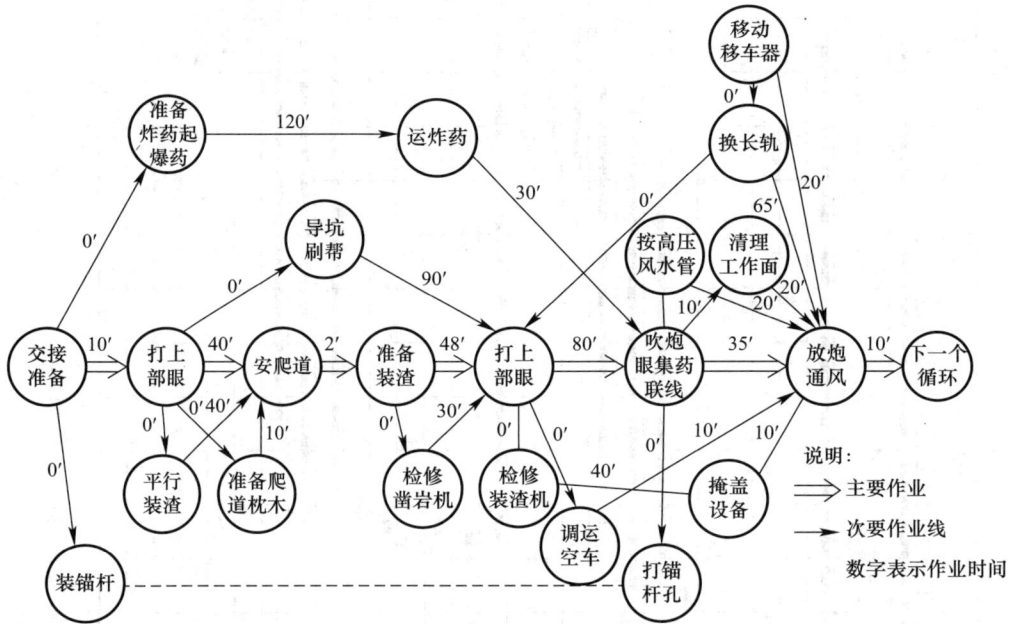

图 8-3   导坑掘进循环网络图

采用网络图形式进行隧道施工工序分析，既能反映施工进度，又能反映各工序和各施工项目相互关联、相互制约的生产和协作关系。可采用网络图表示隧道施工中集型工程或线型工程的进度，还可以通过计算机对施工计划进行优化，是一种较先进的工程进度图的表示形式。

3. 隧道施工进度计划编制步骤

1）将隧道工程分部项目的施工划分工序。

2）计算各工序的工程量。

3）计算各工序的劳动量和机械台班量。

4）计算各工序的生产周期。

5）安排各工序的施工进度。

6）检查和调整施工进度计划。

7）隧道施工资源需求量计划及其他图表。

8）特殊地段的施工进度图绘制。

8.2　隧道工程施工管理

8.2.1　隧道工程施工计划管理

隧道施工计划管理是根据合同要求，通过计划把隧道施工组织设计的内容具体化，将施工全过程做到综合平衡、衔接配套，以保证施工目标的全面实现。计划管理是隧道施工管理工作的中心环节。施工计划管理目标是实现合同要求，获得最好的经济效益和社会效益。

隧道施工计划管理程序包括隧道施工计划编制、实施、检查和调整四个不断循环的环节。由于隧道工程受地质条件的影响很大，施工实际情况很难预测，所以在计划实施过程中，要随时检查完成情况，必要时应及时调整、修改，使其符合新的客观情况；只有不断反复进行管理，才能达到最终按施工组织设计的总体规划，完成隧道施工任务。

1. 隧道施工计划编制

1）编制依据和原则

（1）隧道施工计划编制依据

根据隧道工程承包合同的工程项目、工程量、工期要求，并以施工图、施工预算、合同价格和其他各项指标作为依据，结合施工单位的劳力、技术水平、材料设备、运输等施工条件，编制隧道施工计划。

（2）隧道施工计划编制原则

① 应遵循根据地质条件，结合实践经验决定隧道施工进度的原则。

② 要遵循综合平衡、全面安排的原则。

③ 要贯彻积极可靠、留有余地的原则。

④ 要坚持按施工方案和施工程序合理组织施工，保证重点，照顾一般。

⑤ 要坚持保证施工安全和工程质量的原则。

2）隧道施工计划种类和内容

隧道施工计划内容包括总工程数量、劳力总工日、施工总进度和年度安排、隧道工程总造价和年度工程费、主要材料、机械和车辆申请计划等。

（1）隧道施工年度计划

计划年度要求完成的工程项目和工程量、施工进度安排，部署劳力，提出财务、材料、机械、运输等后勤保障计划。

（2）隧道施工季度计划

在年度计划内，具体规定各季度的各项指标和具体的施工计划。

（3）月（旬）或日隧道施工计划

根据季度施工计划，安排月（旬）或日计划完成的施工进度、工程量、劳力、材料使用等具体项目。

3）隧道施工计划编制方法

隧道施工计划是施工组织设计的重要组成部分，而隧道施工进度计划是施工计划的核心，因此，编制隧道施工计划应先做好进度计划。

隧道施工计划的编制方法、步骤如下：

（1）计算工作量、劳动工日及所需机械台班。

（2）按施工顺序调整工程项目、工程数量。

（3）确定施工顺序、施工方法和作业组织等。

（4）编制隧道施工进度计划和劳力平衡计划。

（5）编制材料、机械、运输、财务等计划。

2. 隧道施工计划执行、检查与调整

1) 隧道施工计划执行的基本要求

(1) 保证全面均衡完成隧道施工计划，避免施工过程中出现时松时紧而造成窝工或抢工现象。

(2) 要执行按劳分配和各种奖惩制度，使职工工资福利与计划完成情况挂钩，同时还要进行深入细致的政治思想工作，以充分调动职工的生产积极性，为完成施工计划竭尽全力。

(3) 要加强生产调度工作、技术组织措施，开展劳动竞赛、进行经济核算，并要加强施工计划、工程质量和生产安全的检查工作，以保证隧道施工计划顺利完成。

2) 隧道施工计划的调度（协调）工作

(1) 隧道施工计划的调度工作任务

监督施工计划的执行，及时发现并解决执行过程中发生的问题，保证计划顺利实现。

(2) 在隧道施工计划执行过程中经常会出现新的不平衡，必须通过调度工作进行调整，使施工计划重新达到平衡，以达到施工单位的生产能力，使隧道施工计划顺利进行下去。

(3) 隧道施工生产调度机构是施工第一线的指挥中心，施行施工总指挥的各项指示及所发布的施工调度命令，以保证隧道施工按计划进行，所有施工单位和个人都要严格执行调度命令。

(4) 隧道施工生产调度一般以短期作业计划为中心，围绕完成计划目标进行调度。

3) 隧道施工统计工作

隧道施工统计报表是反映计划完成情况的系统资料。各级领导和业务部门可以通过统计报表了解和检查计划执行情况，并从中发现问题，总结经验，据以考虑决策和指挥工作。

统计报表主要内容包括各项工程建设工作量完成数，定额完成情况，劳力、机械情况和材料消耗及完成工程投资的情况等。

统计资料是根据基层的施工原始记录，经计算、综合统计得来的。因此，做好基层单位的原始记录，是做好统计工作的根本保证。

对统计报表的最基本要求：要求统计数字准确（真实）、及时报送；并要求统计报表达到标准化、规范化和科学化；原则上要求电脑化等。

8.2.2　隧道工程施工技术管理

1. 隧道施工技术管理工作任务及内容

1) 隧道施工技术管理工作任务

为确保工程优质，不仅要有良好的施工计划管理，还要采取相应的技术组织保证措施。只有同时提高隧道工程计划管理与技术管理的水平，才能把工程质量创优目标落到实处。

(1) 隧道施工技术管理工作保证措施

① 制定科学的隧道施工方案和详细的施工工艺。

② 加强隧道施工技术措施，推广使用新技术。

③ 选用先进设备，提高隧道施工装备技术水平。

④ 重点工序施工前必须制订质量保证目标及技术保证措施。

⑤ 加强职工上岗技能培训，特殊岗位持证上岗。

⑥ 坚持换手复核制度，确保技术指令及监控量测成果准确无误。

（2）隧道工程技术管理工作主要任务

① 科学地组织各项施工技术工作。

② 建立规范的施工技术秩序。

③ 充分发挥技术力量和装备的作用。

④ 提高机械化施工水平。

⑤ 保证隧道工程质量，提高劳动生产率。

⑥ 降低工程成本，保质保量按期完成隧道施工任务。

2）隧道施工技术管理主要内容

（1）编制隧道阶段性施工组织设计。

（2）制定隧道施工技术措施和操作规程。

（3）图纸会审、技术交底、变更设计、技术培训、质量检查、材料试验、技术革新和总结。

（4）保管隧道工程资料，建立技术责任制。

（5）保证工程质量，改进施工技术、操作方法及施工工艺，这是技术管理的核心内容。

实现上述各项施工技术管理工作，关键是建立并严格执行隧道施工的各种技术管理工作规章制度：

（1）隧道施工技术责任制。

（2）施工图纸会审制。

（3）施工技术交底制。

（4）隧道施工测量复核制。

（5）隧道工程施工试验制。

（6）工程质量检测制。

（7）隧道施工现场监控量测制。

（8）隧道施工日志制。

（9）隧道工程技术档案制。

3）隧道施工技术管理基础工作

（1）制订和贯彻隧道施工技术标准和规程。

（2）认真执行国家颁发的技术标准和规程。

（3）执行施工单位有关施工方法和操作方法及工程质量要求等规定。

（4）制订各种技术管理工作制度。

（5）开展隧道施工技术科学研究工作。

（6）做好隧道施工技术资料积累和管理工作，重视隧道设计与施工总结工作。

2. 隧道施工技术责任制及技术管理

1）隧道施工技术责任制

建立和健全隧道施工技术责任制是保证技术管理工作正常开展的关键。在隧道工程技术责任制中，应该明确规定各级工程技术人员和施工人员对各项工作所负的职责；应明确分工、层层负责、层层检查、监督到位。

2）隧道施工技术管理工作内容

（1）隧道施工图纸学习与会审

① 施工单位的全体技术人员和有关职能部门通过学习和参加会审，充分了解和掌握隧道施工图纸的内容和要求，正确无误地施工，避免发生技术差错，确保安全生产和工程质量。

② 隧道施工图纸会审的主要内容包括：隧道的平面设计和结构设计是否合理，是否符合地质水文情况，结构计算是否有足够的稳定性，能否保证隧道施工安全，隧道施工技术和工艺流程及设备条件能否满足设计规定的质量要求，有无需使用特殊材料和设备，其品种、规格及数量能否解决，隧道施工图纸的尺寸、位置、轴线和标高等有无错误及矛盾，图纸及说明是否齐全，是否符合有关规范规定等。

（2）隧道施工技术交底

① 隧道设计单位必须向施工单位具体说明设计意图、结构特点和规定的施工质量标准及对隧道施工提出技术交底的技术要求。隧道施工单位在对隧道设计文件深入研究和会审后，进行逐级交底、交方法、交条件和交重点。

② 隧道施工技术交底的具体内容有：隧道设计图纸、隧道施工技术规程、隧道工程验收标准、各项工序作业指导书；隧道施工图纸、施工方案、施工程序、施工方法及质量要求；隧道施工操作规程、安全技术措施、施工定额和施工进度等。

（3）隧道施工技术档案管理制度

① 在隧道施工过程中的技术文件、原始记录、试验检测记录、各种技术总结及其他有关技术资料（包括隧道施工方法、施工计划、隐蔽工程原始记录、照片或录像、各项工程质量情况、施工中遇到的问题及其解决情况、各种定额完成情况等重要资料），这些技术资料是以后作为隧道养护、整修和必要时进行加固或改建及运营阶段监控量测与管理的必要依据，经过分类整理，可作为技术档案加以保存（存档）。

② 隧道施工技术资料，分别提交给建设单位和施工单位保留参考与备查。

提交给隧道工程建设单位的技术资料应包括：隧道工程竣工图纸及工程项目一览表、竣工总结、图纸会审记录、设计变更审批文件、隐蔽工程验收单、材料和构件加工成品的品格证明及试验记录、工程事故的发生和处理记录及向使用单位提出隧道使用过程中应注意的事项或建议及隧道工程竣工决算等。

施工单位应保留的隧道施工技术档案资料主要有：隧道施工图和竣工图，隧道施工组织设计及施工计划，施工经验总结，新结构、新技术、新材料、新工艺的试验研究资料及经验总结，施工原始记录，质量事故或安全事故分析及补救措施记录，有关隧道施工管理制度的执行情况及工程照片和录像等。

8.2.3　隧道工程施工质量管理

"质量责任重于泰山"和"百年大计，质量第一"等口号，明确强调质量是工程建设永恒的主题。在我国广泛推行了质量责任终身制、企业质量管理和质量保证的国际标准认证工作，这些措施对于提高隧道施工质量管理水平，起到了良好的推动作用。

1. 隧道施工全面质量管理

隧道是地下大型建筑结构工程，在施工的全过程中，应该实行全面质量管理。全面质量管理是把对隧道工程施工质量的管理，归结为对生产的全企业所有部门及全体人员在生产过程中的工作质量的管理，通过管理好工作质量来保证工程质量。它以数理统计方法，充分发挥专业技术与人事组织的作用，建立起一整套全面质量管理保证体系。

1）全面质量管理特点

具有广泛群众性、全面性、预防性和可控制性、服务性、科学性、工作质量与工程质量责任明确性等。

2）全面质量管理基本方法

对施工全过程进行科学管理的系统包括质量教育、PDCA（Plan、Do、Check、Action，即计划、实施、检查、处理）制度、技术标准化及 QC（Quality Control）小组活动四部分。

PDCA 制度是对一项工程的质量管理，先制订控制质量计划，然后加以实施，在实施过程中随时检查控制计划执行情况和存在的问题，再对问题进行研究处理，形成一个质量管理循环。各级各部门的工作质量，都有 P、D、C、A 四个管理阶段，要环环相扣，没有缺口和空白点。

隧道施工全面质量管理常用的几种数理统计方法有：

1）主次因素排列图法

对质量不合格的问题进行统计分析，找出发生质量问题的主要原因的一种方法。它的作用是可以找出"关键性因素"对工程质量管理的影响程度。例如，对隧道一段衬砌施工质量进行调查，得出如表 8-1 所示的检查记录，根据表中数据可以画出诸因素的排列图，如图 8-4 所示。

衬砌质量检查结果统计表　　　　　　　　　　　　　　　　表 8-1

不良原因	不良处数（处）	不良率（%）
①模板表面不平	198	47.7
②配合比不当	25	6.0
③捣固不充分	103	24.7
④拱架未支牢	18	4.3
⑤接头不良	72	17.3

2）因果关系分析图法

分析工程质量问题因果关系，寻找产生质量问题原因的一种方法，以便对症下药采取良方予以解决，如图 8-5 所示。

3）直方图法

通过概率数分布来分析研究数据的集中程度和波动范围的数学方法。用横坐标表示特性单位，以纵坐标表示频率数，如图 8-6 所示，通过分析绘成的直方图的形状来判断统计数据的分布是否正常，即隧道施工过程是否稳定；通过与技术标准和质量标准的比较，判断是否存在异常现象。

4）控制图法（又称管理图或监控图法）

对隧道工程施工进行分析、监督和控制的工具，可用于工程质量控制、隧道施工进度控制及原材料的消耗控制等。

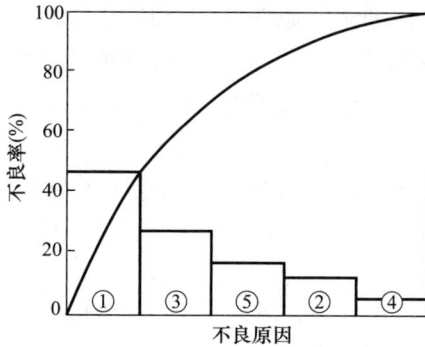

图 8-4　诸因素的排列图

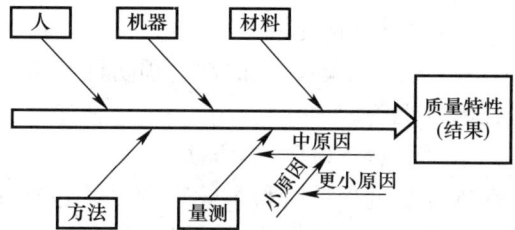

图 8-5　因果关系分析图

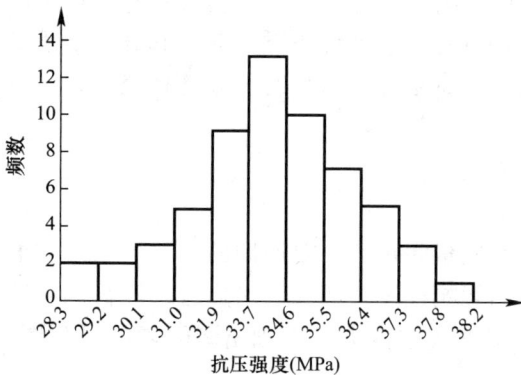

图 8-6　直方图

控制图应用方法一般是在施工生产正常情况下，先取样品，经计算求得控制上、下界限数值后，画出管理控制图；并在生产过程中定期取样，得出数据描在控制图上。如果点落在控制界限内，则表明施工生产过程正常；如果点超出控制界限，则表明施工生产过程不正常，应及时采取措施使生产恢复正常。

2. 确保隧道工程质量和工期的保证措施

1）确保隧道施工工程质量主要措施

（1）建立健全质量管理保证体系。

（2）提高全员质量意识，按分项分工序实施专项质量意识教育，建立健全质量管理及奖惩的规章制度。

（3）公开招标投标，选择具有丰富隧道施工经验的专业施工队伍。

（4）成立隧道施工工地中心试验室，加强对施工过程质量的检验和监控量测，严禁不合格材料进入任何工序，确保各项工序一次成优。

（5）狠抓工序质量的自检、互检与专业检查，确保隧道整体工程质量优良。

2）确保隧道施工工期要求主要措施

（1）调遣精兵强将，强化施工管理。组建精干的工程项目经理部，成立各种专业队，建立各种管理体系。

（2）科学组织、精心施工、文明生产。运用统筹法、网络技术、系统工程等新技术编制切实可行的实施性施工组织设计、选择最优施工方案，确保工程按计划完成。

（3）广泛应用高效先进成套隧道施工机具及采用先进的施工工艺，合理安排作业层次，投入足够的劳力和技术骨干，提高工效加快进度。

（4）成立协调小组抓好协调，减少施工干扰，使工程施工顺利进行。

（5）抓住时机，适时掀起施工高潮，开展劳动竞赛，振奋拼搏创优精神，加快施工进度。

（6）做好雨期施工和农忙季节的施工安排，减小雨水对施工的影响，做好防汛准备，有备无患；农忙季节前做好材料储备，农忙中安排机械化作业工序，需配劳务工，工序尽量避开抢收抢种季节，农忙时内部职工不请假等。

3. 隧道施工工程质量检查与验收工作

施工单位应很好地履行合同规定，接受监理工程师对工程质量的监督、检查和验收，并要在施工单位内部建立自检自查验收制度。

8.2.4 隧道工程施工经济管理

隧道工程施工经济管理工作主要包括施工定额和控制工程项目的成本管理两大项内容。在隧道施工全过程中，必须做好这两大项经济管理工作，才能取得良好的经济效益和社会效益。

1. 隧道工程建设标准定额使用

标准定额是指在规定的一定时间内完成工程质量合格的单位工程数量所消耗的劳力、材料和机械台班等数量的标准。

隧道工程建设标准定额是政策性、技术性、经济性很强的技术经济立法定额。它为隧道工程设计、施工、监理、竣工验收提供科学的依据，为隧道工程建设项目评估决策、控制项目投资、确定隧道工程造价、检查监督和监理隧道工程质量提供合理的尺寸。

定额使用时应注意：

1）在施工中如果施工条件、地质条件变化较大，原定额已不适用时，提出对具体定额的修改意见，报编制定额单位批准后执行。

2）严格按照定额手册中的说明要求办理。

3）应注意定额拟定中的施工条件与本隧道工程施工条件是否一致或较接近。

4）计算单位要统一，可换算的项目注意换算方法。

5）学会善于联系工程实际，灵活使用各种定额。

2. 隧道工程成本管理

施工企业应按照与招标单位签订的承包合同，结合本企业情况建立多层次、多形式的内部经营承包责任制，改进经营管理，搞好经济核算，降低工程造价，落实承包合同，保证按合同规定的工期、工程质量要求完成施工任务，为此，必须加强隧道工程成本管理。工程成本管理是施工企业为降低工程成本而进行各项经济管理的总称。其目的主要是以尽量少的劳动力、机械台班和材料消耗，优质高效地完成施工任务，并获得较好的经济效益。

1）隧道工程成本的计划

根据隧道工程设计与施工有关定额和施工计划，先编制单位工程成本计划，再汇总编制季节、年度工程成本计划，并分解成各个计划成本指标，按照经济责任制的岗位职责分工，逐级落实到各分公司和职能部门，明确规定各自承担降低成本的职责。在工程计划成本的指标指导下，促使隧道工程施工生产有序地进行，并定期进行工程成本检查和监督，经常进行实际成本与计划成本对照，进行定量计算和定性分析，及时找出原因并加以克服，保证隧道工程成本管理的正常秩序，以达到有效地控制计划成本。

2）隧道施工工程成本责任的控制

实行责任成本，建立责任成本中心，从而达到有效控制生产成本。

隧道工程成本的可控制性，是按照成本管理层次分解责任成本指标，进行归口管理；还要划分责任中心，对每个责任中心确定一个可以衡量的成本目标；正确划分成本责任，考核其经济成果；在责任成本的责任人所能控制的费用发生偏差时，及时进行调整。

　　3）隧道工程成本核算与分析

　　施工企业在隧道施工生产过程中，必须设置各种费用的账册，以手续齐全的原始单据为依据，进行工程成本核算及全面分析成本水平。通过对工程成本进行分析，主要对工程项目的工程量进度和生产费用进行剖析，通过横向（生产费用构成比例）与纵向（费用用途）的深入分析对比，系统研究影响成本升降的各种因素，其目的是弄清工程进度与生产费用开支的比例是否经济合理，主要意义是摸索、认识和掌握工程成本变化的经济规律性，实现降低工程成本的目标。

　　工程成本核算重要的基础工作：建立财产和物资收发、领退、报废、盘点制度；建立各种生产费用的原始记录和工程量统计制度；制定工时、材料、费用定额等，完善各种工程成本核算记录和检测制度。

　　施工企业内各级成本管理人员的职、责、权、利必须明确，并要建立一整套工程成本计划、控制、监督、考核、核算制度。重视应用统计核算、业务核算、会计核算等，对企业施工生产成本静态存量和动态流量及其成果进行核算与分析，尽可能减少人力、物力、财力消耗，降低生产成本，获得更好的隧道施工经济效益。

8.2.5　隧道施工安全管理

　　隧道为地下线型工程建筑，隧道施工属地下作业，存在很多不安全的因素，主要有：坍塌方、冒顶片帮、危石坠落、物质打击、爆破和运输事故、车辆伤害、机械伤害、起重伤害、瓦斯爆炸、岩爆、中毒和窒息、触电、火灾、灼烫、涌水、淹溺、放炮及其他伤害等。所以在隧道施工中，必须高度认识"领导是关键、教育是前提、设施是基础、管理是保证"这一真理，建立健全隧道安全生产的管理体系，一定要做好安全管理工作。

　　建立健全隧道施工各项安全管理制度、规划和规定、措施及基本要求如下：

　　1）做好隧道施工前安全准备工作。

　　2）建立健全隧道施工安全管理制度。

　　3）认真贯彻施工安全规范。

　　4）制定项目安全制度，提高安全施工意识。

　　5）加强施工技术安全管理。

　　6）加强安全教育，制定相应安全措施。

　　7）隧道施工机械设备的安全措施。

　　8）防触电及电器设备安全措施。

　　9）防高空坠落伤人的安全制度。

　　10）施工现场设立安全标志。

　　11）洞内作业安全管理。

　　12）洞内和夜间施工照明。

　　13）爆破器材安全管理。

　　14）严格执行安全检查制度。

　　15）特殊技术工人技术培训。

　　16）岗前安全教育。

17）实行交接班制度。

18）发现险情，必须设立警示标志。

19）领导干部必须经常深入现场，检查安全工作。

20）实行安全工作与经济挂钩。

21）配备足够防水、火、毒安全器材。

22）隧道施工应重视防火灾。

23）加强隧道围岩监控量测工作。

对隧道工程施工中的各类事故，均应严格按照"三不放过"的原则处理，即事故原因调查不清楚不放过，事故责任者和施工人员未受到应有的教育不放过，没有制定出今后防范措施不能放过。

思考题

1. 隧道工程各阶段施工组织设计的内容是什么？

2. 隧道工程施工技术交底的文件内容包括什么？

参 考 文 献

[1] 霍润科. 隧道与地下工程 [M]. 北京：中国建筑工业出版社，2011.
[2] 贺少辉，曾德光，叶锋，等. 地下工程 [M]. 2 版. 北京：清华大学出版社，北京交通大学出版社，2022.
[3] 陈秋南，安永林，李松. 隧道工程 [M]. 3 版. 北京：机械工业出版社，2023.
[4] 朱永全，宋玉香. 隧道工程 [M]. 4 版. 北京：中国铁道出版社，2021.
[5] 丁文其，杨林德. 隧道工程 [M]. 北京：人民交通出版社，2012.
[6] 王智远，张宏. 隧道工程 [M]. 北京：人民交通出版社，2010.
[7] 关宝树. 隧道工程施工要点集 [M]. 2 版. 北京：人民交通出版社，2011.
[8] 杨新安，姚永勤，喻渝. 铁路隧道 [M]. 北京：中国铁道出版社，2011.
[9] 蒋雅君，方勇，王士民. 隧道工程 [M]. 北京：机械工业出版社，2021.
[10] 国家铁路局. 铁路隧道设计规范：TB 10003—2016 [S]. 北京：中国铁道出版社，2016.
[11] 中华人民共和国交通运输部. 公路隧道设计规范 第一册 土建工程：JTG 3370.1—2018 [S]. 北京：人民交通出版社，2018.
[12] 国家铁路局. 铁路工程地质勘察规范：TB 10012—2019 [S]. 北京：中国铁道出版社，2019.
[13] 国家铁路局. 铁路瓦斯隧道技术规范：TB 10120—2019 [S]. 北京：中国铁道出版社，2019.
[14] 中国铁路总公司. 铁路黄土隧道技术规范：Q/CR 9511—2014 [S]. 北京：中国铁道出版社，2014.
[15] 中华人民共和国住房和城乡建设部. 岩土锚杆与喷射混凝土支护工程技术规范：GB 50086—2015 [S]. 北京：中国计划出版社，2015.
[16] 中华人民共和国住房和城乡建设部. 混凝土结构设计标准（2024 年版）：GB/T 50010—2010 [S]. 北京：中国建筑工业出版社，2010.
[17] 盛和太，喻海良，范训益. ANSYS 有限元原理与工程应用实例大全 [M]. 北京：清华大学出版社，2006.
[18] 李围. ANSYS 土木工程应用实例 [M]. 2 版. 北京：中国水利水电出版社，2007.
[19] 李德武. 隧道 [M]. 兰州：铁道出版社，2004.
[20] 黄成光. 公路隧道施工 [M]. 北京：人民交通出版社，2001.
[21] 方利成，杜彬，张晓峰，等. 隧道工程病害防治图集 [M]. 北京：中国电力出版社，2001.
[22] 龚维明，童小东，缪林昌，等. 地下结构工程 [M]. 南京：东南大学出版社，2004.